Frank M. Scheelen

So gewinnen Sie jeden Kunden

REDLINE WIRTSCHAFT

Frank M. Scheelen

So gewinnen Sie jeden Kunden

Das 1x1 der Menschenkenntnis im Verkauf

Mit einem Vorwort von Brian Tracy

REDLINE WIRTSCHAFT

Frank M. Scheelen
So gewinnen Sie jeden Kunden
Das 1x1 der Menschenkenntnis im Verkauf
Frankfurt: Redline Wirtschaft, 2005
ISBN 3-636-01262-2

Unsere Web-Adresse:

http://www.redline-wirtschaft.de

5., aktualisierte Auflage 2005

Umschlag: Vierthaler & Braun, München
Coverabbildung: Getty Images

Ein Unternehmen der Süddeutscher Verlag Hüthig Fachinformationen
Satz: Redline GmbH, M. Zech
Druck: Himmer, Augsburg
Bindearbeiten: Thomas, Augsburg
Printed in Germany 01262/070501

Inhaltsverzeichnis

Vorwort

Verkaufen hat sich in den letzten Jahren verändert und erfordert eine vollkommen andere Strategie als bisher. Der heutige Kunde ist in der Regel anspruchsvoller und besser informiert als früher, er hat mehr Auswahl und kann sich seinen Anbieter somit aus einer großen Konkurrenz aussuchen. Die Produkte sind sich einander häufig recht ähnlich und sogar oft austauschbar. Eine sachliche Differenzierung wird für den Kunden also immer schwieriger – stattdessen haben sich Produkte, Preise, Innovationen und Werbung zunehmend einander angeglichen. Die Folge: Kunden entscheiden vor allem nach zwischenmenschlichen Kriterien. Als Verkäufer machen Sie dann das „Rennen", wenn Sie einen Draht zum Kunden herstellen können, ihm sympathisch sind und seine Wünsche und Bedürfnisse in den Vordergrund stellen. Denn was Sie von Ihren Konkurrenten abhebt, ist Ihre Persönlichkeit. Meine langjährige Erfahrung als Verkaufs- und Managementtrainer hat mir gezeigt, dass Persönlichkeit sehr viel mit Selbsterkenntnis zu tun hat. Wer sich seiner Wirkung auf andere bewusst ist, strahlt mehr Sicherheit, Ruhe und Überzeugungskraft aus. Der Schlüsselfaktor ist also der Freundschaftsfaktor. Um zu den obersten 5 bis 10 Prozent der Top-Verkäufer zu gehören, muss man neben den wichtigen Verkaufstechniken vor allem eines beherrschen: Persönlichkeitstypen erkennen und mit ihnen umgehen. Mit der INSIGHTS Methode® lernen Sie, wie Sie Kunden „lesen" können. Das macht Sie zum Beziehungsmanager! In nur 30 Sekunden werden Sie in Zukunft erkennen, was für ein Persönlichkeitstyp Ihr Kunde ist und wie Sie ihm am besten begegnen. Sie können Ihre Wirkung auf andere einschätzen und stellen Ihren Verkaufsstil auf die Bedürfnisse Ihres jeweiligen Kunden ein. Um ein Spitzenverkäufer zu werden, müssen Sie natürlich außerdem die Grundlagen und Techniken des Verkaufs draufhaben. Dabei geht es nicht darum, Ihre Kunden mit „Tricks" zu manipulieren. Ganz im Gegenteil: Der professionelle Verkäufer von heute ist vollkommen kundenorientiert. Er agiert als vertrauensvoller Berater, der dem Kunden als „Business-Partner" bei der Kaufentscheidung zur Seite steht. Es ist wichtig, Vertrauen zu Ihrem Gesprächspartner aufzubauen und seine Bedürfnisse zu erkennen. Dazu müssen Sie natürlich routiniert und sicher mit den wichtigen „Skills“ umgehen können.

Spitzenverkauf mit der INSIGHTS Methode® heißt

1. sich selber erkennen (Stärken-Schwächen-Analyse),
2. den Kunden lesen lernen und mit diesem Wissen um seine Bedürfnisse
3. kompetent und überlegen verkaufen!

Das Buch ist in genau diese drei Teile gegliedert. Ich verspreche Ihnen: Mit der INSIGHTS Methode®, die ich Ihnen vorstelle, wird es Ihnen gelingen, auch Kunden zu „knacken“, an denen Sie sich sonst die Zähne ausgebissen hätten. Die INSIGHTS Methode® ist leicht erlernbar, praxisorientiert und führt in kürzester Zeit zum Erfolg. Ich selbst verwende sie seit Jahren und gebe die Methode an tausende Verkäufer und erfahrene Verkaufstrainer weiter. Sie alle reagieren begeistert – und die Verkaufsergebnisse sprechen für sich!

Wenn Sie übrigens eine individuelle INSIGHTS MDI® Analyse Ihres Verkaufsverhaltens (bis zu 40 Seiten) erstellen lassen möchten, besuchen Sie einfach meine Homepage www.insights.de. Dort finden Sie alle wichtigen Informationen.

Verkauf heute

Worauf kommt es heute im Verkauf an? Die Voraussetzungen für erfolgreiche Verkaufsgespräche haben sich geändert. Verkäufer stehen vor einer neuen Situation:

- *Die Kunden sind informierter:* Der Wissensvorsprung der Verkäufer wird immer kleiner. Kunden verfügen über vielfältige Möglichkeiten, vorab Informationen einzuholen: Über Fachzeitschriften, das Internet und Spezialisten in ihren Firmen sind sie meist schon gut beraten, bevor sie in ein Verkaufsgespräch gehen.

- *„Trainierte" Einkäufer:* Firmen trainieren ihre Einkäufer inzwischen genauso wie ihre Verkäufer. Mit überholten Verkaufstechniken wirken sie formell und wenig überzeugend. Begeistern werden sie keinen mehr.
- *Misstrauen gegenüber Werbung:* Kunden wollen als Einzelpersonen und nicht als Teil eines Millionenpublikums gesehen werden. Jeder hat inzwischen eine gewisse Resistenz gegen Werbung und ausgeklügelte Verkaufsbotschaften entwickelt. Keiner will manipuliert werden. Kunden wollen heute partnerschaftlich behandelt werden.
- *Unsichtbare Entscheider:* Möglicherweise bekommen Sie die Schlüsselfigur(en) im Entscheidungsprozess nicht zu sehen. Oder Ihr Ansprechpartner ist nur einer von mehreren Entscheidern. Angesichts wachsender undurchschaubarer Firmenimperien ist dies eine realistische Perspektive. Trotzdem müssen Sie diese unsichtbaren Entscheider mit Ihrem Angebot „erreichen".

Verkaufen wird also immer komplexer. Ihr Kunde erwartet etwas Besonderes von Ihnen, sonst kauft er woanders. Gehören Sie zu den Ersten, die erkennen, worauf es ankommt! *Der einzige Erfolgsweg für Verkäufer besteht in Zukunft darin, eine stabile, langfristige Kundenbindung zu schaffen.*

Ihre Persönlichkeit ist das Einzige, was Sie unverwechselbar macht. Die Qualität Ihrer Produkte muss stimmen, keine Frage. Aber da ist Ihnen die Konkurrenz stets auf den Fersen. Wenn jedoch der Kunde auf Sie als „seinen" Verkäufer schwört, dann hat Ihr Konkurrent das Nachsehen. Wenn Ihr Kunde Sie akzeptiert, haben Sie eine solide Basis für einen Abschluss. Dann wird er Ihnen vertrauen, wenn Sie ihm eine Lösung empfehlen. Ihre Glaubwürdigkeit steigert Ihre Abschlüsse.

Leichter gesagt, als getan, werden Sie sich denken. Schließlich ist jeder Kunde anders. Oft unterscheidet sich stark, was ein Kunde unter guter Behandlung und angenehmer Atmosphäre versteht.

Der eine findet es nett, wenn Sie erst mal über den letzten Urlaub plaudern. Den anderen interessiert das nicht im Geringsten, er möchte nur kurz und knapp über die Produkte informiert werden.

Meist wissen Sie nicht im Voraus, welcher Typ Ihr Kunde ist und welche Atmosphäre er schätzt. Aber das Risiko, den falschen Ton anzuschlagen und ihn schon in den ersten Minuten zu vergraulen, ist groß. Ebenso falsch wäre es, wenn Sie aus Angst vor Konflikten nur Ja zu allem sagen.

Welcher Typ Sie selbst sind und welcher natürliche Stil Ihnen liegt, spielt für Ihre Kunden keine Rolle. Wenn Sie ins Geschäft kommen wollen, liegt es an Ihnen, sich einzustellen.

Was also können Sie tun? Wie können Sie zum Top-Verkäufer werden, ohne wie ein Chamäleon zu wirken?

Die INSIGHTS Methode® bietet Ihnen die Möglichkeit, Ihre Fähigkeiten als Beziehungsmanager zu optimieren. Das einleuchtende Modell und die Übungen verdeutlichen Ihnen, welches Ihr natürlicher Verhaltensstil ist. Sie werden sich außerdem bewusst, welchen Stil Sie anwenden, um beruflich erfolgreich zu sein. Das muss nicht immer der gleiche sein! Sie werden darüber hinaus relativ schnell in der Lage sein, den Verhaltenstyp Ihres Gesprächspartners zu erkennen. Da Sie wissen, wie Sie auf ihn wirken und was bei ihm ankommt, können Sie sich auf ihn einstellen. Die Methode befähigt Sie, die Sprache des anderen zu sprechen. Damit bleiben Sie, wer Sie sind. Aber Sie verstehen den anderen und werden von ihm verstanden.

Ich prophezeie Ihnen so manches „Aha-Erlebnis" beim Lesen und bei der Umsetzung in die Praxis. Sie werden plötzlich verstehen, warum Sie mit manchen Kunden nicht zurechtkommen. Ihre schwierigen Kunden sind „farblich" meist Ihr absoluter Gegentyp. Sie werden lernen, Ihr Verhalten so zu adaptieren, dass Sie auch mit diesen Kunden erfolgreiche Verkaufsgespräche führen können.

Die INSIGHTS Methode® beruht auf der Annahme, dass Menschen in bestimmte Persönlichkeitstypen eingeteilt werden können. Es lassen sich Gemeinsamkeiten im Verhalten bestimmter Menschen feststellen, die sich wiederum klar vom Verhalten einer anderen Gruppe abheben. Ohne dabei oberflächlich zu sein, kann man menschliche Verhaltensweisen verallgemeinern und bestimmten Typen zuordnen. Der Sinn dieser Einteilung ist, ein klareres Bild von der Bandbreite menschlichen Verhaltens zu gewinnen. Je mehr Sie über die Ziele, Motive, Ängste, Kommunikationsstile und Bedenken Ihres Gesprächspartners wissen, desto besser können Sie ihn verstehen und auf ihn eingehen.

Die INSIGHTS Methode® stellt Ihnen vier Typen vor, die sich in ihrem Verhalten, Kommunikations- und Arbeitsstil grundsätzlich voneinander unterscheiden. Sie stützt sich dabei auf die psychologischen Erkenntnisse von C.G. Jung, William Marston, Jolande Jacobi und auf den Myers/Briggs-Typen-Indikator. Daraus wurde ein Modell entwickelt, das sich sowohl im Verkaufs- als auch im Managementtraining und zur optimalen Teambildung einsetzen lässt.

Um sie einprägsam voneinander zu unterscheiden, hat die INSIGHTS Methode® den vier Haupttypen vier verschiedene Farben zugewiesen: Es gibt den roten, den gelben, den grünen und den blauen Persönlichkeitstyp. Ihre Haupteigenschaften sind:

Rot: der Macher
Gelb: der Entertainer
Grün: der Beziehungstyp
Blau: der Analytiker

Diese Unterteilungen sind keine Wertung! Der „Rote" ist weder besser noch schlechter, weil er wie ein Cheftyp wirkt. Wie und zu welchem Zweck jemand sein Verhalten einsetzt, ist eine andere Sache.

Überlegen Sie gerade, was für ein Typ Sie sind? Die vier reinen Grundtypen kommen in der Realität nur selten vor. Die meisten Menschen sind Mischformen aus mindestens zwei Typen. Jeder hat jedoch eine dominierende Farbe.

Zum Verständnis der Methode ist die Beschränkung auf vier Typen zunächst sinnvoll. Später kommen noch weitere hinzu. So ist jeder Farbtyp aufgrund seiner Eigenschaften für eine oder zwei von acht grundsätzlichen Berufsrollen besonders geeignet: Direktor, Motivator, Inspirator, Berater, Unterstützer, Koordinator, Beobachter und Reformer.

Was bringt Ihnen die INSIGHTS Methode®?

- Mithilfe des Modells finden Sie heraus, welcher Farbtyp Sie sind. Sie kennen Ihre Stärken und Schwächen. Sie können Ihre Wirkung gezielt einsetzen und Missverständnisse vermeiden. Das stärkt Ihr Selbstvertrauen und erhöht Ihre Ausstrahlung.
- Sie lernen, den Farbtyp Ihres Gesprächspartners einzuschätzen. Sie wissen, was er mag, was er ablehnt, wann er unter Stress gerät und welche Sprache er versteht.
- Mithilfe der beschriebenen Strategien können Sie sich optimal auf Verkaufsgespräche vorbereiten. Sie werden sie entspannt und locker führen und der Erfolg wird sich in Form von erhöhten Umsatzzahlen einstellen.

Darüber hinaus ist die INSIGHTS Methode® ein wertvolles Instrument, um herauszufinden,

- ob die Anforderungen Ihres Jobs Ihren persönlichen Fähigkeiten entsprechen;
- ob Sie in Ihrem Berufsleben Ihren natürlichen Stil leben können oder ob Sie sich ganz anders geben müssen – das würde auf Dauer zu Problemen führen, die Sie so frühzeitig erkennen können;
- welcher Platz in einem Verkaufsteam am besten zu Ihnen passt.

In erster Linie richte ich mich mit diesem Buch an Verkäufer, Verkaufsmanager, Trainer und Berater. Aber das Verhalten der Farbtypen, das hier beschrieben wird, ist natürlich nicht branchenspezifisch. Jeder, der daran interessiert ist, sich selbst und andere besser kennen zu lernen, wird hier Anregungen und Tipps finden, die seinen Umgang mit anderen entscheidend verbessern.

- Wer seine Fähigkeiten kennt, kann sie gezielt einsetzen.
- Der Glaube an die eigenen Stärken ist die Basis des Erfolgs.
- Wer Konflikte voraussieht, kann sie vermeiden.

Die goldene Regel der Kommunikation lautete bisher: „Behandele andere so, wie du gerne behandelt werden möchtest." Auf den Verkauf bezogen, hieß das: „Verkaufe an andere so, wie du gerne kaufen möchtest." Aber diese Regel ist heute überholt. Die Platin-Regel des Verkaufs lautet:

„Verkaufe an andere so, wie sie gerne kaufen wollen!"

Und nun: Viel Spaß und vor allem viel Erfolg!

Ihr *Frank M. Scheelen*

Vorwort von Brian Tracy

Beziehungen sind alles! Das ist die zentrale Aussage dieses Buches und es ist zugleich die wichtigste Lehre, die Sie ziehen können, um in Ihrem Beruf und Ihrem Privatleben Glück und Erfolg zu haben!

In den letzten 20 Jahren habe ich mehr als zwei Millionen Menschen in 14 Ländern auf der ganzen Welt unterrichtet und trainiert. In Deutschland habe ich in so ziemlich jeder Großstadt gearbeitet und gesprochen. Ich habe tausende Männer und Frauen aus allen Lebensbereichen getroffen. Ich habe dabei immer und immer wieder erfahren, dass die Qualität unserer Beziehungen die Qualität unseres Lebens ausmacht.

In diesem hervorragend geschriebenen, praktischen und hilfreichen Buch erklärt Frank Scheelen, wie unterschiedlich Menschen denken, fühlen und reagieren. Er zeigt Ihnen, wie Sie als Verkäufer, Verkaufsmanager, Verkaufstrainer und auch als Privatmensch effektiver und erfolgreicher sein können.

Ich arbeite mit Frank Scheelen seit vielen Jahren eng zusammen. Er ist eine internationale Autorität auf dem Gebiet des Beziehungsmanagements und der persönlichen Spitzenleistung. Er hat viele Jahre lang individuelle Verhaltensmuster identifiziert und analysiert. Darüber, wie Sie mit anderen Menschen besser umgehen können, weiß er mehr als jeder andere, den ich kenne.

In unserer heutigen Zeit, in der alles immer schneller geht und alles immer stärker an der Technik orientiert ist, wenden sich die erfolgreichsten Menschen immer mehr ihren Beziehungen zu. Wir alle ziehen es vor, geschäftlich mit Menschen zu tun zu haben, die wir mögen und denen wir vertrauen. Am erfolgreichsten sind die Menschen, die sich erst auf die Beziehung konzentrieren, ehe sie sich auf das Geschäftliche konzentrieren.

Die Deutschen haben viele fantastische Eigenschaften, die sie auszeichnen. Eine dieser Qualitäten ist ihr Sinn für das Pragmatische. Sie sind offen gegenüber neuen Ideen und Ansätzen, egal, woher sie kommen. Sie wollen nur das eine wissen: „Funktioniert es?“

Nun, die Methoden und Techniken, die Frank Scheelen in diesem Buch erklärt, funktionieren. Millionen Menschen haben sie ausprobiert und die Wirkung bewiesen. Wenn Sie sie anwenden, werden Sie bessere Ergebnisse erzielen.

Das Beste daran ist, dass Sie sich in Ihren Beziehungen glücklicher und entspannter fühlen werden, wenn Sie diese Ideen in die Praxis umsetzen. Anstatt zu versuchen, jemand zu sein, der Sie gar nicht sind, lernen Sie, sich zu entspannen und mit anderen völlig natürlich umzugehen. Gleichzeitig ermöglichen Sie auch den anderen, sich entspannt und natürlich zu geben.

Sie begeben sich jetzt auf eine einzigartige Entdeckungsreise. Sie werden mehr über sich selbst und mehr über andere lernen als jemals zuvor. Wenn Sie die Ideen, die Sie aus diesem Buch erfahren, ausprobieren, wird sich Ihre gesamte Lebensqualität umgehend verbessern. Viel Glück!

Brian Tracy

Exkurs: Die Hintergründe von INSIGHTS MDI®

Wenn Sie sich für theoretische Zusammenhänge nicht sonderlich interessieren, dann können Sie dieses Kapitel überschlagen und beim nächsten weiterlesen. Sie werden ohne Schwierigkeiten herausfinden, was für ein Verkaufstyp Sie sind und welche Strategien für Sie günstig sind, ohne zu wissen, wer das Modell begründet hat und worauf es basiert. Notfalls schlagen Sie eben später hier noch einmal nach. Wenn Sie allerdings mehr über die Hintergründe des Modells wissen wollen, dann sind Sie hier richtig.

Das Erbe des Hippokrates

Sie kennen Hippokrates? Der griechische Arzt lebte im vierten Jahrhundert vor Christus und gilt als der Begründer der wissenschaftlichen Medizin. Er hatte die Gabe, genau zu beobachten, und die Gewohnheit, seine Erkenntnisse schriftlich festzuhalten – wahrscheinlich war er ein blauer Typ –, zum Wohl der Nachwelt, die sich auf seine Befunde beziehen und sie weiterentwickeln konnte. So hat auch die INSIGHTS Methode® in ihm ihren frühesten Urahn, wie alle modernen Persönlichkeitstheorien, die mit Typologien arbeiten. Hippokrates teilte seine Patienten in vier Temperamente ein, abhängig davon, welche Körperflüssigkeit sie am stärksten beeinflusst:

- *Choleriker:* Bei ihnen ist die Galle maßgebend: Sie bewirkt deren Dominanz und Autorität. Choleriker beanspruchen die Führung, sonst werden sie ärgerlich – und das ziemlich schnell.
- *Sanguiniker:* Sie „bestehen aus Blut“. Damit umschrieb Hippokrates alle lauten, optimistischen, fröhlichen Menschen mit viel Energie und Ausstrahlung.
- *Phlegmatiker:* Körperschleim ist hier der Einflussfaktor auf das Gemüt. Er wirkt besänftigend, denn Phlegmatiker sind friedfertige, beständige Menschen mit einer Tendenz zur Passivität. Am

liebsten halten sich aus allem raus und passen sich den Wünschen anderer an.

- *Melancholiker:* Der schwarzen Galle maß Hippokrates den Einfluss auf die intellektuelle Tiefe des Menschen zu. Melancholiker haben eine Neigung zu Depressionen und brauchen ein gutes Ordnungssystem in ihrem Leben. Weil das nicht immer klappt, unterliegt ihre Stimmung großen Schwankungen.

Den Körperflüssigkeiten wird heute nicht mehr dieser bestimmende Einfluss zugeschrieben. Aber Hippokrates' Beobachtungen des Verhaltens sind heute noch gültig. In der Unterscheidung der vier Typen und ihrer grundsätzlichen Charakterneigung tritt INSIGHTS das Erbe des Hippokrates an: Auf ihnen basiert die Methode.

C. G. Jung: Vater der modernen Typenlehre

Der Schweizer Tiefenpsychologe Dr. Carl Gustav Jung war ein kongenialer Erbe des Hippokrates. Im Bestreben, den Menschen besser zu verstehen, versuchte er, die verschiedenen Typen der Persönlichkeit zu strukturieren und auf einige wesentliche zu reduzieren. 1929 veröffentlichte er sein Werk „Psychologische Typen". Darin nennt er zwei Schlüsselfaktoren, mit denen er die Persönlichkeit betrachtete: „Einstellungen" und „Funktionen".

Einstellungen ...

Einstellungen sind die offensichtlichen Vorlieben (Präferenzen) eines Menschen für die „innere" oder „äußere" Welt. Mit äußerer Welt ist dabei die gegenständliche, objektive Welt gemeint, mit innerer Welt die Gefühle, Werte, Ideen eines Menschen. Ist jemand „introvertiert", so ist er auf sein Innenleben bezogen und beschäftigt sich lieber mit seinen Gefühlen, Werten und Ideen. Das bedeutet aber nicht, dass er menschenscheu oder egoistisch wäre. Ist er „extravertiert", wendet er sich lieber der Außenwelt zu. Die Begriffe „Introversion" und „Extraversion" drücken also aus, in welche Richtung jemand hauptsächlich seine Energie leitet: nach innen oder nach außen.

… kombiniert mit Funktionen

Jung unterschied außerdem vier Grundfunktionen: Denken, Fühlen, Empfinden, Intuition. Diese Funktionen sind immer in Verbindung mit den Einstellungen zu sehen: Jeder der vier Funktionstypen kann extravertiert oder introvertiert sein. Daraus ergeben sich die acht Persönlichkeitstypen, die Jung grundlegend unterschied:

1. Introvertiertes Empfinden
2. Introvertierte Intuition
3. Introvertiertes Denken
4. Introvertiertes Fühlen
5. Extravertiertes Empfinden
6. Extravertierte Intuition
7. Extravertiertes Denken
8. Extravertiertes Fühlen

Nach Jungs Auffassung liegen diese Typen allen bekannten Typen zugrunde. Viele Typologie-Modelle nach ihm bezogen sich auf seine acht Persönlichkeitstypen. Bei wenigen ist das so deutlich abzulesen wie bei der INSIGHTS Methode®, die sich auf W.M. Marston und C.G. Jung beruft.

Marstons vier Buchstaben

Ein Zeitgenosse Jungs, wenn auch weniger bekannt, war der amerikanische Psychologe Dr. William M. Marston. 1929 veröffentlichte er sein Buch „Emotions of Normal People“. Er entwickelte darin das so genannte Vier-Quadranten-Modell, das heute auch „DISG“-Modell genannt wird. Marston beobachtete das Verhalten der Menschen und fasste es zu vier verschiedenen Verhaltensmustern zusammen: Dominant – Initiativ – Stetig – Gewissenhaft. Wichtig ist, dass dies Verhaltensmuster sind, also nicht *per definitionem* bestimmt wurden. Diese Typen gibt es so oder so ähnlich in der „wirklichen“ Welt.

Um sie besser voneinander zu unterscheiden, wies man später den vier Verhaltensmustern vier verschiedene Farben zu:

Rot – Dominant
Gelb – Initiativ
Grün – Stetig
Blau – Gewissenhaft

Damit haben Sie einen weiteren Baustein in der Hand, aus dem die INSIGHTS Methode® besteht.

Jolande Jacobi: Die Erfindung des Rades

Dr. Jolande Jacobi, eine Schülerin Jungs, führte Jungs Typologie-Modell und Marstons Verhaltenstypen zusammen und entwickelte daraus 1942 ein eigenes Modell: das Jung/Jacobi-Rad. Diese Erfindung war genial, weil sie damit Jungs Typen visualisierte, ihnen also quasi Gestalt gab. Außerdem zeigt das Modell, wie nah einzelne Verhaltensmuster beieinander liegen und dass Überschneidungen möglich sind.

Myers und Briggs – die Erfindung der Untertypen

Zu den geistigen Müttern der INSIGHTS Methode® gehören schließlich noch die beiden amerikanischen Psychologinnen Katherine Briggs und Isabel Myers. Auch sie knüpften an die acht Jung'schen Typen an und unterteilten sie jeweils in zwei Untertypen.

Jeder der acht Typen besitzt auch Eigenschaften seines gegensätzlichen Typs. Entscheidend für die individuelle Persönlichkeit ist die Mischung, also in welcher Stärke die einzelnen Merkmale ausgeprägt sind. Der auf diesen Typen basierende MBTI-Test (Myers/Briggs-Typen-Indikator) wird Ihnen vielleicht ein Begriff sein. Nach ihm testen heute viele Unternehmen die Eignung ihrer Bewerber für einen bestimmten Arbeitsplatz.

Die INSIGHTS Methode®

Jetzt kennen Sie den Stammbaum der INSIGHTS Methode®. Es wird Zeit, dass Sie die Methode selbst kennen lernen. In der Familiengeschichte fehlt allerdings noch ein Mitglied, das einen wesentlichen Beitrag leistet: der Computer. Der Amerikaner Bill J. Bonnstetter entwickelte das erste umfassende Softwareprogramm, das, basierend auf Jung, Marston und Jacobi, Ausprägungen von Verhalten schnell erfassen und sicher zuordnen konnte.

Bonnstetter und sein Team von Success Insights in Arizona, USA, erweiterten die vorhandenen Systeme auf bis zu 60 mögliche Typen und stützten die Erkenntnisse durch ständige Tests und Forschungen. Die speziell entwickelte Computersoftware erstellt individuell mit einer Trefferquote von 90 Prozent eine Potenzial-Analyse (24-40 Seiten inklusive präziser Farbanalyse). Jeder Mensch kann sein Verhalten objektiv analysieren lassen und speziell ein auf seine Person zugeschnittenes Weiterbildungsprogramm erhalten.

Was besagt die INSIGHTS Methode®?

INSIGHTS MDI® (Management Development Instruments) – so ist die Bezeichnung für das ganzheitliche System – beleuchtet alle Bereiche des menschlichen Potenzials und dies ist die Stärke des INSIGHTS MDI® Verfahrens gegenüber anderen. Verschiedene Tools stehen zur Verfügung, um die individuellen Möglichkeiten eines Menschen zu optimieren: Arbeitsstellen-Analyse, Karriere- und Leadership-Check, Verkaufsstrategien-Indikator etc. INSIGHTS MDI® umfasst dabei sowohl das beobachtbare Verhalten als auch Werte, Motive und Einstellungen sowie Fertigkeiten und Kompetenzen.

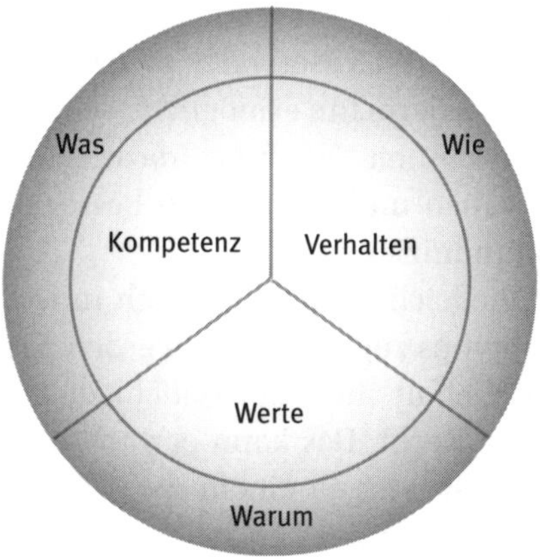

Kompetenzmodell
(©Success-INSIGHTS®, Arizona/USA)

Das Kompetenzmodell ist also ein System, mit dem Sie überprüfen können,

- WIE Sie sich von Natur aus verhalten und wie Sie Ihr Verhalten anpassen,
- WARUM Sie sich so verhalten und was Sie antreibt,
- WAS Sie an Know-how, Fertigkeiten und Kompetenzen mitbringen.

Im vorliegenden Buch möchte ich mich darauf beschränken, Ihnen das WIE näher zu bringen. Die INSIGHTS Methode®, mit der wir uns im Buch beschäftigen werden, analysiert das beobachtbare Verhalten von vier Farbtypen und acht Haupttypen. Sie geht davon aus, dass die Einzigartigkeit eines Individuums auf einer Vielzahl identifizierbarer und messbarer Charakterzüge beruht. Diese Kombinationen von Vorlieben, Überzeugungen, Motivationen, Ängsten und Handlungsweisen beziehungsweise deren Vorhandensein oder Abwesenheit definieren im Wesentlichen die Persönlichkeit eines Individuums. Die INSIGHTS Methode® bietet also ein pragmatisches Rahmenwerk, das es jedermann ermöglicht, sein eigenes Verhalten und das anderer zu erkennen. Es führt dazu, sich selbst und andere besser zu verstehen und letztendlich besser und erfolgreicher miteinander zu kommunizieren.

Vielleicht wehren Sie sich innerlich dagegen, einem bestimmten Farbtypus zugeordnet zu werden. Sie denken möglicherweise, dass er der Vielfalt Ihrer Persönlichkeit niemals gerecht werden kann. Sie haben Recht. Das kann er auch nicht. Trotzdem haben Sie Vorteile, wenn Sie sich in einem der Typen zumindest annähernd wiedererkennen können:

- Sie lernen sich selbst, Ihre Stärken, Fähigkeiten und Motivationen, aber auch Ihre Schwächen und Fehlerquellen kennen.
- Sie lernen, Ihre Stärken *bewusst* einzusetzen und Ihre Schwächen *bewusst* zu vermeiden.
- Sie lernen, Verhalten zu beobachten und andere Menschen einem bestimmten Typus zuzuordnen. Dadurch können Sie Voraussagen

treffen, wie sich dieser Mensch höchstwahrscheinlich in einer Vielzahl von Situationen verhalten wird. Und da Sie Ihren eigenen Typ kennen, wissen Sie, wie sich dieser Mensch höchstwahrscheinlich Ihnen gegenüber verhalten wird.

- Sie können von vornherein mit anderen Menschen so umgehen, wie es ihrem Typ entspricht. Das heißt, Sie sprechen ihre Sprache und können sich leichter mit ihnen verständigen.

Worauf basieren die vier Farbtypen?

Die INSIGHTS Methode® benutzt die Präferenz als grundlegendes Unterscheidungsmerkmal von Verhalten. (Siehe auch *The Universal Language* von Bill Bonnstetter.)

Extravertiert und introvertiert

Ein „extravertierter" Mensch ist im Zweifel ein Partylöwe. Die Welt der äußeren Dinge fasziniert ihn weit mehr als die Innenschau. Allerdings muss er deshalb nicht zwangsläufig gesellig sein, auch wenn das meistens so ist. Er ist eher ein materiell eingestellter Mensch, der durch äußere Dinge beeinflusst wird. Er übernimmt gerne neue Projekte, steht bevorzugt im Rampenlicht und ist mehr am äußeren Rahmen einer Aufgabe interessiert als am Inhalt. Verkäufer sind tendenziell eher extravertierte Typen.

Ein introvertierter Typ ist nach dieser Definition kein scheuer oder zurückhaltender Mensch, sondern jemand, der sich vorzugsweise mit seiner inneren Welt, das heißt seinen Ideen, Werten und Gefühlen, auseinander setzt, was nicht ausschließt, dass er die Gesellschaft anderer Menschen schätzt. Dennoch können Menschen, die introvertiert sind, Ablenkungen von außen relativ leicht ignorieren und sich über einen längeren Zeitraum hinweg alleine und intensiv mit einer Sache beschäftigen. Sie interessiert weit mehr der Inhalt als die äußerlichen Aspekte einer Arbeit. Verkäufer sind selten introvertiert.

Rot-Gelb-Grün-Blau

Jeder der vier Farbtypen verfügt über die ganze „Verhaltenspalette": Jeder wird wütend, jeder kann sich in andere einfühlen, jeder kann überaus korrekt sein, jeder ist kreativ und spontan. Aber nicht jeder ist es in gleichem Maße. Die vier Farbtypen unterscheiden sich in dem Ausmaß, in dem sie zu unterschiedlichem Verhalten neigen – und genau daran können Sie sie voneinander unterscheiden. Beobachten Sie die dominierenden Gefühlsäußerungen Ihrer Mitmenschen und Sie werden in kurzer Zeit die vier Typen voneinander unterscheiden können:

- *Der Rote:* Seine beherrschende Emotion ist der Ärger. Klappt etwas nicht so, wie er sich das vorstellt, braust er schnell auf und lässt andere seinen Unmut spüren. Je größer der Rot-Anteil einer Person, desto schneller gerät sie außer Fassung. Daran können Sie den Rot-Anteil Ihres Gegenübers relativ leicht bemessen: Wird er ärgerlich wegen einer Nichtigkeit? Dann ist er „hochrot" und Sie wissen, wie Sie ihn zu behandeln haben. Umgekehrt hat ein Mensch, der sich durch nichts aus der Fassung bringen lässt und immer „cool" reagiert, einen geringen Rot-Anteil.

- *Der Gelbe:* Am Lachen können Sie den Gelben erkennen, denn seine dominante Gefühlslage ist die Freude. Seine „Das wäre doch gelacht"-Einstellung ist mitreißend und kann anderen das gleiche optimistische Grundgefühl vermitteln, von dem der Gelbe beseelt ist. Auch wenn es nicht immer von den Fakten gestützt wird. Ist Ihr Gesprächspartner bester Dinge und voller Enthusiasmus, auch wenn die Tatsachen dazu gar nicht unbedingt Anlass geben? Dann hat er einen hohen Gelb-Anteil. Und umgekehrt: Ist jemand grundsätzlich ein Zweifler und Skeptiker, also eher eine trübsinnige Natur, dann ist sein Gelb-

Anteil ziemlich gering. Achten Sie also darauf, wie offen Ihnen jemand seine Gefühle zeigt: Je mehr er „rauslässt", vor allem an Begeisterung, desto höher ist sein Gelb-Anteil und Sie können ihn entsprechend behandeln.

- *Der Grüne:* Er erscheint völlig ungerührt und unemotional. Selbst wenn seine Umgebung im Freudentaumel versinkt, lächelt er allenfalls freundlich und mitfühlend, aber er lässt sich sicherlich nicht mitreißen. Umgekehrt können seine Mitmenschen niedergeschlagen und frustriert sein, er steht ungerührt wie der Fels in der Brandung. Dabei ist ein Grüner durchaus sehr emotional, aber er verbirgt das vor den anderen und zeigt seine echten Gefühle nur im engsten Freundes- und Familienkreis. Wenn also Ihr Gesprächspartner ungewohnt stoisch und gefasst wirkt, obwohl das nicht so recht zur Situation passt, können Sie ziemlich sicher sein, dass er einen hohen Grün-Anteil hat, und ihn entsprechend behandeln.

- *Der Blaue:* Seine dominierende Emotion ist die Angst. Das sagt er natürlich nicht offen. Aber es ist deutlich zu bemerken an seiner Weigerung, irgendwelche Risiken einzugehen oder neue Dinge spontan auszuprobieren. Ein Blauer muss sich darüber im Klaren sein, was die Konsequenz seines Verhaltens ist, sonst befürchtet er das Schlimmste. Menschen mit hohem Blau-Anteil erkennen Sie daran, dass sie sehr lange abwägen und sich so gut wie möglich informieren und absichern, bevor sie sich zu etwas entschließen. Umgekehrt haben Menschen einen sehr geringen Blau-Anteil, wenn sie sich bedenkenlos auf neue Unternehmungen einlassen, ohne sich vorher zu erkundigen, was passieren könnte.

Die dominierenden Gefühle zweier Typen schließen sich also nahezu aus: ein Roter mit hohem Grün-Anteil und ein Gelber mit hohem Blau-Anteil. „Aufbrausendes Pokerface“ ist so widersprüchlich wie „risikoloser Enthusiasmus“. Natürlich gibt es nichts, was es nicht gibt, und deshalb vereinen durchaus manche Menschen diese widersprüchlichen Gefühlslagen in sich. Aber tatsächlich werden Sie solchen Menschen ziemlich selten begegnen.

Schritt 1:

Erkennen Sie Ihren eigenen Verkaufsstil!

Woran erkennen Sie, was Sie können?

Stellen Sie sich einmal die folgende Situation vor. Ein Kollege von Ihnen, der einen anderen Bereich übernommen hat, hat Ihnen einen wichtigen Kunden „vererbt". Sie freuen sich auf Ihren Antrittsbesuch bei diesem Kunden, denn Ihr Kollege hat geradezu geschwärmt von der guten und partnerschaftlichen Zusammenarbeit. Und dann das Unerwartete: Sie begegnen diesem Menschen zum ersten Mal und verstehen sich überhaupt nicht mit ihm. Er kommt direkt zur Sache, schüchtert Sie mit seinem autoritären Verhalten ein und knallt Ihnen seine Fragen um die Ohren, kaum dass Sie ein paar nette Worte wechseln konnten. Sie erfahren nicht einmal, ob er Familie hat oder welche Hobbys er gern betreibt. Stattdessen ist das Gespräch nach einer halben Stunde beendet und Sie sitzen ratlos in Ihrem Auto. Mit dem soll man partnerschaftlich zusammenarbeiten können?

Während Sie dieses Beispiel lesen, ist Ihnen dieser Kunde eigentlich gar nicht unsympathisch? Sie haben vielmehr das Gefühl, dass Sie mit ihm prima zurechtkämen? Dann stellen Sie sich das andere Extrem vor. Sie besuchen diesen Kunden das erste Mal und er kommt einfach nicht zur Sache. Stattdessen fragt er Sie sogar nach Ihrer Familie! Sie glauben, nicht richtig zu hören. Immerhin geht es hier ums Business, nicht um Ihr Privatleben. Endlich können Sie über das Geschäft reden – doch Ihr Kunde scheint sich gar nicht recht für Ihr Produkt zu interessieren. Er fragt ja nicht einmal nach dem Preis oder etwaigen Rabatten oder zusätzlichen Leistungen.

Kennen Sie solche Situationen? Sie kommen mit einem Kunden überhaupt nicht klar, während ein anderer Kollege einen richtig guten Draht zu ihm hat. Umgekehrt gibt es Menschen, mit denen Sie sofort auf einer Wellenlänge liegen. Woran liegt es, dass zwischen manchen Leuten die Chemie stimmt und zwischen anderen nicht? Oft entscheidet sich schon in den ersten drei Minuten einer Begegnung, ob wir mit einem anderen Menschen zurechtkommen oder nicht.

Sie können sich also in den ersten drei Minuten so verhalten, dass Ihr Gesprächspartner Sie versteht und akzeptiert. Dazu muss kein Wunder geschehen! Sie müssen lediglich eine andere „Brille" aufsetzen.

Gehen wir zu den Beispielen zurück: Durch die INSIGHTS-Brille betrachtet war der Kunde im ersten Beispiel ein roter Typ und Sie selbst ein grüner. Der autoritäre Rote denkt und handelt ergebnisorientiert. Er kommt schnell zur Sache und will seine Zeit effektiv nutzen. Persönliches „Gequatsche" geht ihm auf die Nerven. Im zweiten Beispiel war es genau umgekehrt: Sie selbst haben die Position des Roten übernommen und Ihr Kunde war in dem Fall ein grüner Typ. Der Grüne ist ein Beziehungstyp. Er möchte Vertrauen zu seinem Gesprächspartner aufbauen, bevor man miteinander ins Geschäft kommt – und das dauert eben seine Zeit.

In der Realität kommen natürlich mehr als zwei verschiedene Persönlichkeitstypen vor. Im Laufe der nächsten Seiten werden Sie diese Typen kennen lernen. Zum Einstieg habe ich Ihnen bewusst erst einmal zwei sehr unterschiedliche Verhaltenstypen vorgestellt.

Jeder Mensch kommt mit den Menschen am besten klar, die ihm am ähnlichsten sind. Wenn man mit jemandem Verhaltens- und Denkweisen teilt, findet man schnell einen gemeinsamen Nenner für ein gutes Gespräch. Und andersherum: Begegnet man seinem „Anti-Typen", sieht man oft keinen Weg für ein erfolgreiches und zufriedenstellendes Gespräch. Die Vorteile, welche die einzelnen Persönlichkeitstypen Ihnen als Verkäufer bieten, können Sie dann nicht nutzen. Für den Verkaufsalltag heißt das, dass Ihnen potenzielle Neukunden verloren gehen, weil die Chemie zwischen Ihnen nicht stimmt. Und ganz konkret bedeutet das: Sie verzichten damit auf Geschäfte und Geld! Mit der INSIGHTS Methode® werden Sie nun auch Kunden gewinnen, an denen Sie sich früher die Zähne ausgebissen hätten.

Damit haben Sie den Schlüssel zu Ihrem zukünftigen Verkaufserfolg selbst in der Hand: Betrachten Sie Ihren Kunden nicht mehr länger durch Ihre Brille, sondern setzen Sie sich seine auf!

Wenn Sie dieses Prinzip konsequent anwenden, werden Sie Ihren Horizont (und Kundenkreis) ungemein erweitern. Wenn Sie Ihre

Kunden mit anderen Augen sehen, können Sie sich ihnen gegenüber auch anders verhalten. Denn dann können Sie deren Verhalten nachvollziehen und respektieren. Folglich werden Sie besser und individueller auf Ihren jeweiligen Kunden eingehen können und an ihn verkaufen!

Erweitern Sie Ihren Horizont

Betrachten Sie genau die unten stehende Zeichnung. Was sehen Sie? Schauen Sie noch genauer hin. Können Sie erkennen, dass die Abbildung zwei Sichtweisen zulässt? Sie können das markante Profil eines Indianers sehen. Oder Sie können den Rücken einer rundlichen Figur im Mantel erkennen, die einen dunklen Schatten an die Wand wirft.

Angenommen, zwei Betrachter nehmen die unterschiedlichen Figuren dieses Bildes wahr, ohne zu wissen, dass beide Sichtweisen möglich sind. Sie würden sich endlos streiten. Sie würden erst aufhören, wenn ihnen jemand sagt, dass sie beide Recht haben. Sie können tatsächlich das gleiche Bild betrachten und etwas ganz Verschiedenes sehen. Ähnlich verhielt es sich in den Beispielen von eben: Verkäufer und Käufer haben durch ihre unterschiedliche Perspektive ein anderes Bild von ihrem jeweiligen Gesprächspartner gehabt.

Es hängt von unserer persönlichen Wahrnehmung ab, welche Seite einer Abbildung oder eines Menschen wir zuerst sehen. Unsere Persönlichkeit, die Einflüsse aus unserer Vergangenheit, unsere bisherige Konditionierung entscheiden darüber, welches von beiden Bildern wir zuerst wahrnehmen.

Wir sehen die Welt nicht so, wie sie ist, sondern so, wie wir selbst sind.

Gelingt es uns, uns von unserer gewohnten Wahrnehmung zu lösen, sehen wir das Gleiche plötzlich mit anderen Augen. So wie auf diesem Bild: Wenn Sie zuerst den Indianer gesehen haben, wird es Ihnen schwer fallen, die Konturen der Figur im Mantel auszumachen. Aber sobald sich diese zu einer Gestalt geformt haben, sehen Sie das Profil nicht mehr. Oder im obigen Verkaufsgespräch: Hätte sich der Verkäufer im ersten Beispiel von seiner gewohnten Sichtweise gelöst, hätte er erkannt, dass der Kunde lediglich ein ergebnisbetontes Kaufgespräch führen wollte. Gegen ihn persönlich hatte der Kunde gar nichts, er wollte nur die Zügel in der Hand behalten. Was der eine also als effizient und direkt gemeint hat, kam beim anderen barsch und aggressiv rüber. Mit solchen Missverständnissen gehen einem etliche potenzielle Kunden durch die „Lappen“. Wenn Sie mit der INSIGHTS Methode® vertraut sind, hat das ein Ende. Sie werden Kunden gewinnen, um die Sie bis jetzt lieber einen Bogen gemacht haben, weil Sie mit ihrer Art nicht zurechtkamen.

Der berühmte Aha-Effekt, wenn die Wahrnehmung „switcht“, ist der entscheidende Moment. In diesem Augenblick steigen wir aus unserem gewohnten Bezugsrahmen und gewinnen eine andere Sicht auf die Welt. Natürlich ist das nicht immer so leicht wie etwa bei dieser Zeichnung. Wenn es um Glaubenssätze geht, um jahrelange Überzeugungen, um tief verwurzelte Erfahrungen, dann weigert sich unser Innerstes, eine neue Sicht anzunehmen. Dazu gehört erst ein gehöriges Maß an Selbsterkenntnis und das Wissen, warum wir bestimmte Dinge so sehen, wie wir sie sehen, bevor wir uns davon lösen können. Wir müssen lernen, die Brille, durch die wir die Welt sehen, einmal abzusetzen und eine andere, oder sogar viele andere, aufzusetzen.

Warum sollten Sie das tun und aus alten Gewohnheiten aussteigen? Wenn Sie sich selbst kennen und wissen, wie Sie sich und Ihre Mitmenschen wahrnehmen und wie diese Sie wahrnehmen, dann werden Sie erkennen, warum Sie mit manchen Menschen nicht zurechtkommen. Und Sie können gezielt überlegen, was Sie ändern wollen.

Eine kleine Veränderung mit großen Folgen

Keine Sorge! Es geht nicht darum, dass Sie jetzt Ihr ganzes bisheriges Verhalten infrage stellen und Ihre Persönlichkeit völlig umkrempeln sollen! Es geht darum, dass Sie Ihre Handlungsmöglichkeiten erweitern. Da, wo Sie bisher an Grenzen stießen und mit Ihrem Verhalten nicht mehr weiterkamen, sollen Sie jetzt freie Fahrt bekommen!

Oft genügt eine kleine Veränderung, um Großes zu bewirken. Denken Sie an Pferderennen! Der Gewinner hat oft nur eine Nasenlänge Vorsprung vor dem Zweitplazierten. Oder beim 100-Meter-Lauf. Warum hechten die Läufer mit vorgestrecktem Oberkörper über die Zielgerade? Weil sie einen minimalen Vorsprung erreichen wollen, der den großen Unterschied macht. Hinterher fragt keiner mehr, wie viel Zentimeter oder Hundertstelsekunden der Abstand zwischen Erst- und Zweitplaziertem betrug. Hinterher weiß man nur noch, wie der Weltmeister oder Olympiasieger heißt.

Sie müssen also unter Umständen nur wenig an Ihrem Verhalten ändern, um zu den Besten zu gehören. Folgen Sie dem „Winning-Edge-Prinzip": Ein kleiner Vorsprung bewirkt den Sieg. Vielleicht ist das Produkt Ihrer Konkurrenz genauso gut, der Service genauso effizient, und im Preis gibt es auch keinen Unterschied. Aber der kleine Vorsprung kann sein, dass Sie mit Ihrem Kunden besser zurechtkommen, weil er sich von Ihnen verstanden fühlt. Und deshalb kauft er bei Ihnen.

Vielleicht müssen Sie an Ihrem Verhalten auch gar nicht so viel ändern. Möglicherweise reicht es, wenn Sie ein paar der zahllosen Tipps und Strategien, die Sie in diesem Buch kennen lernen werden, beherzigen, um Ihre Kontakte zu Kunden entscheidend zu fördern. Wahrscheinlich steigen Ihre Umsatzzahlen schon deutlich, wenn Sie mit den Kunden ins Geschäft kommen, mit denen Sie bisher Schwierigkeiten hatten und die Sie mit der Methode, die Sie hier kennen lernen werden, begeistern und überzeugen können.

Man kann gar nicht oft genug betonen, wie wichtig eine persönliche Beziehung zum Kunden ist, ohne die es gar nicht möglich wäre, den Kunden zu begeistern. Hans Christian Altmann zitiert in seinem

Bestseller „Kunden kaufen nur von Siegern“ Untersuchungen von Rolf Berth, die belegen,

- dass „emotionale Begeisterung“ entscheidend für den Verkaufserfolg ist;
- dass nur 33 Prozent der Abschlüsse in der Industrie und nur 21 Prozent im Konsum aufgrund vernünftiger und rationaler Argumente erfolgten;
- dass dagegen 66 Prozent aller Abschlüsse in der Industrie und 78 Prozent im Konsum gelangen, weil der Verkäufer den Kunden begeistern und faszinieren konnte.

Die entscheidende Frage ist deshalb: Wie begeistern Sie Ihre Kunden?

Was begeistert Sie selbst? Sicherlich sind Sie sehr angetan, wenn Ihr Gesprächspartner sich auf Ihre Art, Gespräche zu führen, einlässt. Angenommen, Sie sind folgender Typ Kunde: Sie wollen Ergebnisse sehen, keine Zeit durch Plaudereien verlieren und kompetent und klar informiert werden. Am liebsten würden Sie mit einem Verkäufer zu tun haben, der auf Ihre Bedürfnisse eingeht: der seine eigene Person im Hintergrund lässt, Ihnen gute Lösungen vorschlägt und nicht beleidigt ist, wenn Sie kein freundliches Gesicht machen. Kurz: wenn er erkennt, was für ein Typ Sie sind, und sich darauf einstellt. Irgendwie erwarten Sie das auch von ihm, denn schließlich will er Ihnen ja etwas verkaufen.

Begeistern können Sie, wenn Sie wissen, wofür sich Ihr Kunde begeistert, welche Art ihn erreicht und anspricht. Dafür müssen Sie einschätzen können, was für ein Typ er ist. Und Sie müssen Ihren eigenen Typ kennen. Dann ist Ihnen Ihre Wirkung auf andere bekannt und Sie wissen, was Sie anders machen müssen, um diesen Kundentyp anzusprechen.

Lernen Sie also die vier Farbtypen und deren Mischformen näher kennen. Politische Farblehre können Sie hier getrost vergessen. Ein Grüner bei INSIGHTS engagiert sich auch nicht mehr für die Umwelt als ein Roter. Das INSIGHTS-Farbmodell der vier Quadranten und acht Haupttypen bietet ein visuelles und einprägsames Hilfsmittel, um vier unterschiedliche Verhaltensmuster und Bedürfnisstrukturen klar voneinander zu unterscheiden.

1. Nur beobachtbares Verhalten wird analysiert. Wertvorstellungen und Einstellungen sind ein anderes Thema. Ziehen Sie deshalb keine voreiligen Schlüsse über die gesamte Persönlichkeit eines anderen. Trüben Sie sich nicht den Blick, indem Sie Ihre eigenen Werturteile mit Ihren Beobachtungen vermischen.
2. Die Unterscheidung ist also keine Bewertung. Rot ist nicht besser als Grün und Blau nicht schlechter als Gelb. Die Differenzierung in vier Typen ist nichts als ein Instrument, das dem Ziel einer besseren zwischenmenschlichen Verständigung dient.

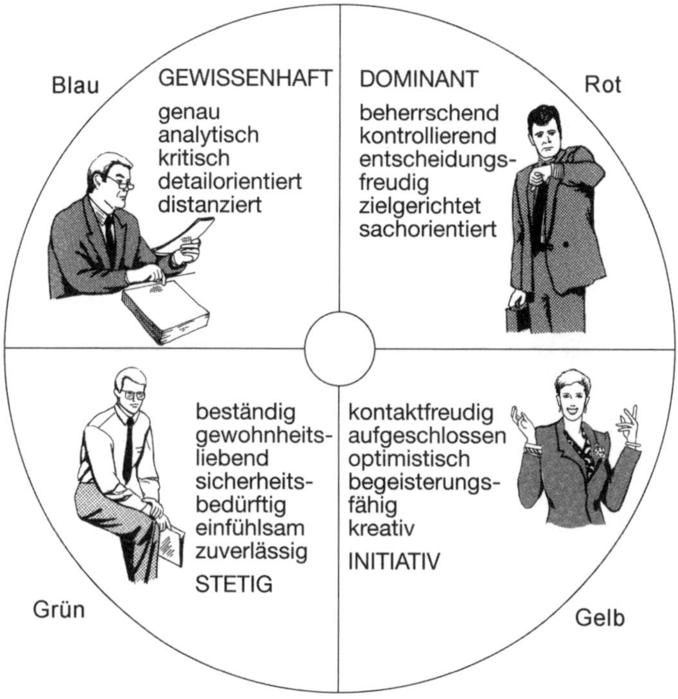

Die vier Verhaltenstypen / © Success-INSIGHTS®, Arizona/USA

Charakteristik

Auf dem in Quadranten geteilten Rad können Sie sich einen ersten Eindruck von den vier Verhaltenstypen verschaffen. In einer kurzen Charakteristik kann man die vier Typen folgendermaßen beschreiben:

Rot

Rote handeln und entscheiden. Sie reagieren schnell und kümmern sich zielstrebig um das Naheliegende und Vordringliche. Sie sagen anderen direkt, manchmal fast schon autoritär, was sie denken. Der rote Verkäufer weiß immer schon im Voraus, was sein Kunde braucht. Er besitzt eine natürliche Autorität und hat am liebsten die Kontrolle über alle Abläufe selbst in der Hand. Er ist sehr kritisch, auch sich selbst gegenüber. Am liebsten mag er Herausforderungen, in denen er seine Stärken testen und einsetzen kann. Mit Kunden um den Preis zu feilschen ist für ihn deshalb nicht das Problem. Die schwierigen Kunden sind für ihn diejenigen, die sich ewig nicht entscheiden können und sich dann beleidigt zurückziehen, wenn er ihnen die Entscheidung abnehmen will. Der Slogan der Roten könnte lauten:

„Lasst es uns jetzt tun, und zwar so, wie ich es will!“

Gelb

Gelbe sind fröhlich und optimistisch. Sie lieben es, neue Bekanntschaften zu knüpfen. Sie sind kreativ und wollen gerne ihre Träume verwirklichen. Der gelbe Verkäufer plaudert gerne über dies und das, bevor er zur Sache kommt. Dabei ist er aber manchmal etwas sprunghaft und wirkt auf andere oberflächlich. Die Lösungen, die er seinen Kunden vorschlägt, sind oft genial, häufig aber auch unrealistisch. Seine schwierigsten Kunden sind die Detailverliebten, die sich nicht einfach hinreißen lassen, sondern ihm Löcher in den Bauch fragen. Der Slogan der Gelben könnte lauten:

„Lasst uns Spaß haben und zusammen Ideen spinnen."

Grün

Grüne drängt es nach Beständigkeit und Sicherheit. Sie beschäftigen sich viel mit der Gefühls- und Beziehungsebene zwischen Menschen. Ein grüner Verkäufer kann sich hervorragend auf einen Kunden einlassen, sich in ihn einfühlen und mit Fragen herausfinden, was der Kunde sich vorstellt. Er kann dabei viel Wärme ausstrahlen. Er ist hervorragend im Follow-up und sehr zuverlässig. Nur mit ungeduldigen Kunden, zu denen er keinen persönlichen Kontakt bekommt, kann er nicht gut umgehen. Der Slogan der Grünen könnte lauten:

„Lasst uns gut miteinander umgehen und mit Überzeugung handeln."

Blau

Blaue analysieren gründlich alle Aspekte einer Frage, bevor sie sich ein Urteil bilden. Sie handeln auf der Grundlage einer ausgefeilten und durchdachten Strategie. Ein blauer Verkäufer ist immer ein Experte auf seinem Gebiet. Er kennt jedes Detail und weiß auf jede Frage eine Antwort. Aber nach außen hin wirkt er eher distanziert, weil er nicht gerne einen persönlichen Kontakt zu seinen Kunden aufbaut. Seine Problemkunden sind die Vielredner, die nie auf den Punkt kommen, aber ihn immer irgendetwas Persönliches fragen, das nichts mit dem Geschäft zu tun hat. Der Slogan der Blauen könnte lauten:

„Lasst es mich gründlich durchdenken und dann nach einem genauen Plan handeln."

Um wirkungsvoll zu verkaufen, müssen Sie Ihre Wirkung auf andere kennen. Und dazu müssen Sie zunächst sich selbst kennen. In den folgenden Kapiteln geht es darum, dass Sie einschätzen können, was für ein Verkaufstyp Sie sind. Sie werden eine Fülle weiterer Informationen über die vier Typen erhalten und sich immer wieder selbst einschätzen. Hier können Sie eine erste Selbstanalyse abgeben.

Übung: Wie sehen Sie sich selbst?

Betrachten Sie noch einmal den Quadranten und überdenken Sie die beschriebenen Kurzcharakteristiken.

1. Zu welchem Typ würden Sie sich spontan rechnen?
   Am meisten entspricht mir der _______ Typ.
2. Haben Sie jetzt an Ihr Verhalten als Verkäufer gedacht oder an Ihr Verhalten zu Hause? Oder unterscheidet sich Ihr Verhalten im Geschäft nicht von dem zu Hause?
   Privat bin ich eher ein ______ Typ.
   Als Verkäufer bin ich eher ein _____ Typ.
3. Wenn Sie aus „Ihrem“ (oder Ihren beiden) Quadranten nur ein Wort auswählen würden, welches wäre das?
4. Schreiben Sie Beispiele aus Ihrem Privatleben (Ihrem Berufsleben) auf, in denen diese Eigenschaften von Vorteil und von Nachteil für Sie waren.

Voraussetzung für Selbsterkenntnis ist Selbstbeobachtung. Wenn Sie also künftig Verkaufsgespräche führen, dann beobachten Sie Ihr eigenes Auftreten und Ihre Wirkung. Natürlich sollte das Ihre Aufmerksamkeit nur teilweise beanspruchen und Sie nicht vom eigentlichen Geschäft ablenken. Aber so nach und nach werden Sie ein gutes Gefühl für Ihr eigenes Verhalten entwickeln. Als Anhaltspunkt kann Ihnen die folgende Checkliste dienen. Diese Fragen können Sie sich nach jedem Gespräch stellen. Bewahren Sie die Antworten auf und vergleichen Sie die Ergebnisse, wenn Sie ein paar Ihrer eigenen Gespräche beobachtet haben. Sie werden sicherlich für Sie ganz typische Verhaltensmuster feststellen und andere Verhaltensweisen, die stark situationsabhängig sind.

Checkliste zur Selbstbeobachtung

1. Wie war Ihr Auftreten, der erste Kontakt zum Kunden?
2. Fühlten Sie sich sicher? Wenn nein, warum nicht?
3. Was erwartete dieser Kunde von Ihnen?
4. Haben Sie Smalltalk mit Ihrem Kunden gemacht oder sind Sie gleich zur Sache gekommen? Wenn kein Smalltalk, warum nicht?
5. Waren Sie zufrieden mit Ihrer Präsentation? Warum (nicht)?
6. Wie waren Ihr Tonfall und Ihre Körpersprache während der Präsentation?
7. Wie haben Sie auf Fragen des Kunden reagiert?
8. Sind Sie unter Zeitdruck geraten? Warum?
9. Haben die Einwände des Kunden Sie unter Druck gesetzt?
10. Wie war die Verabschiedung vom Kunden? Mit welchem Gefühl sind Sie weggegangen?

Das INSIGHTS-Rad: Die vier Farb- und die acht Haupttypen

Nach dem Vorbild des Jung/Jacobi-Rades stellt die INSIGHTS Methode® die vier Verhaltenstypen auf einem Rad dar. Anhand der beschriebenen Eigenschaften können Sie auf einen Blick erkennen, welcher Farbtyp Sie sind. Die meisten Menschen lassen sich mehr oder weniger einem Farbtyp zuordnen. Die reinen Farbvarianten sind allerdings eher selten. Häufig sind Mischtypen aus den benachbarten Farbvarianten zu beobachten.

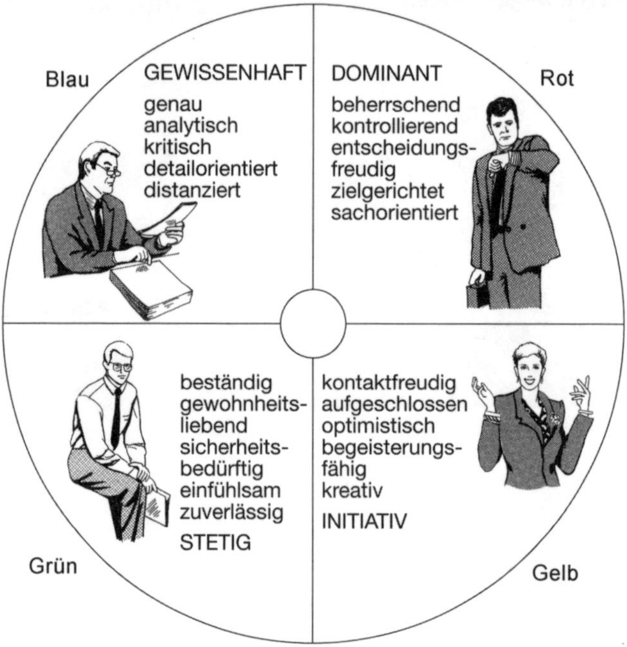

Die vier Verhaltenstypen / © Success-INSIGHTS®, Arizona/USA

Auf dem Rad fällt deutlich ins Auge, dass es Mischbereiche gibt. Ein Beispiel: Sie haben ein Verkaufsgespräch mit einem Kunden, der viele Anzeichen eines „Gelben“ trägt: Er ist begeistert von Ihrer Präsentation, sehr freundlich und entgegenkommend, erzählt Ihnen ein paar lustige Geschichten und redet ziemlich viel. Aber dann sind da ein paar Züge, die passen nicht ins Bild des Gelben: Er ist nämlich auch sehr korrekt, die Unterlagen auf seinem Schreibtisch sind ordentlich gestapelt und er fragt nach, bis er genau verstanden hat, was Sie ihm vorschlagen. Und er hat dann auch keine Probleme, sich für Ihr Produkt zu entscheiden und einen Abschluss zu vereinbaren. So viel Entschlossenheit und Genauigkeit passen nicht zu einem typisch Gelben! Dieser Kunden hat viele Gelb-Anteile, aber dann zeigt er auch Züge eines Roten: Er kann sich entscheiden und er will genaue, präzise Informationen, um auch die richtige Entscheidung zu treffen. Damit passt er ins Bild des Motivators.

Das INSIGHTS-Rad mit den acht Haupttypen / © Success-INSIGHTS®, Arizona/ USA

Diese acht Typen, die Sie in der Abbildung (S. 41) sehen, sind die acht Haupttypen. Ich möchte Ihnen diese Typen hier gern vorstellen. Der Schwerpunkt im Buch wird allerdings auf den vier „reinen" Farbtypen liegen, die Sie ja bereits kurz kennen gelernt haben. Ihnen sind acht moderne Rollen zugeschrieben, die sie im Berufsalltag gerne übernehmen.

Jeder Mensch kann Anteile von allen vier Farben haben. In der Regel sind bei fast jedem zwei, wenn nicht gar drei besonders stark ausgeprägt und bestimmen sein Verhalten. Damit Sie sich leichter tun, das Verhalten Ihrer Kunden einzuschätzen und Mischtypen zu erkennen, stelle ich Ihnen in diesem Kapitel die acht Haupttypen vor: Sie bestehen aus den vier reinen Typen und vier Mischtypen. Letztere ergeben sich aus der Mischung zweier benachbarter Farbtypen, also Rot-Gelb oder Grün-Blau. In Folge sind die acht Typen ausführlich geschildert – aus Verkäufer- und Kundensicht.

Die Beschreibung der Typen, mit denen der jeweilige Haupttyp am häufigsten Konflikte hat, soll Ihnen vor Augen führen, dass Konflikte nicht immer nur eine Sache zweier „Individuen" sind. Sehr oft ist für Konflikte ausschlaggebend, dass zwei Menschen gegensätzliche Typen sind. Während man gegenüber Menschen, welche die gleichen Kanten und Ecken haben wie man selbst, ziemlich tolerant sein kann, hört das Verständnis bei anderen, die völlig anders sind als man selbst, meist schnell auf. Oft spiegeln sie einem die eigenen Ängste wider: So wehrt sich ein roter Kunde möglicherweise gegen das Bedürfnis eines grünen Verkäufers nach einer vertrauensvollen Geschäftsbeziehung, weil er selbst Angst vor zu viel Nähe hat. Das hat mit dem Grünen persönlich nichts zu tun, aber er wird die Zurückweisung spüren und im Zweifel persönlich nehmen.

Setzt sich der rote Kunde aber mit seinen Ängsten auseinander, dann kann er sich abgrenzen und schützen und muss den Wunsch eines Grünen nach Vertrauen nicht mehr brüsk zurückweisen. Oder umgekehrt: Ist dem grünen Verkäufer bewusst, dass ein roter Kunde kein Bedürfnis nach einer vertrauensvollen Beziehung hat, sondern sachlich und schnell das Geschäft abwickeln will, dann muss er die Zurückweisung nicht mehr persönlich nehmen und kann sich darauf einstellen.

Die Tabellen, in denen Ziele, Vorgehensweise, Stärken, Schwächen, positive und negative Wirkung auf andere sowie die Ängste jedes Typs aufgelistet sind, geben Ihnen einen Überblick über die starken, aber auch die kritischen Punkte jedes Typs.

Der Direktor

Der Direktor ist der rote Typ – der Macher, der überall den Ton angeben will, sich Ziele steckt und sie erreicht, aber dabei auch nicht viel Rücksicht auf andere Leute nimmt. Er hat keine Schwierigkeiten damit, Entscheidungen zu treffen, und am liebsten trifft er sie allein. Ebenso wenig macht es ihm etwas aus, andere auf Fehler hinzuweisen und sie zu kritisieren. Er ist der Verkäufer, der auf seinen Kunden immer ein bisschen arrogant wirkt, auch wenn er ihn ausgezeichnet berät. Wenn der Kunde eine Entscheidung trifft, die er nicht gut findet, wird er ihm das sagen. Der rote Verkäufer möchte möglichst schnell zu einem Abschluss kommen. Deshalb drängelt er den Kunden oft oder verliert das Interesse an ihm.

Er ist gleichzeitig aber auch sehr vorausschauend, progressiv und setzt sich für seine Ziele ein. Er will etwas bewegen und wichtige Dinge tun. Mit kleinen Geschäften gibt er sich nicht gerne ab, er verhandelt am liebsten große Projekte, bei denen es um viel Geld geht. Routinearbeiten oder die Festlegung von Details, wenn die großen Linien abgesprochen sind, machen ihm keinen Spaß. Aber er nimmt sie auf sich, weil er keinen Fehler machen will.

Als Kunde ist er sehr entschlussfreudig und fordernd und wird auf Sie möglicherweise kühl, schroff und arrogant wirken. Er geht logisch und scharfsinnig beim Lösen von Problemen vor. Zielstrebig fordert der Direktor von Ihnen die Informationen ein, die er braucht. Ob er Ihnen dabei das Wort abschneidet und Sie daran hindert, eine zusammenhängende Präsentation zu geben, ist ihm egal. Mit anderen mitzufühlen ist nicht seine Stärke, er denkt an sich selbst und seine Ziele. Er neigt dazu, Grenzen zu überschreiten und anderen nicht mit dem nötigen Respekt entgegenzukommen. Er selbst erwartet von anderen aber, dass sie ihm gebührend Respekt zollen. Behandeln Sie ihn respektlos und zu „locker", dann wird er Sie deutlich in die Schranken weisen.

Er legt hohe Maßstäbe an sich und andere an, ist kritisch und bemerkt die Fehler der anderen ziemlich schnell. Wenn Sie sich mit Informationen vertun und am Ende andere Lieferzeiten nennen als am Anfang, wird ihm das sofort auffallen. Er wird Sie auf die Fristen festnageln, die für ihn am günstigsten sind. Überhaupt wird er Ihnen die ganze Zeit das Gefühl geben, dass er derjenige ist, der die Bedingungen stellt, und dass Sie das Geschäft vergessen können, wenn Sie nicht darauf eingehen. Respekt werden Sie bei Ihm finden, wenn Sie hart mit ihm verhandeln und in Punkten, die Ihnen wichtig sind, nicht nachgeben, sondern sich ebenso stur geben wie er. Er wird nicht gerne kritisiert und wird immer versuchen, Sie zur Verantwortung zu ziehen, wenn etwas schief gelaufen ist, statt bei sich selbst die Schuld zu suchen.

Er ist der Kunde, mit dem Sie am schnellsten zu einem Abschluss kommen können. Wenn Sie gut vorbereitet sind, ihm zügig die notwendigen Informationen liefern, glaubwürdig und selbstbewusst wirken und ihm ein paar Vorteile bieten, dann wird er nicht lange fackeln.

Der Direktor	
Ziel	Dominanz, Unabhängigkeit, Veränderung, Ergebnisse erzielen
Vorgehensweise	Schnell, entschlossen, scharfsinnig, unter Umständen rücksichtslos
Stärken	Führungskraft, Einsatzbereitschaft, zieht Aufgaben bis zum Erfolg durch, Fähigkeit,

	Menschen zu einem erwünschten Resultat zu bringen
Schwächen	Ungeduldig, streitlustig, egozentrisch
Negative Wirkung	Arrogant, hart, kritisch
Positive Wirkung	Selbstsicher, richtungweisend, kühn, charakterstark
Ängste	Routine, Kontrolle zu verlieren, zu viel Nähe

Der Direktor hat am häufigsten Konflikte mit diesen Verkäufertypen

- *Berater:* Der grün-gelbe Berater zeigt zu viel Verständnis, was dem Direktor nicht wichtig ist. Er kann auch mit der Hilfsbereitschaft des Beraters nicht viel anfangen, denn er bittet selbst selten um Hilfe, sondern fordert ein, was er braucht. Der Direktor kann einem solchen Verkäufer nicht viel Respekt entgegenbringen, weil der sich in seinen Augen zu leicht ausnutzen lässt. Die vom Berater erwünschte Intimität blockt er ab. Wenn der Berater versucht, ihm einen guten Rat zu geben, etwa noch die und die Zusatzleistung zu nehmen, dann kann der Direktor den Rat nur schwer annehmen. Ratschläge mag er nicht, er weiß selbst, was er braucht.
- *Unterstützer:* Ein Verkäufer, der ein grüner Unterstützer ist, bietet dem Direktor möglicherweise nicht genügend innovative Produkte oder flexible Lösungen an. Der Wunsch des Unterstützers nach wenig Veränderung passt nicht zum Wunsch des Direktors nach Flexibilität und neuen, noch besseren Produkten. Der Direktor will nicht das Bewährte, sondern probiert gerne mal etwas Neues aus, wenn es höhere Produktivität verspricht. Außerdem stört ihn, dass der Unterstützer ihm nicht genügend Widerstand bietet und er mit ihm nicht hart verhandeln kann. Der Unterstützer passt sich zu stark an und reagiert auf alles mit stets gleich bleibender

Freundlichkeit. Der Direktor verhält sich genau entgegensetzt, passt sich grundsätzlich nicht an und zeigt seinen Unwillen deutlich.

- *Koordinator:* Den logischen Argumenten eines Verkäufers, der ein grün-blauer Koordinator ist, hat der Direktor oft nichts entgegenzusetzen. Aber sie werden ihn nicht immer davon überzeugen, von seiner einmal gebildeten Meinung abzurücken. Mit dem Koordinator würde er sich gerne über Bedingungen, Preise oder Lieferfristen streiten, aber der macht nicht mit. Er will darüber sachlich diskutieren und es stört ihn nicht, wenn sich die Verhandlungen hinziehen. Aber sie sollen fair ablaufen. Diese endlosen Diskussionen nerven dagegen den Direktor. Aber mit Druck und Ärger kommt er beim Koordinator nicht weit. Der weist die persönlichen Aggressionen des Direktors entschieden in die Schranken.

Der Motivator

Der Motivator ist der rot-gelbe Mischtyp. Er setzt sich gerne ehrgeizige Ziele, die er erreichen will, und steckt auch anderen gerne ihre Ziele vor. Aber er versucht auch, die anderen für diese Ziele zu begeistern. Als Verkäufer wird er zwar genaue Vorstellungen über das haben, was für den Kunden gut ist, aber er wird das dem Kunden nicht von oben herab mitteilen, sondern versuchen, ihn dafür zu gewinnen. Und das bedeutet vor allem, dass er lange Vorträge hält und den Kunden unter Umständen nicht mehr zu Wort kommen lässt.

Ihm bedeuten die Ergebnisse genauso viel wie die zwischenmenschlichen Beziehungen. In Kaufverhandlungen ist er ein angenehmer Kunde, weil er bereit ist, sich auf ein paar persönliche Worte einzulassen, aber das Geschäftliche nicht aus den Augen verliert. Er will seine eigenen Entscheidungen treffen und ist immer daran interessiert, Anerkennung zu gewinnen und auf der Karriereleiter nach oben zu steigen. Deshalb können Sie ihn auch von einem gewagten oder absolut neuen Geschäft überzeugen. Aber trotz Karriere und Prestige will er beliebt sein und respektiert werden. In seinen Entscheidungen nimmt er Rücksicht auf die Belange anderer. Muss er unpopuläre Entscheidungen treffen, versucht er, eine Lösung zu finden, die das Beste für alle darstellt. Er wird Sie nicht von heute auf morgen von seiner Liste streichen, nur weil er einen günstigeren Anbieter gefunden hat. Aber er wird von Ihnen fordern, dass Sie auf ihn eingehen und ihm ein Angebot machen, mit dem beide Seiten leben können.

Seine Aufgaben erledigt er in Zusammenarbeit mit seinen Mitarbeitern. Wenn es darum geht, Details für einen Vertrag auszuhandeln, wird er das möglicherweise einem Mitarbeiter überlassen, den er aber kontrolliert. Manchmal ist er allerdings zu optimistisch in Bezug auf das, was andere leisten. Detailarbeit mag er selbst nicht, nimmt sie aber in Kauf, wenn er ein bestimmtes Ziel erreichen will. Er braucht viel Abwechslung und jettet gerne durch die Welt. Er kennt viele Leute und ist interessiert an einem guten, freundlichen Kontakt. Andere halten ihn für dynamisch und enthusiastisch, aber manchmal auch für voreilig und indiskret.

Der Motivator	
Ziel	Macht, Position, Anerkennung, Ergebnisse erzielen durch andere
Vorgehensweise	Andere überzeugen und mitreißen, andere zu Leistungen inspirieren
Stärken	Optimistisch, kontakt- und willensstark
Schwächen	Geltungssüchtig, zu vertrauensselig
Negative Wirkung	Oberflächlich, redselig, indiskret

Positive Wirkung	Enthusiastisch, fröhlich, begeisternd
Ängste	Fehlschläge, Verlust der Verantwortung

Der Motivator hat am häufigsten Konflikte mit diesen Verkäufertypen

- *Unterstützer:* Der grüne Verkäufer bietet ihm hauptsächlich bewährte, erprobte Produkte an und das ist nicht das, was der Motivator sucht. Damit kann er sich nicht profilieren. Die zurückhaltende Art des Unterstützers empfindet der Motivator als langweilig. Er möchte gerne begeistert werden von einem Produkt und nicht nur hören, warum es so zuverlässig ist. Das Bedürfnis nach Sicherheit des Unterstützers kann der Motivator nicht nachvollziehen.
- *Koordinator:* Der blau-grüne Verkäufer ist überaus korrekt und damit das Gegenteil des Motivators. Seine ganzen überschwänglichen Ideen zerplatzen wie Seifenblasen an der präzisen Analyse des Koordinators. Logische Argumente, die ihn auf den Boden der Realität zurückholen, sind dem Motivator nicht so willkommen. Er möchte einen Verkäufer, der über das Übliche hinaus denkt und sich eine neue spezielle Lösung für ihn einfallen lässt.
- *Beobachter:* Ebenso geht es dem Motivator mit dem blauen Verkäufer. Der beurteilt die Dinge mit dem Kopf und lässt sich nicht mitreißen von den Ideen des Motivators. Außerdem verhält er sich sehr reserviert und der Motivator kommt nicht wirklich in Kontakt mit ihm. Er bevorzugt Verkäufer, mit denen er sich auch über persönliche Themen austauschen und Ideen spinnen kann. Zwar schätzt er die präzisen Informationen des blauen Verkäufers, aber insgesamt ist er ihm zu „trocken“.

Der Inspirator

Der knallgelbe Inspirator ist am liebsten da, wo viele Menschen sind, mit denen er reden kann. Das befähigt ihn als Verkäufer dazu, sich und sein Produkt sehr gut zu präsentieren. Aber er vergisst darüber oft die Zeit und seinen Kunden. Seine Stärke ist seine Geselligkeit, er kennt Gott und die Welt und kann über jeden ein paar Geschichten erzählen. Wegen seiner Unterhaltsamkeit ist er sehr beliebt, aber auf seine Kunden wirkt das auch nach einer Weile ermüdend. Er hat Probleme, bei einer Sache zu bleiben und den Abschluss herbeizuführen.

Seine Redegewandtheit befähigt ihn dazu, sich und seine Ideen sehr gut zu verkaufen. Manchmal schätzt er seine Wirkung und seine Fähigkeiten aber auch zu hoch ein. Kreativität ist seine große Stärke, die Umsetzung seine Schwäche. Er braucht einen Verkäufer, der seine Ideen in die Realität umsetzt. Er ist kein Cheftyp, da er nicht konsequent und autoritär genug auftritt. Sein Bedürfnis, sich mit anderen Leuten zu verstehen, ist höher als sein Wunsch, sie zu führen.

Er gerät leicht mit seinen Aufgaben und Zeitplänen in Schwierigkeiten, wenn ihn das Chaos einholt. Für den Verkäufer ist es nicht leicht, ihm eine zusammenhängende Präsentation zu bieten, da er ihn immer wieder unterbrechen wird. Ein Inspirator wünscht sich, dass der Verkäufer auf seine Ideen eingeht und das Verkaufsgespräch eher eine schwungvolle Diskussion als eine harte Verhandlung ist. Um eine Entscheidung wird er sich drücken, wenn er nicht überzeugt ist, aber es nicht offen sagen.

Der Inspirator	
Ziel	Popularität, Bestätigung, Ideen inspirieren
Vorgehensweise	Spontan, begeistert, sprunghaft
Stärken	Kann andere begeistern, Spannungen lösen, andere fördern, redegewandt

Schwächen	Ist oft unzuverlässig, vor allem mit der Zeiteinteilung; ist unorganisiert und unrealistisch
Negative Wirkung	Oberflächlich, schmeichlerisch, sprunghaft
Positive Wirkung	Mitreißend, heiter, inspirierend
Ängste	Verlust des Selbstwertgefühls und der sozialen Anerkennung, Isolation

Der Inspirator hat am häufigsten Konflikte mit diesen Verkäufertypen

- *Beobachter:* Sie sind gegensätzlich wie Feuer und Wasser: Der blaue Verkäufer ist hundertprozentig genau und durchdenkt alles bis ins Detail, der Inspirator hat kreative Einfälle, für die er sich und andere begeistern will. Wenn der Koordinator versucht, ihn mit vielen Fakten und Details von einem Produkt zu überzeugen, langweilt sich der Inspirator zu Tode. Er braucht Bilder und Visionen und muss sich vorstellen können, wie etwas funktioniert. Der Beobachter dagegen versucht, ihn mit Logik und Systematik zu gewinnen, was beim Inspirator überhaupt nicht ankommt.
- *Koordinator:* Auch der blau-grüne Verkäufer tendiert dazu, seine Präsentation zwar sehr informativ, aber nicht besonders lebendig zu gestalten. Er bietet bewährte Produkte an, aber die entsprechen nicht den innovativen Ideen, die der Inspirator hat. Dagegen lässt sich der Koordinator leicht aus der Fassung bringen, wenn der Inspirator seine Präsentation häufig unterbricht, viel selbst redet und von einem Punkt zum anderen springt.
- *Reformer:* Der rot-blaue Verkäufer strebt nach Erstklassigkeit und perfekten Ergebnissen und geht bedächtig und mit Logik vor. Auch ihm ist das Tempo des Inspirators zu schnell. Er hat zwar Verständnis, dass der Inspirator neue Produkte und Lösungen will, aber er findet, dass der die Sache viel zu wenig durchdenkt.

Deshalb hat er Mühe, einen gelben Kunden zu respektieren. Der Inspirator dagegen kommt mit der peniblen Art des Reformers nicht zurecht, weil er sich mit den vielen Details nicht aufhalten will. Außerdem kann er sich mit einem Reformer nicht über andere Leute unterhalten, weil der nichts Persönliches rauslässt. Ein solcher Verkäufer ist dem Inspirator zu langweilig und er fühlt sich von ihm nicht anerkannt.

Der Berater

Der Berater ist ein gelb-grüner Mischtyp. Er hat eine ausgleichende Natur, ist auf Harmonie bedacht und ein idealer Teamarbeiter. Er denkt immer zuerst an den Menschen und dann an die Sache. Deshalb ist er ideal geeignet für die Kundenpflege, während es ihm nicht sonderlich liegt, fremde Menschen anzusprechen. Er braucht eine Weile, bis er mit seinem Kunden warm wird, aber dann kann daraus eine langfristige Beziehung entstehen. Er fragt viel nach und versucht, seinen Kunden wirklich zu verstehen. Darüber vergeht viel Zeit und oft vermeidet er, den Kunden zu „nageln" und einen Abschluss zu machen.

Ihm sind Beruf und Privatleben gleich wichtig, in beidem strebt er nach positiven Beziehungen zu seinen Mitmenschen. Da er warmherzig, verständnisvoll und umgänglich ist, findet er sie auch. Er ist ein guter Teamarbeiter, der für ein angenehmes Arbeitsklima sorgt. Menschen bedeuten ihm mehr als die Erfüllung irgendwelcher Aufgaben.

Als Kunde ist der Berater daran interessiert, zu Ihnen als Verkäufer erst einmal eine persönliche Beziehung aufzubauen. Er muss Ihnen vertrauen können, um sich bei einem Abschluss wohl zu fühlen. Seine Angst ist, übers Ohr gehauen zu werden, und deshalb will er Sie kennen lernen, bevor er mit Ihnen Geschäfte macht.

Ihrer Präsentation folgt er mit großem Interesse. Er kann gut zuhören und sich durch seine analytischen Fähigkeiten auf eine komplexe Lösung einlassen. Aber er möchte keine neuen Produkte ausprobieren, sondern ist interessiert daran zu erfahren, wer mit dem Produkt schon Erfahrungen gesammelt hat. Seine Vorsicht und Skepsis gegenüber neuen Produkten sollten Sie nicht infrage stellen. Gegenüber Kritik ist er empfindlich und nimmt sie leicht persönlich.

Ein Cheftyp ist er nicht: Es fällt ihm eher schwer, anderen gegenüber Autorität geltend zu machen. Entscheidungen trifft er lieber erst nach eingehender Beratung mit anderen. Vielleicht halten Sie ihn für zu langsam und bedächtig, aber Sie können seine Ruhe und Gelassenheit auch schätzen. Setzen Sie ihn nicht unter Druck: Er mag keinen Stress und will das Gespräch nach eigenem Tempo organisieren. Dafür ist er sehr beharrlich und beständig. Er schätzt es, wenn er immer wieder mit Ihnen zu tun hat und Sie nicht Ihren Kollegen schicken. Veränderungen mag er nicht und er braucht lange, um sich darauf einzustellen. Wenn er Sie besser kennt und schätzt, ist er sehr loyal und „verlässt“ Sie nicht so schnell, um anderswo vielleicht günstigere Angebote zu bekommen.

Der Berater	
Ziel	Anderen helfen, Vertrautheit, Harmonie, Ideen umsetzen, Stabilität
Vorgehensweise	Zuhören, Fragen stellen, gemeinsame Lösungen suchen
Stärken	Tolerant, zuverlässig, loyal, ehrlich; hat die Kompetenz, Prozeduren und Techniken zu entwickeln, um eine Aufgabe zu lösen
Schwächen	Trifft nicht gerne Entscheidungen, oft zu nachgiebig, nachtragend
Negative Wirkung	Einmischend, unsachlich, zögerlich
Positive Wirkung	Verständnisvoll, hilfsbereit, aufrichtig

Ängste	Konflikte, starker Druck, Beziehungsverlust

Der Berater hat am häufigsten Konflikte mit diesen Verkäufertypen

- *Direktor:* Das absolute Gegenteil! Ein roter Verkäufer nimmt sich wahrscheinlich nicht die Zeit, Vertrauen aufzubauen, weil er das nicht wichtig findet. Das braucht der Berater aber, weil er nur in einer solchen Atmosphäre Verhandlungen führen möchte. Die oft herrische, dominierende Art des Direktors passt dem Berater nicht, weil er befürchtet, dass der ihm etwas andreht, das er gar nicht will. Wenn er aber nicht deutlich genug Widerstand leistet, passiert genau das. Am nächsten Tag wird der Berater den Kauf wahrscheinlich stornieren und sich einen Verkäufer suchen, der ihm mehr Zeit lässt und intensiver auf ihn eingeht.
- *Beobachter:* Auch der blaue Verkäufer und der Berater leben in unterschiedlichen Welten: Der Beobachter ist auf das Produkt und das Geschäft fixiert, der Berater schaut sich zuerst einmal an, von wem er kauft. Da der Beobachter aber nicht viel von sich offenbart, findet der Berater die Atmosphäre zu unpersönlich. Er traut dem Beobachter nicht so recht und das wird ihn letztlich vom Kauf abhalten. Außerdem möchte er gerne etwas mehr inspiriert werden. Er hat Ideen und die zerpflückt ihm der Beobachter zu schnell.
- *Reformer:* Das Streben des blau-roten Verkäufers nach Perfektion ist für den Berater nicht nachvollziehbar, denn im zwischenmenschlichen Bereich gibt es keine Perfektion. Der Berater hat Ideen, die lange noch nicht perfekt sind, die er aber einbringen will. Auch beim Reformer vermisst der Berater die persönliche Beziehung. Er spürt deutlich die Missbilligung des Reformers, dass er sich nicht auf die perfekten Lösungen einlassen kann, die der Reformer ihm vorlegt. Aber ehe der Berater sich auf das Geschäft einlässt, muss er Einblick in die Persönlichkeit seines Gesprächspartners nehmen dürfen – und die gewährt ihm der Reformer nicht.

Der Unterstützer

Er ist der eindeutig grüne Typ. Am liebsten ist er mit einer kleinen Gruppe von Freunden oder Kollegen zusammen. In der Arbeit schätzt er ein überschaubares Umfeld, das ihn nicht zu oft mit Veränderungen konfrontiert. Er kümmert sich als Verkäufer am liebsten um Produkte, hinter denen er steht, die er kennt und deren Zielgruppe ihm vertraut ist. Dafür setzt er sich enorm ein und da kommen auch seine großen Beziehungsqualitäten am besten zur Geltung.

Der Unterstützer ist umgänglich, liebenswert und beständig. Außerdem rücksichtsvoll, geduldig und immer gewillt, denen zu helfen, die er für seine Freunde hält – also eine Seele von Mensch.

Er entwickelt enge Beziehungen zu einer kleinen Gruppe von Menschen. Haben Sie ihn einmal als Kunden gewonnen, kann es sein, dass Ihre Geschäftsbeziehung andauert, bis einer von Ihnen in Pension geht. Große Foren und große Auftritte braucht der Unterstützer nicht. Auf einer großen Messe werden Sie Schwierigkeiten haben, mit ihm ein effektives Gespräch zu führen. Aber in seinem Büro ist er entspannt und hört Ihrer Präsentation aufmerksam zu. Er will von Ihnen vertraute und bewährte Produkte kaufen. Er weiß zu schätzen, wenn sich nur wenig verändert. Soll er andere als seine gewohnten Produkte kaufen, braucht er viel Unterstützung und Ermutigung. Meistens hat der Unterstützer ein Spezialgebiet, auf dem er sehr effektiv und mit bemerkenswerter Beständigkeit arbeitet. Da kennt er sich gut aus und Sie müssen gut informiert sein, um ihn mit Ihrer Präsentation zu beeindrucken. Ist Ihnen das mal nicht so gut gelungen, wird er Sie trotzdem mit einem Schulterklopfen verabschieden und hoffen, dass Sie ihm das nächste Mal bessere Informationen liefern.

Manchmal hat er Schwierigkeiten, etwas abzuschließen und fertig zu machen, und gerät dann mit Zeitplänen in Konflikt. Er entscheidet nicht gerne und braucht viel Zeit, ehe er zum Abschluss bereit ist.

Der Unterstützer	
Ziel	Stabilität, vertrautes Umfeld, Pläne umsetzen
Vorgehensweise	Angemessen, beständig
Stärken	Enormer Einsatz bei speziellen Projekten/Menschen; kann geeignete Techniken zur Lösung einer Aufgabe entwickeln
Schwächen	Passiver Widerstand gegen Veränderung
Negative Wirkung	Angepasst, bei Druck unterwürfig zu Vorgesetzten und Kollegen
Positive Wirkung	Große Hilfsbereitschaft gegenüber Freunden und Bekannten
Ängste	Veränderung, Unordnung

Der Unterstützer hat am häufigsten Konflikte mit diesen Verkäufertypen

- *Reformer:* Mit der Zurückhaltung des blau-roten Verkäufers kommt der Unterstützer nicht gut zurecht und er fühlt sich ihm leicht unterlegen. Er befürchtet, dass der Reformer ihn zu einer Lösung drängt, die er gar nicht will. Er findet ihn außerdem zu verschlossen und vertraut ihm nicht.
- *Direktor:* Der Dominanz und Entschlossenheit des roten Verkäufers hat der Unterstützer nicht die gleiche Power entgegenzusetzen und passt sich – ungern – an. Wenn er Einwände gegen ein Produkt hat, versucht er, sich durch Rückzug und heimlichen Widerstand zu entziehen und sich aus einer Entscheidung herauszuschleichen. Das wiederum kann der Direktor nicht ausstehen und versucht, ihn zu drängen. Der Unterstützer wird im Zweifel

froh sein, wenn er den Direktor los ist, und sich einen verständnisvolleren Verkäufer suchen.

- *Motivator:* Die allumfassenden Freundschaftsbekundungen des rot-gelben Motivators kann der Unterstützer nicht so ernst nehmen und beäugt ihn deshalb mit Misstrauen. Er spürt auch immer ein bisschen Missbilligung, weil er sich nicht so schnell entscheidet, wie der Motivator es gerne hätte. Der Motivator bietet ihm zu viele innovative Produkte an und möchte ihn ständig davon überzeugen, dass er doch modernisieren solle, um auf den neuesten Stand der Technik zu kommen. Angebote, die zu offensichtlich Veränderungen nach sich ziehen, lösen beim Unterstützer aber Ängste aus. Dafür braucht er mehr Zeit, als der Motivator ihm zugesteht.

Der Koordinator

Bei ihm vermischen sich der grüne und der blaue Typ. Sein grüner Anteil sind seine große Loyalität und Hilfsbereitschaft anderen gegenüber, aber sein blauer Anteil sorgt für sorgfältige Struktur, Präzision und hohe Wertmaßstäbe. Als Verkäufer kümmert er sich gerne um umfassendere Lösungen, aber in einem Bereich, in dem er sich gut auskennt. Er mag nicht ständig mit neuen Kunden zusammenkommen, sondern hat lieber seinen festen Kundenstamm, der seine Qualitäten kennt und schätzt. Er braucht viel Zeit zur Ausarbeitung seiner Lösungen oder für eine Präsentation und gerät unter Druck, wenn er sich beeilen muss.

Als disziplinierter und gründlich vorbereiteter Kunde erwartet er von Ihnen das Gleiche. Ist Ihre Präsentation chaotisch oder sprunghaft, dann irritiert das den Koordinator ziemlich. Er hat stets den Überblick über das, was er tut, arbeitet systematisch und hat ein großes Durchhaltevermögen. Er wird mit Ihnen lange Diskussionen führen über Vor- und Nachteile Ihres Produkts, bevor er sich dafür oder dagegen entscheidet. Ist er von der Richtigkeit und Notwendigkeit eines Produkts absolut überzeugt, dann wird er kaufen. Aber er trifft sehr ungern Entscheidungen. Bevor er sich zu einer durchringt, sammelt er viele Fakten und Details, um keinen Fehler zu machen. Er ist konventionell und nimmt weder Risiken noch Veränderungen gern in Kauf. Deshalb bevorzugt er bewährte Produkte. Muss er ein völlig neues Produkt kaufen, braucht er noch viel mehr Informationen.

Hat er Einwände, wird er diese mit viel Diplomatie äußern und möglicherweise entgeht Ihnen dabei, wie wichtig ihm die Sache ist. Aber Sie können sicher sein, dass er ehrlich und offen mit Ihnen umgeht. Wenn er Sie schätzt, ist er Ihnen gegenüber sehr loyal. An einmal getroffene Vereinbarungen hält er sich und stellt sie bei Ihrem nächsten Besuch nicht wieder infrage. Er bevorzugt ein beständiges Umfeld und möchte mit Ihnen über einen längeren Zeitraum zusammenarbeiten. Ihre Präsentation sollte gut strukturiert sein und Sie sollten sich dafür genügend Zeit einräumen. Stress und Chaos kann er nicht leiden. Ebenso wenig, wenn Sie nach persönlichen Dingen fragen. Er sagt nicht immer, was er denkt, und noch seltener, was er fühlt. Bevor er Ihnen vertraut, vergeht eine ganze Weile, denn seine große Angst ist, ausgenutzt zu werden. Am liebsten ist er mit Menschen zusammen, die ihm ähnlich sind, und deshalb erwartet er von Ihnen, dass Sie sich stark auf ihn einstellen.

Der Koordinator	
Ziel	Korrektheit, Sicherheit, Pläne umsetzen und feinabstimmen
Vorgehensweise	Sammeln von Informationen und gründliches Durchdenken
Stärken	Genauigkeit, Zuverlässigkeit, konzeptuelle Stärke

Schwächen	Unbeweglich, blockiert durch zu hohe Maßstäbe, zögerlich
Negative Wirkung	Reserviert, misstrauisch, zu sachlich
Positive Wirkung	Sorgsam, erklärend, loyal, diplomatisch
Ängste	Emotionen, irrationales Handeln

Der Koordinator hat am häufigsten Konflikte mit diesen Verkäufertypen

- *Direktor:* Vom roten Verkäufer fühlt sich der Koordinator schnell gedrängelt und unter Stress gesetzt. Er braucht viel Zeit und viele Informationen für seine Entscheidung und die billigt ihm der Direktor oft nicht zu. Der Direktor bietet ihm häufig innovative Produkte an, gibt ihm dann aber nicht die nötige Unterstützung und Ermutigung, die der Koordinator für einen Kauf braucht.
- *Motivator:* Der rot-gelbe Verkäufer ist dem Koordinator zu „überkandidelt" und von seiner Willensstärke und dem Druck, zu einem Abschluss zu kommen, fühlt er sich leicht überrannt. Oft preist der Motivator ihm ein Produkt oder eine Lösung an, weil er dabei ein gutes Gefühl hat, und das ist etwas, was der Koordinator nicht nachvollziehen kann.
- *Inspirator:* Der gelbe Verkäufer ist dem Koordinator zu oberflächlich und er redet ihm zu viel. Seine oft sprunghafte und im Plauderton vorgetragene Präsentation ist ihm zu unlogisch und er kann sie nicht ernst nehmen. Ihn interessiert nicht, wer alles das Produkt kauft, sondern warum es so gut ist. Der Gefälligkeit und überschwänglichen Freundlichkeit des Inspirators begegnet der Koordinator mit Misstrauen.

Der Beobachter

Er ist der vollkommen blaue Typ. Auf andere wirkt er oft auch eiskalt. Er ist nicht gerne mit vielen Menschen zusammen, sondern beschäftigt sich lieber mit Dingen, Systemen, abstrakten Themen. Er ist der Tüftler unter den Verkäufern, der ideal geeignet ist, maßgeschneiderte Lösungen anzubieten. Aber dafür braucht er Zeit, das schnelle Tagesgeschäft ist nicht sein Ding. Er hat Probleme beim ersten Kontakt und dabei, das Vertrauen seiner Kunden zu gewinnen. Aber seine Kunden, meist sind es Unternehmen, die komplexe Systeme brauchen, schätzen ihn sehr.

Als Kunde kauft er nur Produkte, hinter denen er hundertprozentig steht. Dafür sorgen seine Vorsicht, Disziplin und Gewissenhaftigkeit. Er verfügt über hoch entwickelte analytische Fähigkeiten und kann anspruchsvollen Präsentationen leicht folgen. Ja, er ist sogar an solchen interessiert und erwartet, dass Sie ihm möglichst viele Informationen und Details schildern. Er verfügt aber auch über eine große Intuition, die ihm oft hilft, die richtige Entscheidung zu fällen und Fehler zu vermeiden. Aber er braucht Zeit dafür und lässt sich nicht drängen.

Er begegnet Ihnen mit Misstrauen und wartet erst einmal ab, was Sie ihm zu bieten haben. Vorschusslorbeeren gibt er Ihnen nicht. Geht etwas schief bei dem Geschäft, wird er erst die Schuld bei Ihnen suchen. Er hat eine genaue Vorstellung von dem, was er wissen will, und zieht seinen Fragenkatalog dann so durch wie vorgesehen. Er mag eine friedliche, keinesfalls hektische Atmosphäre. Im Gespräch wirkt er manchmal etwas zugeknöpft, da er etwas länger als andere überlegt. Aber er legt Wert darauf, die richtige Antwort zu geben. Über seine Gefühle spricht er kaum. Seine Familie, die sein engstes und vertrautestes Umfeld bildet, ist ihm ebenso wichtig wie sein Beruf, aber er wird Ihnen nicht von ihr erzählen und will auch über Ihre nichts wissen.

Der Beobachter	
Ziel	Korrektheit, Vorhersehbarkeit, guter Ruf; Pläne ins Gesamte zu integrieren

Vorgehensweise	Genaue Recherche bis zur richtigen Antwort
Stärken	Gewissenhaft, analytisches Denken, intuitive Begabung
Schwächen	Misstrauen, Starrsinn, inflexibel
Negative Wirkung	Kühl, unzugänglich, gleichgültig
Positive Wirkung	Genau, zuverlässig, scharfsinnig
Ängste	Plötzliche Veränderung, Lächerlichkeit

Der Beobachter hat am häufigsten Konflikte mit diesen Verkäufertypen

- *Motivator:* So wenig der Beobachter seine eigenen Gefühle gerne äußert, so wenig schätzt er es, wenn der andere es tut. Der rotgelbe Verkäufer wird es tun, deswegen kommen beide nicht gut miteinander klar. Den grundsätzlichen Optimismus des Motivators kann der Beobachter nicht teilen. Da die Lösungen, die der Motivator ihm vorschlägt, oft Änderungen nach sich ziehen, hat er Schwierigkeiten, sich darauf einzulassen.
- *Inspirator:* Ist dem Verkäufer einmal eine flapsige Bemerkung über den Beobachter herausgerutscht, hat dieser Mühe, das in Zukunft zu vergessen. Redseligkeit und Enthusiasmus begeistern den Beobachter keineswegs. Er lässt sich nicht mitreißen von schwungvollen Präsentationen, sondern bleibt skeptisch und vorsichtig. Da er auf viele seiner Nachfragen keine Antwort bekommt, hält er den Inspirator für nicht sehr kompetent.
- *Berater:* Dem Beobachter ist der grüne Verkäufer oft zu empfindlich. Dessen Bedürfnis nach vertrauensvollem Umgang und persönlichen Gesprächen kann er nicht nachvollziehen, da er selbst lieber Distanz wahrt.

Der Reformer

Der Reformer hat rote und blaue Anteile. Das heißt, er vereint seine gründliche, durchdachte Vorgehensweise mit dem Wunsch, Entscheidungen selbst zu fällen. Er denkt abstrakt, ist kreativ und konkurrenzbewusst. Er denkt gerne über Systeme und übergreifende Dinge nach, er hat dabei ein klares Ziel vor Augen und auch eine Vorstellung davon, bis wann er es erreicht haben will. Ähnlich wie der Beobachter ist er geeignet, seinen Kunden komplexe Lösungen anzubieten. Aber er schreckt auch nicht davor zurück, harte Verhandlungen über Preis und Bedingungen zu führen. Manchmal demotiviert es ihn, dass er seine hochgesteckten Ziele nicht mit seinem Perfektionsdrang vereinbaren kann.

Als Kunde erwartet er von Ihnen einfallsreiche, aber gut durchdachte Lösungen, die Sie ihm in einer klar strukturierten, kompetenten Präsentation darlegen. Er entscheidet sich dann auch ohne weiteres dafür, wenn Sie ihn überzeugt haben.

Nur vor Entscheidungen auf lange Sicht oder über sehr umfangreiche Projekte drückt er sich gerne, da er die Konsequenzen nicht abschätzen kann. Sein Drang nach Perfektion und sein Bedürfnis, alle Möglichkeiten auszuloten, blockieren ihn manchmal in seiner Entscheidungsfähigkeit. Auf der anderen Seite ist er ein absoluter Schnelldenker, weil sein Ehrgeiz einen Turboeffekt auf seine Analysefähigkeit ausübt. Die Unmöglichkeit, alles zu bedenken und alles zu berücksichtigen, hat manchmal einen niederschmetternden Effekt auf ihn und er hat dann Schwierigkeiten, eine positive Haltung zu bewahren. Er wird immer noch irgendetwas zu bekritteln haben, selbst wenn Sie ihm alles bis ins kleinste Detail erklärt haben.

Er ist aufgeschlossen gegenüber neuen Produkten und Ideen. Er geht selbst gerne neue Wege und lotet neue Möglichkeiten aus. Das Lösen von Problemen macht ihm Spaß. Macht er Fehler, ärgert er sich – unberechtigterweise – über Sie. Auch wenn die Situation längst passé ist, kann er sich nicht damit abfinden und sucht noch nach

Argumenten und Fakten, die seine Position nachträglich stützen könnten.

Er wirkt möglicherweise reserviert und kalt auf Sie. Er kann richtig autoritär werden, wenn Sie nicht auf seine Bedürfnisse eingehen und ihn mit einer oberflächlichen Präsentation abspeisen wollen.

Der Reformer	
Ziel	Erstklassigkeit, Resultate, Position; kreative Ideen finden und umsetzen
Vorgehensweise	Erforschen aller Möglichkeiten, Entscheidungen
Stärken	Mag Herausforderungen, Sorgfalt, Beständigkeit; kann umfassende Konzepte machen und andere dazu bewegen, sie umzusetzen
Schwächen	Zu selbstkritisch, sieht die Dinge leicht mal negativ
Negative Wirkung	Autoritär, ungeduldig, reserviert
Positive Wirkung	Hilfsbereit, fleißig
Ängste	Versagen, Unordnung

Der Reformer hat am häufigsten Konflikte mit diesen Verkäufertypen

- *Inspirator:* Der gelbe Verkäufer ist dem Reformer zu oberflächlich und vorschnell. Er redet ihm zu viel, ohne die Dinge wirklich durchdacht zu haben. Der Reformer durchschaut relativ schnell, wenn der Inspirator nur „dampfplaudert“. Da er selbst nicht besonders an seinen Mitmenschen interessiert ist, hat er auch keine Lust, sich die endlosen Geschichten des Inspirators über andere Menschen anzuhören.

- *Berater:* Der Reformer spürt, dass der grün-gelbe Verkäufer gerne etwas Persönliches von ihm erfahren will, aber er möchte sich und seine Gefühle nicht offenbaren. Außerdem mag er es nicht besonders, wenn jemand anders ihm kluge Ratschläge gibt. Er will Informationen und Fakten und dann entscheidet er selbst, ob er das Produkt brauchen kann oder nicht, das ihm der Berater anbietet.
- *Unterstützer:* Der grüne Verkäufer ist dem Reformer zu maßvoll und anpassungsbereit. Er braucht größere Herausforderungen und diskutiert lieber über Vor- und Nachteile eines Produkts. Aber wenn er Einwände macht, dann weicht der Unterstützer nur höflich aus und sagt nicht klar, was er denkt. Die beständige Freundlichkeit des Unterstützers kann er nicht nachvollziehen, da er selbst leicht ärgerlich wird, wenn das Gespräch nicht nach seinen Vorstellungen läuft.

Sicherlich haben Sie etliche Ihrer Kunden als Beobachter, Inspiratoren oder Berater identifiziert. Mit der Menschenkenntnis, die Sie inzwischen dazu erworben haben, fällt es Ihnen nun leichter zu verstehen, warum Sie mit manchen Kunden besser und mit anderen schlechter zurechtkommen. Top-Verkäufer haben diese Fähigkeit: Sie erkennen schnell, was ihr Kunde erwartet, und können darauf eingehen. In ihrem Grundstil sind Spitzenverkäufer dabei oft ziemlich ähnlich. Was den Top-Verkäufer ausmacht, erfahren Sie im folgenden Kapitel.

Welcher Typ sind Sie?

Zuerst verkaufen Sie sich, dann Ihr Produkt. Der Kunde sieht als Erstes Sie. Ihr Äußeres und Ihre Art, wie Sie auf ihn zugehen. Natürlich wissen Sie beide, dass es um das Produkt geht und dass Sie miteinander ein Geschäft machen wollen. Aber bewusst oder unbewusst wird Ihr Kunde Ihr Produkt mit Ihnen identifizieren. Genauso wie Meeresrauschen nichts mit der Qualität von Haarshampoo zu tun hat, hat Ihr Verhalten nichts mit der Qualität Ihres Produkts zu tun. Aber warum führen Werbespots die sinnliche Welt von Strand, Wellen und Meeresrauschen vor, obwohl es doch eigentlich um die Qualität eines Haarshampoos geht? Weil es vordergründig nicht um Produktqualität geht, sondern um Assoziationen. Wenn Sie später vor dem Regal im Supermarkt stehen und Haarshampoo kaufen wollen, sollen Sie das beglückende „Strandfeeling" spüren und das Meeresrauschen-Produkt wählen. Und Ihr Kunde soll, wenn er die Entscheidung zwischen Ihrem erstklassigen Produkt und dem nicht minder guten Ihrer Konkurrenz trifft, an Sie denken und an Ihre angenehme Art – und sich für Sie entscheiden.

Es ist also wichtig, wie Sie sich verhalten und auftreten. Aber was von sich wollen Sie Ihrem Kunden zeigen? Wie jeder Mensch haben Sie ein bestimmtes Verhalten, das Sie in privater Umgebung zeigen, und eine Art, die Sie im Beruf zeigen, weil Sie sich davon berufliches Fortkommen und Erfolge versprechen. Bei manchen Menschen macht das keinen Unterschied: Sie geben sich privat genauso wie beruflich. Aber bei vielen Menschen ist der Unterschied deutlich zu bemerken, sobald man sie außerhalb des Büros kennen lernt. Plötzlich wird aus dem kurz angebundenen, kämpferischen Verkäufer der gemütliche, Weinchen pichelnde Genießer, der witzige Geschichten über seine Nachbarn zum Besten gibt. Vielleicht findet er diesen Unterschied in seinem Verhalten sogar ganz normal. Vielleicht ist er ihm aber gar nicht so bewusst. Wer also sein Verhalten bewusst beeinflussen will, sollte erst einmal herausfinden, wie seine Verhaltensweisen im Privaten und im Beruf aussehen und wie sie sich voneinander unterscheiden. Dazu haben Sie in diesem Kapitel Gelegenheit: Wer sind Sie eigentlich? Und sind Sie im Beruf ein ganz anderer Mensch?

Wie sieht Ihr natürlicher Stil aus?

Bereits in Ihren ersten Lebenstagen gewinnen Sie eine Vorstellung von sich und davon, wie Sie von Ihren Eltern und in Ihrer Umgebung wahrgenommen werden. Das Selbstkonzept sagt Ihnen, wer Sie selbst sind, wie die anderen sind und wie Sie in der Welt zurechtkommen. Später wird dieses Selbstkonzept differenzierter, bewegt sich aber meist weiterhin in den einmal angelegten Bahnen. Ihr Selbstkonzept besteht aus drei Aspekten:

- *Selbstbild:* der innere Spiegel, in dem wir uns selbst Tag für Tag sehen. Je nach Tagesform sehen wir uns mal positiver, mal negativer. Haben Sie einen guten Abschluss gemacht, werden Sie ein positives Selbstbild haben. Ging ein Kontakt schief, werden Sie mit sich selbst unzufrieden sein oder auf sich schimpfen.
- *Ideales Selbst:* die Art, wie wir gerne sein möchten. Ihr ideales Selbst ist wahrscheinlich, dass Sie ein Top-Verkäufer sind, der hervorragende Umsätze macht und mit jedem Kunden gut umgehen kann. Es kann aber auch sein, dass Ihr ideales Selbst darin besteht, dass Sie beliebt sein und viele Freunde haben wollen. Dann sind die Ziele möglicherweise im Konflikt. Vor allem erfolgreiche Menschen haben eine sehr deutliche Vorstellung ihres idealen Selbst. Das ist auch wichtig, denn es zeigt die Richtung der Veränderung. Ziele kann man nur erreichen, wenn man eine Vorstellung davon hat, wohin man will. Das ideale Selbst zeigt Ihnen, welche Ziele Sie gerne erreichen würden.
- *Selbstwertgefühl:* Es bezeichnet, was wir von uns halten. Das Selbstwertgefühl ist unser Motor. Seine Antriebskraft beeinflusst nahezu alles, was mit uns geschieht. Es bemisst auch, wie stark wir uns selbst lieben können und wie sehr wir uns selbst vertrauen. Meist ist unser Selbstwertgefühl niedriger, als es sein müsste. Es ist dann dafür verantwortlich, warum wir die Ziele, die uns unser ideales Selbst vorgibt, nicht erreichen.

Das Selbstkonzept beeinflusst Ihren natürlichen Stil, also die Art, wie Sie sich natürlicherweise verhalten. Je nachdem, was für ein Bild Sie von sich haben, welche Ziele Sie verfolgen und wie Sie Ihren eigenen Wert einschätzen, werden Sie sich in einer bestimmten Weise verhalten. Ihr natürlicher Stil ist der, den Sie zu Hause in Ihrem privaten Umfeld zeigen. Der im Beruf autoritäre Verkäufer, der zu Hause locker lassen kann, zeigt hier seinen natürlichen Stil. Wenn er sich dessen bewusst wäre, könnte er die Vorteile nutzen. Er könnte seine natürliche Ausstrahlung auch im Beruf einsetzen, wenn es angemessen ist. Sein Verhalten wäre flexibler und er könnte seine Wirkung auf andere besser einschätzen. Genau deshalb ist es auch für Sie interessant, Ihren natürlichen Stil herauszufinden.

Wenn unser Verkäufer im Berufsleben hart um Abschlüsse ringt und andere unter Druck setzt, um seine Ziele zu erreichen, zeigt er damit seine Maske. Sein Arbeitsstil unterscheidet sich gewaltig von seinem natürlichen Stil. Vielleicht meint er, dass andere ihn ausnutzen oder über den Tisch ziehen würden, wenn er sich auch als Verkäufer so geben würde wie zu Hause. Wieder hat sein Selbstkonzept Einfluss darauf, wie er sich im Beruf anderen gegenüber verhält. Wenn Sie also in diesem und in den folgenden Kapiteln die Übungen machen, um sich Ihres natürlichen und Ihres Arbeitsstils bewusst zu werden, dann denken Sie immer daran, dass Sie zwischen den beiden klar unterscheiden. Dann werden Sie selbst sehen, ob die beiden Verhaltensweisen auseinander klaffen oder ob Sie einen einheitlichen Stil verfolgen.

Der *natürliche Stil* kennzeichnet, wie Sie sich selbst, Ihr Verhalten, Ihre Stärken und Schwächen einschätzen.

- Denken Sie dabei also an Situationen aus Ihrem Privatleben.

Die *Maske* oder Ihr *Verkaufsstil* kennzeichnet, wie Sie sich im Beruf verhalten, um voranzukommen. Er zeigt auch, wie andere Sie sehen.

- Denken Sie hier also an berufliche Situationen.

Wie sehen Sie sich selbst?

Nehmen Sie sich die Zeit, die Übungen in Ruhe zu machen und die Ergebnisse zu sammeln. Nach und nach wird es Ihnen leicht fallen, sich mit einem bestimmten Farbtypus zu identifizieren.

Übung: In welche Richtung weist Ihr Verhalten?

Stellen Sie sich vor, Sie wollen sich ein neues Auto kaufen. Sie möchten lieber ein größeres und sind begeistert und überzeugt von einer bestimmten Marke. Ihre Frau/Ihr Mann hat eine ganz andere Vorstellung. Wie packen Sie die Frage an?

1. Diskutieren Sie beide so lange miteinander, bis Sie eine gemeinsame Lösung gefunden haben?
2. Stellen Sie Ihren Partner vor vollendete Tatsachen und denken sich, er wird mit der Zeit schon einsehen, dass Sie mit Ihrer Überzeugung Recht hatten?
3. Reden Sie so lange und so oft auf Ihren Partner ein, bis Sie ihn umgestimmt haben?
4. Sind Sie bereit nachzugeben, weil Ihnen Ihr Friede und die Harmonie wichtiger sind als das Auto?
5. Oder haben Sie eine ganz andere Art, die Frage zu lösen? Welche?

Jetzt stellen Sie sich vor, Sie stehen beruflich vor einer neuen Aufgabe. Ihr Unternehmen bringt ein neues Modell heraus oder eine neue Version eines Produkts. Sie sollen sich mit Ihren Kunden in Verbindung setzen und ihnen das neue Produkt schmackhaft machen. Ihre Firma erwartet von Ihnen auch, dass Sie Ihre Kenntnisse über Ihre Kunden intern verwenden und im Marketing Ideen einbringen, wie das neue Produkt am besten angeboten werden kann. Wie gehen Sie an die Sache heran?

1. Sie reden mit den Marketingleuten und rufen ein paar Ihrer besten Kunden an, um ein Gefühl dafür zu bekommen, wie das Produkt aufgenommen wird und was daran geschätzt wird.

2. Sie setzen sich in aller Ruhe an Ihren Schreibtisch und lesen sich alle Informationen über das neue Produkt durch. Dann machen Sie einen Plan, wie Sie am besten vorgehen können.
3. Sie setzen sich mit ein paar netten Kollegen zusammen und machen ein Brainstorming. Das dauert zwar viel länger, als Sie dachten, aber hinterher haben Sie ein paar gute Ideen entwickelt und das Meeting war für Sie persönlich angenehm.
4. Sie delegieren die Sache an einen Mitarbeiter, setzen ihm eine Frist, bis wann er Ihnen Vorschläge vorlegen soll, und diese bessern Sie dann so auf, dass brauchbare Ideen daraus werden.
5. Keine dieser Möglichkeiten passt zu Ihnen, Sie haben eine eigene Art, solche Dinge anzugehen. Welche?

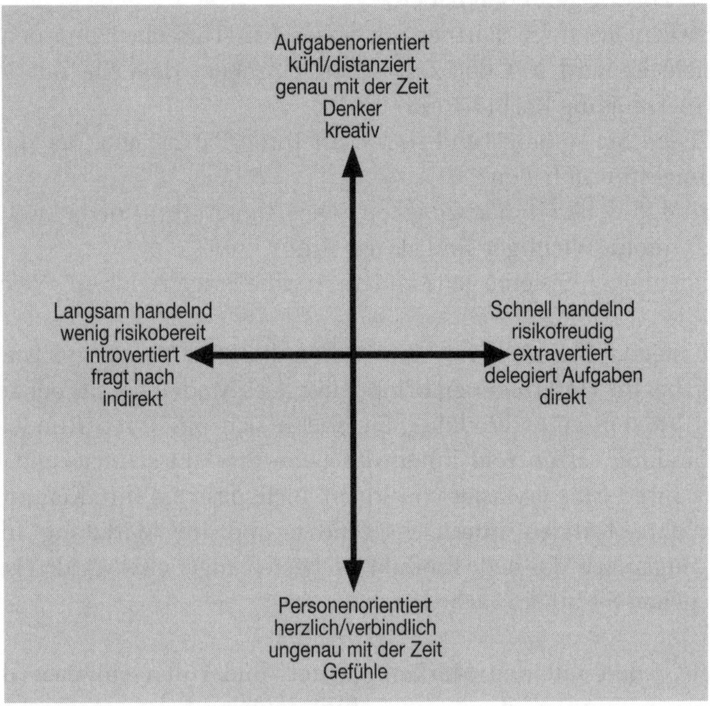

Tendenzen Ihres Verhaltens

Überlegen Sie, wie Sie mit den jeweiligen Situationen umgegangen sind.

1 Welcher Richtungspfeil charakterisiert Ihr Verhalten am ehesten?
   - Im privaten Umfeld:____________
   - Im Beruf:____________
2. Mit welcher Richtung können Sie sich überhaupt nicht identifizieren? Warum nicht?
   - Im privaten Umfeld:____________
   - Im Beruf:____________
3. Unterscheiden sich Ihre beiden Verhaltensweisen?
   - Privates Verhalten tendiert in Richtung:____________
   - Berufliches Verhalten tendiert in Richtung:___________

Schauen Sie sich als Nächstes einmal die Art an, mit der Sie Probleme oder schwierige Situationen angehen – wenn Sie einen kühlen Kopf haben und nicht ärgerlich oder unsicher sind.

Übung: Mit welcher Methode treffen Sie schwierige Entscheidungen?

Sie haben ein hervorragendes berufliches Angebot, das von der Aufgabe her und finanziell sehr verlockend ist. Leider müssten Sie deswegen umziehen. Sie haben aber Frau/Mann und Kinder. Ihr Partner ist ebenfalls berufstätig und möchte sich nicht gerne beruflich verändern. Ihre Kinder sind in der Schule und keineswegs begeistert, ihren Freundeskreis und das gewohnte Umfeld verlassen zu müssen. Wie gehen Sie daran, eine Entscheidung zu finden?

1. Sie schlagen vor, dass die ganze Familie erst einmal in die neue Stadt fährt und sich anschaut, ob sie ihr überhaupt gefällt. Währenddessen wird Zeit sein, sich auszutauschen und Verständnis für die unterschiedlichen Positionen zu gewinnen. Vielleicht lässt sich Ihre Familie ja dann auf einen Umzug ein. Die Meinung Ihrer Familie ist Ihnen sehr wichtig, und wenn sie nicht mitkäme, würden Sie den neuen Job nicht annehmen.

2. Sie machen eine Liste mit dem Für und Wider und legen sie Ihrer Familie vor. Wenn die Vorteile überwiegen und logisch nachzuvollziehen sind, rechnen Sie damit, dass Ihre Familie zustimmen wird. Sie erwarten von ihr, dass sie sich vernünftigen Argumenten nicht verschließt, aber Sie werden ihr genügend Zeit für eine Entscheidung lassen.
3. Sie sind überzeugt, dass Ihre Familie Ihre Karriere unterstützt. Notfalls gehen Sie schon mal alleine in die neue Stadt und kommen an den Wochenende so oft wie möglich nach Hause. Sie erwarten von Ihrer Familie, dass sie zu Kompromissen bereit ist und sich auf neue Situationen einstellen kann.
4. Sie reden mit Ihrer Familie ausführlich und diskutieren verschiedene Lösungsmöglichkeiten. Sie hören sich auch bei Freunden um, wie sie solche Probleme gelöst haben. Über Bekannte kriegen Sie erste Kontakte in der neuen Stadt und fragen diese Leute alle möglichen Sachen. So können Sie jedem Familienmitglied vor Augen führen, wie es in der neuen Stadt seinen Interessen und Hobbys nachgehen kann. Sie sind sicher, dass Sie Ihre Familie für den Umzug begeistern können.

Welche der vier Lösungsmethoden entspricht Ihnen am ehesten?

....

Jetzt stellen Sie sich eine berufliche Situation vor. Ihnen wird eine neue Position als Verkäufer angeboten. Sie machen finanziell dadurch einen Sprung und der Posten ist eine Anerkennung für Ihre Leistungen. Aber in dem neuen Gebiet, das Sie betreuen sollen, herrscht harte Konkurrenz mit einer anderen Firma und es sitzen dort diverse Kunden, die allgemein als sehr schwierig gelten. Ihre Aufgabe soll sein, den Umsatz mit diesen Kunden zu erhöhen. Aber das wird ein knallharter Job. Wie reagieren Sie?

1. Sie sagen sofort zu. Neue Herausforderungen reizen Sie und Sie sind überzeugt, dass Sie die Sache hinkriegen werden. Sie werden

den Kunden schon zeigen, wer hier die besten Produkte anzubieten hat.

2. Sie sagen zu, weil Sie sicher sind, dass dort nur mal eine überzeugende Figur auftreten muss, um diese Kunden zu gewinnen. Sie kennen Ihre Eloquenz und Überzeugungskraft und sind sicher, dass Sie diese Kunden für sich gewinnen werden.
3. Sie zögern. Sie mögen weder große Veränderungen noch zu heftige Herausforderungen. Sie sind sich nicht sicher, ob Sie die Sache in den Griff kriegen. Auf der anderen Seite ist es reizvoll, mit Kunden eine vertrauensvolle Beziehung aufzubauen. Sie wissen, dass das Ihre Stärke ist, und Sie schon so manchen widerspenstigen Kunden gezähmt haben. Sie besprechen sich mit guten Freunden und Ihrer Familie. Ihre Entscheidung wird stark davon abhängen, ob diese Ihnen Mut machen oder eher abraten.
4. Sie zögern. Sie müssen sich erst mal in Ruhe überlegen, wie Sie an eine solche Aufgabe herangehen könnten und ob Sie sich das zutrauen. Sie bitten um so viele Informationen wie möglich über das neue Gebiet, um sich einen Eindruck zu verschaffen von dem, was Sie erwartet. Möglicherweise zögern Sie eine Entscheidung so lange hinaus, bis die Stelle einem anderen angeboten wird. Wenn Sie sie aber annehmen, haben Sie sich das gründlich überlegt, und höchstwahrscheinlich kriegen Sie die Sache auch wirklich in den Griff. Wenn Sie das nicht glauben, lehnen Sie lieber ab.

Mit welcher Position können Sie sich am ehesten identifizieren?

....

Wenn Sie sich die unten geschilderten Problemlösungsmethoden der vier Farbtypen anschauen, zu welchem Typ passt Ihre Vorgehensweise?

1. *Roter Typ:* Er reagiert schnell, ist effizient, entscheidet, was für ihn richtig ist, denkt nicht lange darüber nach, was andere denken, und erscheint äußerlich entschlossen und hart.

2. *Gelber Typ:* Er redet mit anderen, ist voller Vertrauen, dass die Sache gut ausgehen wird, denkt sich viele Möglichkeiten aus, wie das Problem gelöst werden könnte, und versucht, andere von seiner Meinung zu überzeugen.
3. *Grüner Typ:* Er denkt nach, was zu tun wäre, wartet ab, vermeidet Konflikte, wenn es irgend geht, versucht, Kompromisse zu finden, und orientiert sich stark an Leuten, denen er vertraut.
4. *Blauer Typ:* Er beurteilt die Situation, überlegt sich, wie er in der Vergangenheit solche Probleme gelöst hat, plant seine Vorgehensweise und betrachtet seine eigene Rolle und die anderer dabei ziemlich kritisch.

Welcher Typ entspricht Ihrer Art, Probleme zu lösen, am ehesten?

➢ Im privaten Bereich:

____

➢ Im beruflichen Umfeld:

____

Nicht immer können Sie ruhig und überlegt nach Lösungen suchen, wenn Sie mit Problemen konfrontiert werden. Deshalb schalten Sie jetzt einmal vom Kopf auf den Bauch. Wie reagieren Sie, wenn eine schlechte Nachricht Sie „kalt“ erwischt?

Übung: Wie reagieren Sie auf schlechte Nachrichten?

Nehmen wir an, Sie hatten einen schlechten Tag. Es ist Freitagmittag: Sie haben gerade ein höchst unerfreuliches Gespräch geführt. Einer Ihrer Hauptkunden hat Ihnen unmissverständlich eröffnet, dass Sie mit Ihren Preisen um mindestens 10 Prozent runtergehen müssten, wenn Sie ihn nicht an die Konkurrenz verlieren wollen. Kaum sitzen Sie wieder an Ihrem Schreibtisch, ruft Ihre Frau/Ihr Mann an und erzählt, dass sie/er einen Auffahrunfall hatte und das Privatauto für ein paar Tage in der Werkstatt stehen wird. Der geplante Wochenendtrip scheint damit ins Wasser zu fallen. Sie sind enttäuscht und ärgern sich maßlos, dass das gerade heute passieren musste. Wie reagieren Sie?

1. Sie machen Ihrem Ärger erst mal Luft und reagieren mit Vorwürfen. (Roter Typ)
2. Sie kritisieren Ihre Frau/Ihren Mann für ihre/seine Fahrweise und rufen in der Werkstatt an, um sich selbst zu überzeugen, dass das Auto nicht früher fertig wird. Dann machen Sie noch einen Anruf bei einem Bekannten, der den Besitzer der Werkstatt kennt, um so möglicherweise die Reparatur zu beschleunigen. (Gelber Typ)
3. Sie reagieren eher reserviert, ziehen sich in sich zurück und erwarten von Ihrem Partner, dass er etwas unternimmt, um das Wochenende zu retten. (Grüner Typ)
4. Sie lassen sich ganz genau erklären, wie das passieren konnte, was genau kaputt gegangen ist und warum die Werkstatt nicht früher fertig wird. Ihren Ärger lassen Sie nicht offen, sondern eher unterschwellig raus, indem Sie sich bewusst sachlich geben und Ihre Enttäuschung und Ihren Ärger mit keinem Wort andeuten. (Blauer Typ)

Sie reagieren am ehesten wie der ______ Typ.

Was wissen Sie jetzt über sich?

Ziehen Sie aus den bisherigen Übungen Bilanz. Was für einen natürlichen Stil pflegen Sie? Was für ein Farbtyp sind Sie in Ihrem Arbeitsstil? Stimmen die Farben überein oder weichen sie voneinander ab?

Wenn Ihr Verhalten „bunt“ ist und Sie verschiedene Farben gewählt haben, dann ist das völlig normal. Kaum jemand ist ein rein Roter oder Blauer. Wir sind alle Mischtypen und die Farbkombinationen, für die Sie sich bisher entschieden haben, geben Ihnen Anhaltspunkte, was für ein Mischtyp Sie sind.

Die vier Farbtypen: Wer sie sind und wie sie arbeiten

Damit Sie sich noch besser einordnen können, beschreibe ich jetzt die vier Farbtypen ausführlicher. Ich unterscheide dabei absichtlich zwischen persönlichem Stil und Arbeitsstil, damit Ihnen eine Identifizierung leichter fällt.

Der Rote

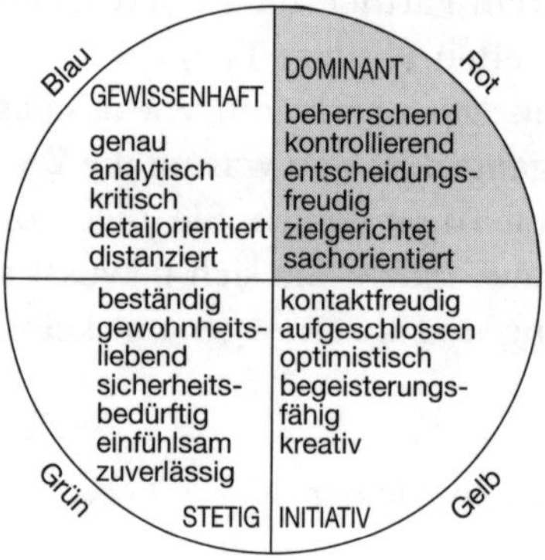

Die vier Farbtypen – der rote Typus

Persönlichkeit

Sie kennen diesen Menschentypus: Schon von weitem sieht man ihm an, dass er ein „Macher" ist, dass er weiß, wo es langgeht, und diese Richtung mit ziemlicher Sicherheit auch einhalten wird. Er ist eine bestimmte und bestimmende Persönlichkeit. Er setzt sich klare Ziele und danach handelt er auch. Für ihn zählt nur, diese Ziele zu erreichen. Dafür nimmt er auch manches Risiko in Kauf, ja, das ist für ihn gerade der Reiz an der Sache. Für ihn gibt es nur Gewinner oder Verlierer und es ist völlig klar, dass er Gewinner sein will und dafür alles tun wird.

Ein Roter fühlt sich seinen Mitmenschen gegenüber immer etwas überlegen. Er verfügt über große Autorität, die er auch gerne betont. Hat er einmal eine Meinung gefasst, ist er von ihr felsenfest überzeugt und nur schwer umzustimmen. Er kann anderen gegenüber äußerst kritisch und sogar rücksichtslos sein, wenn er seine Ziele erreichen will.

Der Rote interessiert sich immer für das Ungewöhnliche. Er ist neugierig, hat meist ein breites Spektrum an Hobbys und probiert vieles aus. Er liebt Herausforderungen: Extremsportarten, Abenteuerreisen oder riskante Projekte sind seine Sache. Von anderen wird er oft für zu risikofreudig gehalten. Allerdings sollten seine Unternehmungen nicht allzu lange dauern. Geduld ist nicht seine Stärke. Wegen seiner vielfältigen Interessen bevorzugt er eine ständig wechselnde Umgebung.

Er handelt gerne und schnell. Trotz aller Logik verlässt er sich im Moment des Handelns sehr stark auf seinen Instinkt, der ihm genau sagt, was er machen muss, um die Oberhand zu behalten. Ist er unter Druck, wird er leicht ungeduldig und lässt sich zu „fundierten Vermutungen" hinreißen, die er mit Überzeugung vertritt.

Beruflich wie privat ist er eher misstrauisch anderen Menschen gegenüber und öffnet sich nur ganz wenigen. Seine persönlichen Kontakte begrenzt er auf wenige ausgesuchte Menschen. Vor allem befürchtet er, ausgenutzt und übervorteilt zu werden. Da ihm sein eigener Vorteil sehr am Herzen liegt, wäre es für ihn eine echte Niederlage, wenn andere ihn für ihre eigenen Zwecke benutzen würden, ohne dass auch er einen deutlichen Vorteil davon hätte.

Arbeitsstil

Beruflich ist für den Roten eigentlich nur eines wichtig: dass er der Chef ist. Von anderen erwartet er, dass seine Autorität fraglos akzeptiert wird. Wettbewerb empfindet er als sehr stimulierend, weil er meistens davon überzeugt ist, dass er gewinnen wird. Er hält sich für den besten Verkäufer und glaubt, dass die anderen das auch so sehen. Hat er selbst einen Chef vor der Nase sitzen, muss der ebenfalls ein Roter sein (oder starke rote Anteile haben) – sonst respektiert er ihn nicht und tanzt ihm auf dem Kopf herum.

Ein Roter will selbstständig arbeiten, auch wenn er angestellt ist. Hochgesteckte, zeitlich absehbare Ziele, zum Beispiel bestimmte Umsatzzahlen oder schwierige Kunden, fordern ihn heraus. Über die richtigen Maßnahmen zum Erreichen dieser Ziele will er sich am liebsten sein eigenes Urteil bilden und selbst entscheiden. Gibt es Probleme, die eine schnelle Lösung erfordern, läuft er zur Höchstform auf. Eine überzeugende Präsentation für ein dringendes Problem seines Kunden arbeitet er auch gerne über Nacht aus. Gibt es allerdings keine Probleme, die ihn herausfordern, neigt er dazu, sich welche zu schaffen, damit er sie lösen kann.

Etwas zu tun, wovon er nicht überzeugt ist, nur weil es ein anderer ihm aufgetragen hat, ist ihm ein Gräuel. Dementsprechend hat die Meinung anderer bei ihm wenig Gewicht. In seinem Gedächtnis verankern sich nur Meinungen von Leuten, die er respektiert. Wenn er einen Menschen nicht ernst nimmt, kann der auch ein vernünftiges Argument bringen – beim Roten verhallt es ungehört.

Seine Mitarbeiter und Kollegen beurteilt er, wie sich selbst, nach den Ergebnissen. Seinen Respekt finden Leute, die sich gegen Widerstände durchsetzen und Beharrlichkeit zeigen. Er selbst mag Konfrontationen und widerspricht aus Prinzip. Seinem Kunden wird er selbst dann widersprechen, wenn der ihm die Situation seiner Firma schildert. Er steht gerne im Mittelpunkt, und wenn er am Rande bleiben muss, schnappt er leicht ein. Für Schmeicheleien ist er sehr empfänglich. Es überrascht ihn aber keineswegs, dass andere viel von ihm halten – davon geht er aus.

Der Rote ist ungemein effektiv in der Organisation und Erledigung seiner Aufgaben und genau das erwartet er auch von seinen Mitarbeitern. Für ein Schwätzchen zwischen Tür und Angel hat er weder Zeit noch Lust. Mit Geschäftspartnern geht er lieber zum Tennisspielen und freut sich, wenn er gegen sie gewinnt.

Weil er das Gefühl braucht, die Macht und Entscheidung in seinen Händen zu haben, will er Kontrolle ausüben. Wenn er Fehler seiner Mitarbeiter entdeckt, wird er sie direkt und unmissverständlich darauf hinweisen. Er kann dabei schroff und sarkastisch sein. Er ist aber deswegen nicht ungerecht, sondern kann Leistung auch honorieren. Macht er selbst Fehler, hat er Schwierigkeiten, sie zuzugeben. Er wird sie bestreiten oder versuchen, sie anderen in die Schuhe zu schieben. Im Zweifel war der Kunde schuld, wenn er Probleme mit einem gekauften Produkt reklamiert. Muss ein roter Verkäufer Niederlagen einstecken, schüttelt er sie aber bald wieder von sich ab. Er hat eine unverwüstliche Natur und wird sich bei der nächsten Herausforderung umso mehr anstrengen.

Was einen Roten absolut langweilt, ist Alltagsarbeit. Hat er zu viel Routine und keine neuen Herausforderungen, wird er kündigen und sich eine neue, spannendere Stelle suchen. Außer schwierigen Aufgaben motivieren ihn auch noch Gehaltserhöhungen, Beförderungen oder die Leitung von ungewöhnlichen und wichtigen Projekten. Auch einem besonderen Titel, einem flotten Dienstwagen, neuen Büromöbeln oder der offiziellen Anerkennung seiner Leistungen steht der Rote alles andere als ablehnend gegenüber.

Ist er am Anfang seiner Karriere, dann wird es für ihn eine große Motivation sein, einen Assistenten zu bekommen, der ihm den Papierkram und andere lästige Aufgaben abnimmt. Komplimente und die deutliche Wertschätzung seiner Arbeit, vor allem wenn sie direkt nach Erreichen eines Ziels erfolgen, nimmt er gerne entgegen. Wenn man ihn um Rat fragt, wird man immer eine Antwort bekommen.

Auf einen Blick: Verhaltenstendenzen des Roten	
Psychologisches Bedürfnis	Andere zu führen/anzuleiten
Hervorragende Stärken	Ausgeprägtes Selbstbewusstsein, aufgabenorientiert
Ziel	Persönliche Herausforderungen
Ängste	Ausgenutzt zu werden, Zeit zu vergeuden
Überreaktion	Ungeduld

Der Gelbe

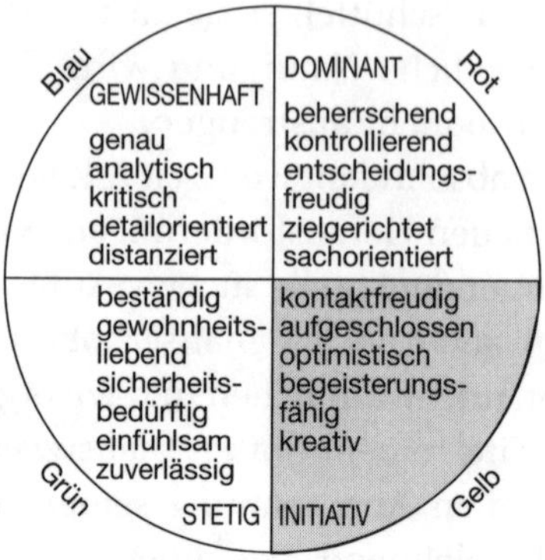

Die vier Farbtypen – der gelbe Typus

Persönlichkeit

Wenn Ihnen ein gelber Typ begegnet, wird er Sie mit einem offenen oder sogar strahlenden Lächeln begrüßen. Er wird sich die Zeit nehmen, mit Ihnen über den letzen Urlaub oder über gemeinsame Bekannte zu plaudern. Bevor Sie sich wieder trennen, wird er Ihnen noch einen neuen Witz erzählen. Gelbe sind Partylöwen, und wenn das etwas übertrieben ist, dann sind sie zumindest gerne in Gesellschaft. Ein Gelber will gemocht werden und akzeptiert andere bereitwillig – manchmal vorbehaltlos. Er hat meist einen großen Bekanntenkreis und kennt jeden in seiner Branche. Er gewinnt leicht Sympathien durch sein fröhliches, aufmunterndes und schwungvolles Wesen. Mit seiner guten Laune kann er andere mitreißen. Er hat die Neigung – die er als Fähigkeit betrachtet –, flüssig und ausdauernd zu reden und zu präsentieren. Er steht gerne im Rampenlicht und seine Eloquenz verhilft ihm dazu. Er versucht, andere von seinen Meinungen zu überzeugen, und gelegentlich wird er seine Mitmenschen auch manipulieren. Aber er tut das nicht berechnend, sondern weil er gerne redet und engagiert ist.

Er kann sich spontan für eine neue Idee begeistern. Überhaupt spielt Spontaneität eine große Rolle in seinem Leben. Hat er heute noch Pläne, wirft er sie morgen über den Haufen, weil sich etwas Neues, Besseres ergeben hat. Deshalb ist er auch meistens zu spät dran. Er hat viel vor, nimmt sich noch viel mehr vor – und da kommt seine Zeiteinteilung manchmal ins Schlingern. Er quatscht sich leicht mal fest, vergisst alles andere darüber und kommt prompt zu spät zur nächsten Verabredung. Aber er kann sich nicht vorstellen, dass der andere ihm deswegen lange böse ist, weshalb er beim übernächsten Mal wahrscheinlich wieder zu spät dran ist.

Ein Gelber blüht auf, wenn er anregende persönliche Begegnungen hat. Dann kann er die Welt neu erfinden und es stört ihn nicht sonderlich, wenn vieles daran nur Hirngespinste sind. Er spinnt fröhlich weiter und denkt, dass bei hundert guten Ideen schon ein paar dabei sein werden, die sich umsetzen lassen. Weil er aber die Unterhaltung so liebt und sich dementsprechend leicht ablenken lässt, wird er Mühe haben, diese Ideen auch bis zuletzt umzusetzen. Von seiner Kreativität profitieren häufig andere, die seine Anregungen zielstrebig umsetzen.

Auch neigt er dazu, anderen bedingungslos sein Vertrauen zu schenken, was manchmal zu einem unangenehmen Erwachen führen kann, wenn sie nicht so altruistisch sind wie er. Aber oft warnt ihn auch eine innere Stimme. Ein Gelber lässt sich sehr stark von seinen Gefühlen leiten. Seine Stärke ist, dass er selten gegen diese Emotionen handelt.

Ein Gelber braucht für das, was er tut, viel Anerkennung von anderen. Skepsis verunsichert ihn, Kritikern geht er lieber aus dem Weg, um sich nicht die Laune verderben zu lassen. Leute mit sehr pessimistischer, negativer Weltsicht wird er, sofern er sie nicht bekehren kann, nicht in seinen Freundeskreis aufnehmen.

Ein Gelber mag Nervenkitzel. Unter den vier Typen gibt es hier wahrscheinlich die meisten Bungee-Springer.

Arbeitsstil

Sein Arbeitsstil ist, dass er keinen Arbeitsstil hat. Er ist sehr kreativ und kann sich stark in eine Sache reinhängen, die ihn begeistert. Für einen Kunden, den er mag, wird er zunächst alles tun, oft anrufen, alles Mögliche in die Wege leiten. Aber er wechselt ebenso plötzlich zu einem anderen Projekt oder einem anderen Kunden, weil ihm da eine gute Idee gekommen ist. Wird sein Elan von außen gebremst, verliert er den Spaß und das Interesse an einer Aufgabe.

Er ist der geborene Teamarbeiter. Er kann sich gut mit seinen Kollegen verständigen und sorgt für ein angenehmes Arbeitsklima. Seine Begeisterung für eine Sache ist ansteckend. Er kann andere mitreißen und ebenfalls zu guten Ideen inspirieren. Ist er Chef, hat er manchmal Schwierigkeiten, sich Autorität zu verschaffen, weil er die angenehme soziale Atmosphäre nicht beeinträchtigen will.

Sich intensiv mit Details auseinander zu setzen liebt er nicht. Darunter leidet seine Vorbereitung gelegentlich. Wenn er eine Präsentation halten oder eine wichtige Preisverhandlung führen muss, vertraut er auf seine Kontaktstärke und meint, dass er das schon irgendwie hinkriegen wird. Er improvisiert gerne und das muss er dann auch, weil er nicht alle nötigen Unterlagen bei der Hand hat. Trotzdem eine gute Vorstellung zu geben betrachtet er als Herausforderung.

Obwohl er nicht gerne lange und tief in eine Sache einsteigt, hat er eine gute Beobachtungsgabe in Bezug auf Details. Er kann kleine Aspekte eines Produkts oder Projekts groß herausstellen, wenn sie ihm wichtig und unterhaltsam erscheinen. Andere sind davon oft fasziniert.

Motiviert wird ein Gelber durch häufige Gelegenheiten, mit anderen zu interagieren, und durch die Chance, in entspannten, geselligen Teams zu arbeiten. Boni sind ihm ein ebensolcher Anreiz wie die Freiheit von Einzelheiten und Routine. Wichtig sind ihm ganz besonders die soziale Akzeptanz, häufige Gespräche mit dem Chef, Lob für gut gemachte Arbeit, ein freundlicher Umgang und persönliche Aufmerksamkeit für ihn.

Auf einen Blick: Verhaltenstendenzen des Gelben	
Psychologisches Bedürfnis	Mit anderen zusammenzu-arbeiten
Hervorragende Stärken	Optimismus, menschenbezo-gen, Kreativität
Ziel	Soziale Anerkennung, gemocht/geliebt zu werden
Ängste	Von anderen abgewiesen zu werden
Überreaktion	Chaos

Der Grüne

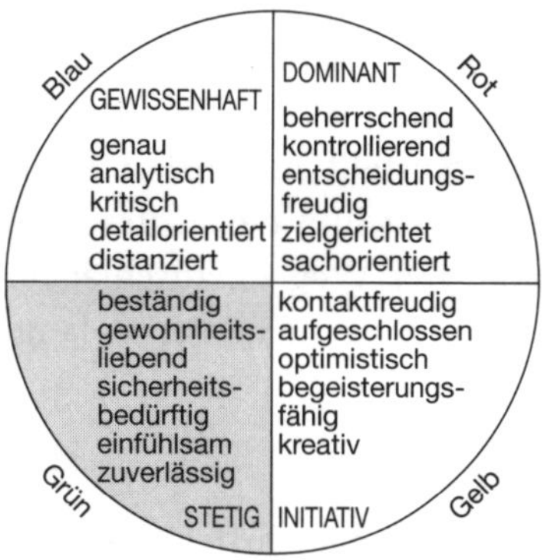

Die vier Farbtypen – der grüne Typus

Persönlichkeit

Ein Grüner wirkt im ersten Kontakt zurückhaltend, aber freundlich und umgänglich. Ehe er sich einem anderen Menschen öffnet, schaut er sich diesen genau an, ob der das Vertrauen auch wert ist. Oberflächliche Kontakte interessieren ihn nicht sonderlich.

Wenn er sich einmal eingelassen hat, ist er sehr mitfühlend und verständnisvoll. Sensibilität und die Fähigkeit, sich in andere einzufühlen, zeichnen ihn aus. Er will wirklich verstehen, was sein Kunde braucht. Er schätzt bei anderen Geradlinigkeit, weil er selbst ebenso geradlinig ist. Verhalten sich andere ambivalent und geben mehrdeutige Signale, dann fühlt er sich davon abgeschreckt und zieht sich zurück. Er ist hundertprozentig ehrlich und erwartet von den anderen, dass sie es auch sind. Sein großes Harmoniebedürfnis veranlasst ihn, die Übereinstimmung mit anderen oder bei Meinungsverschiedenheiten nach einem Kompromiss zu suchen. Auf keinen Fall will er andere durch das, was er sagt oder tut, verletzen. Wird er von anderen verletzt, steckt er das nur schwer weg. Seinen Ärger verbirgt er.

Ein Grüner regt sich nicht so leicht auf, sondern strahlt nach außen große Gelassenheit aus. Seine Ruhe ist seine Stärke und sie schützt ihn auch, vorschnell zu handeln. Sein Urteil über andere ist meist ausgewogen und gerecht. Deshalb ist er auch nicht leicht von anderen zu beeinflussen. Vorsichtig ist er aber auch deswegen, weil er große Angst davor hat, übervorteilt zu werden. Risiken mag er überhaupt nicht, Bungee-Jumping ist ihm ein Alptraum. Er ist darauf bedacht, den sicheren, bewährten Weg einzuschlagen. Meist hat er starke Familienbindungen und ist nicht gerne lange von seiner Familie getrennt.

Arbeitsstil

Wenn ein Grüner seine Unterschrift unter einen Vertrag setzt, muss er vor allem ein gutes Gefühl bei der Sache haben. Deshalb denkt er in aller Ruhe gründlich nach, bevor er es tut. Bei allen seinen Aufgaben geht er mit Bedacht vor. Trifft er Entscheidungen, spielt immer sein Gefühl eine große Rolle.

Er kann sich in seinem Arbeitsumfeld nur dann voll entfalten, wenn er Vertrauen zu seinen Kollegen und seinem Chef aufgebaut hat. Arbeitet er in einem Team, ist er anderen gegenüber sehr loyal und unterstützend. Er mag ein strukturiertes Umfeld und eine klar definierte Aufgabe, so dass er genau weiß, was von ihm erwartet wird. Dann fasst er seine Ziele ins Auge, macht sich einen Plan und arbeitet sehr ergebnisorientiert und effektiv darauf hin. Er entwickelt gerne gute, fest eingespielte Arbeitsgewohnheiten. Er arbeitet am liebsten mit einem festen Kundenstamm zusammen. Manchmal hat er Schwierigkeiten, Prioritäten zu setzen, und glaubt, dass alles gleich wichtig ist. Übt man Druck auf ihn aus, entzieht er sich. Kritik nimmt er leicht mal persönlich. Lob für seine Arbeit nimmt er gerne entgegen, aber es muss ehrlich gemeint sein, sonst glaubt er nicht daran. Wenn ihm etwas nicht passt, hat er Schwierigkeiten, andere damit zu konfrontieren. Er zieht sich zurück und verbarrikadiert sich hinter passivem Widerstand. Gegenüber Vorgesetzten oder sehr dominant auftretenden Kunden wirkt er daher eher unterwürfig, auch wenn er es nicht wirklich ist.

Er wird motiviert durch die Berechenbarkeit seiner Aufgaben, durch Nebenvorteile, die Sicherheit bringen, durch die Chance, an klar definierten Aufgaben zu arbeiten, und durch eine harmonische Umgebung. Besonders Feedback in schriftlicher Form kommt bei ihm gut an. Von seinem Chef wünscht er sich Unterstützung, klare Strukturen und möglichst viele Hintergrundinformationen zu seinen Aufgaben. Eine gewisse Routine schreckt ihn nicht, er möchte wissen, was ihn erwartet. Schnelle Veränderungen können auf ihn lähmend wirken und Ängste auslösen.

Auf einen Blick: Verhaltenstendenzen des Grünen	
Psychologisches Bedürfnis	Andere zu unterstützen
Hervorragende Stärken	Teamarbeiter, loyal, ergebnisorientiert
Ziel	Harmonie, überschaubare Struktur

Ängste	Risiken einzugehen, übervorteilt zu werden
Überreaktion	Vereinnahmung anderer

Der Blaue

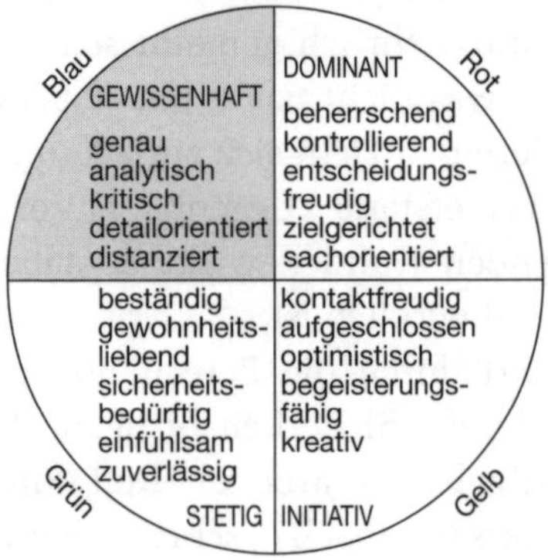

Die vier Farbtypen – der blaue Typus

Persönlichkeit

Ein Blauer ist zunächst einmal zurückhaltend und distanziert. Er wird sein Gegenüber mustern und scharf beobachten, um sich eine Meinung zu bilden. Das ist aber nicht unfreundlich gemeint, auch wenn es manchmal so aufgenommen wird. Ein Blauer hat nicht das Bedürfnis, ständig neue Kontakte zu knüpfen, sondern überlegt sich vorher genau, mit wem er es zu tun haben will. Er zieht sich gerne mal zurück und ist für sich alleine.

Er braucht diese Ruhe zum Nachdenken. Hat er gedanklich alles strukturiert und durchdacht, kommt er zu ausgewogenen, scharfsinnigen Urteilungen und Lösungen. Er hinterfragt sehr viele Dinge, die andere Verkäufer einfach als gegeben hinnehmen, und möchte möglichst viel wissen. Er handelt stark nach seinen Grundsätzen und Überzeugungen, die er sich gebildet hat, und lässt sich nur wenig von seinen Gefühlen leiten. Aber er hat eine gute Menschenkenntnis und ein Gespür für Fehler und Irrtümer. Er stellt sehr hohe Ansprüche an sich und auch an seine Umgebung. Seine große Disziplin hilft ihm, sie zu erfüllen.

Im Umgang mit anderen Menschen sind ihm Respekt und gegenseitige Achtung wichtig. Trifft er mit einem Kunden Abmachungen, hält er sich daran und erwartet das auch vom anderen. Weil er da nicht immer die besten Erfahrungen macht, ist er argwöhnisch und misstrauisch. Sein Vertrauen ist nicht leicht zu erwerben, aber hat man es einmal errungen, wird er sich lange daran erinnern.

Sehr ungern spricht er über seine Gefühle, es fällt ihm schwer, dafür die richtigen Worte zu finden, und er vertraut sich seinen Kunden nicht gerne an. Oft wirkt er so unauffällig und unaufdringlich, dass andere nicht wissen, was eigentlich dahinter steckt und welches seine Beweggründe sind. Am liebsten ist er mit Kunden zusammen, die ihm sehr ähnlich sind.

Arbeitsstil

Der Schreibtisch eines Blauen ist immer aufgeräumt. Er mag diese Ordnung, die er auch geistig pflegt. Bei seiner Arbeit ist er ungemein gründlich und genau. Er geht rational und methodisch an die Dinge heran, verschafft sich erst einmal alle Informationen, deren er habhaft werden kann, und studiert sie eingehend. Auf der Basis seines umfangreichen Wissens kann er dann perfekte, maßgeschneiderte Lösungen anbieten. Am liebsten hat er einen Präzedenzfall vor Augen, an dem er sich orientiert. Auch sollte seine Aufgabe exakt definiert sein, damit er weiß, was von ihm erwartet wird. Wenn ein Kunde eine äußerst komplexe Lösung braucht, dann ist er der Richtige, sie auszutüfteln. Und er braucht Zeit. Drängeln darf man ihn nicht. Schnelle Antworten wird man von ihm kaum erhalten. Auf Granit beißt, wer versucht, ihn aufgrund von Macht oder Autorität zu bestimmten Aktionen zu zwingen. Ein Blauer lässt sich zu nichts zwingen.

Von allen vier Typen hat er die größte Tendenz, logisch zu denken und zu handeln. Dadurch gelingt es ihm, Fehlerquellen vorher zu erkennen und Fehler zu vermeiden. Seine Schwäche ist, dass er gelegentlich im Prozess des Datensammelns stecken bleibt. Auch ist er sehr empfindlich, wenn man ihn verbessert. Kritik an seiner Arbeit fasst er leicht als persönliche Herabsetzung auf. Gerne gibt er den schwarzen Peter an andere weiter.

Er versucht nicht, sich unbedingt an einer Entscheidungsfindung zu beteiligen. Ihm fällt es schwer, eine Entscheidung zu treffen, da er darauf fixiert ist, dass es die richtige sein muss. Verantwortung für einen größeren Bereich übernimmt er deshalb nur ungern.

Er wird motiviert durch Zeit, die man ihm lässt, um über die optimale Lösung nachzudenken. Er arbeitet lieber alleine als im Team, auch wenn er das Gefühl braucht, Teil einer Gruppe zu sein. Besonders schätzt er es, wenn er die Chance erhält, neue Fähigkeiten zu erlernen und Wissen anzusammeln. Muss er neue Kunden werben, mag er es gerne, wenn man ihm vorher die Türen öffnet, oder er führt sich selbst mit Referenzen ein. Belohnung für gut gemachte Arbeit mag er in Form von Ermutigung und Lob. Er zieht ein stabiles, klar strukturiertes Umfeld vor, in dem er klare Anweisungen erhält, was von ihm erwartet wird, und in dem kein Druck ausgeübt wird. Plötzliche Veränderungen seines Tätigkeitsfelds wirken demotivierend auf ihn.

Auf einen Blick: Verhaltenstendenzen des Blauen	
Psychologisches Bedürfnis	Eigene hohe Ansprüche zu erfüllen
Hervorragende Stärken	Genauigkeit und Präzision
Ziel	Optimale Lösung
Ängste	Kritik an seiner Arbeit

Überreaktion	Überkritisch mit sich und anderen sein

Welcher Farbtyp sind Sie?

Fällt es Ihnen nach dieser ausführlichen Beschreibung leichter, sich einem Farbtyp zuzuordnen? Zeit, ein Resümee zu ziehen! Fassen Sie die bisherigen Ergebnisse zusammen. Und denken Sie daran, dass Sie damit kein endgültiges Ergebnis abgeben müssen! Im Verlauf des Buches werden Sie noch vieles über sich selbst erfahren und haben immer wieder Gelegenheit, Ihr Bild von Ihrem Verhalten und dessen Zuordnung zu einem bestimmten Farbtypus zu ändern oder zu differenzieren.

Übung: Ihr natürlicher Stil und Ihr Arbeitsstil

1. Denken Sie an Ihr Verhalten im privaten Umfeld: Welchem Farbtyp würden Sie sich nun zuordnen? Warum?

   ……………………………………………………………………………………

   ……………………………………………………………………………………

2. Welchem Farbtyp würden Sie Ihr Verhalten im Beruf zuordnen? Warum ?

   ……………………………………………………………………………………

   ……………………………………………………………………………………

3. Welcher andere Farbtyp hat Verhaltensmuster, die Sie an sich in Ihrem privaten Umfeld kennen? Welche Muster sind das?

   ……………………………………………………………………………………

   ……………………………………………………………………………………

4. Können Sie das Gleiche über Ihr berufliches Verhalten sagen? Welcher Farbtyp spielt da noch mit rein?

....

....

5. Welchen Farbtypus halten Sie privat/beruflich für Ihr komplettes Gegenteil?

....

....

6. Was stört Sie bei dem jeweiligen Antityp am meisten?

....

....

7. Erkennen Sie Anteile Ihrer eigenen Persönlichkeit darin wieder? Wenn ja, welche?

....

....

Farbtyp im natürlichen Verhaltensstil: ______

Farbtyp im beruflichen Verhalten: _________

Wie sieht Sie Ihr Kunde?

Robert Burns, ein schottischer Dichter, sagte einmal, es sei ein großes Geschenk, wenn wir uns mit den Augen der anderen sehen könnten: „Die Wahrheit ist, wenn wir anfangen, uns so zu sehen, wie andere dies tun, ist das der Beginn, uns selbst zu verstehen."

Für Sie ist es nicht mehr der Beginn, denn Sie stecken schon mittendrin im Prozess der Selbsterkenntnis! Ihre Wirkung auf andere zu kennen ist für Sie ein wichtiger Schritt hin zu einem ausgewogeneren Selbstbild. Wenn wir unsere Wirkung auf andere verstanden haben, liegt es an uns zu entscheiden, ob wir sie verstärken oder abmildern wollen, um mit anderen leichter in Kontakt zu treten. Wenn Sie Ihre Wirkung kennen, können Sie mit wesentlich größerer Flexibilität auf andere reagieren.

Natürlich lässt sich nicht mit Sicherheit sagen, was andere über uns denken. Manche Leute sind so von sich überzeugt, dass sie überhaupt nicht auf die Idee kämen, dass andere sie nicht so toll, so intelligent oder so schön finden wie sie sich selbst. Aber die meisten Menschen haben ein ganz gutes Gefühl dafür, wie andere sie sehen könnten. Eher tendieren sie dazu zu glauben, andere hielten wenig von ihnen, obwohl diese sie durchaus schätzen.

Der beste Weg, um zu erfahren, wie Sie auf andere wirken, ist, sie zu fragen. Natürlich sollte das kein plumpes: „Herr Kunde, wie fanden Sie mich heute?" sein. Aber fangen Sie bei Freunden oder Kollegen an, die Ihnen wohlgesinnt sind und deren Urteil Sie akzeptieren. Überlegen Sie sich vorher, was Sie wissen wollen. Bitten Sie ab und zu einmal einen Kollegen oder einen Trainer, mit Ihnen in ein Verkaufsgespräch zu gehen, und holen Sie sich Feedback. Lassen Sie sich sagen, was Sie gut gemacht haben und wo Sie weniger gut waren. Feedback heißt nämlich nicht, sich ausschließlich negative Kritik von anderen abzuholen, sondern auch Lob und Anerkennung zu bekommen. Sie müssen beides kennen: Ihre Stärken und Ihre Schwächen.

Die folgende Checkliste kann Ihnen als Anregung dienen, wie Sie andere nach Ihrer Wirkung fragen.

Checkliste: Wie ist meine Wirkung?

1. Wie wirke ich, wenn ich morgens ins Büro komme?
2. Fühlst du/Fühlen Sie sich verstanden, wenn wir uns miteinander unterhalten?
3. Lasse ich dich/Sie ausreden oder unterbreche ich häufig?
4. Drückt meine Körpersprache Interesse und Entgegenkommen aus oder eher Ablehnung?
5. Ist es für dich/Sie akzeptabel, wenn ich widerspreche, oder wirkt das emotional auf dich/Sie?
6. Zeige ich viele Gefühle? Wie wirkt das auf dich/Sie?
7. Kannst du/Können Sie gut mit mir zusammenarbeiten? Woran liegt das?

Sicherlich fallen Ihnen noch andere Fragen ein, die mit Ihrer Arbeit in Verbindung stehen und mit denen Sie Ihre Wirkung „abfragen" können. Fragen Sie aber nie nur eine einzige Person. Möglicherweise kommt sie mit Eigenschaften nicht zurecht, mit denen andere überhaupt keine Probleme haben. Erst wenn Sie sich verschiedene Meinungen eingeholt haben, bekommen Sie einen Eindruck Ihrer Wirkung auf andere.

Übung: Wie andere Sie sehen könnten

Am schwierigsten ist es für andere sicherlich, Ihnen ein negatives Feedback zu geben, und für Sie, ein solches anzunehmen. Dazu gehört Vertrauen und Sie sollten nur Freunde und Kollegen explizit danach fragen, bei denen Sie sicher sind, dass sie Ihnen nicht eins „reindrücken" wollen und Ihnen Dinge sagen, die gar nicht zutreffen. Lassen Sie sich Zeit herauszufinden, mit welchen Verhaltensweisen Sie bei anderen anecken.

Und seien Sie selbstkritisch. Beobachten Sie sich selbst und registrieren Sie, wenn andere mit Verhaltensweisen von Ihnen nicht zurechtkommen. Deshalb ist dieses Verhalten von Ihnen ja nicht gleich negativ – aber diesen einen speziellen Kunden irritiert es eben.

Überlegen Sie anhand der folgenden Abbildung, in welche Gruppe von (zugegeben keineswegs schmeichelhaften) Eigenschaften Ihr Verhalten am ehesten fallen würde.

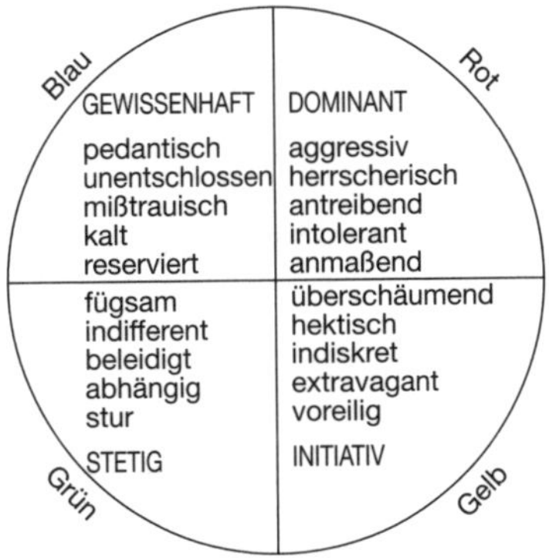

Die vier Farbtypen – wie andere Sie sehen könnten

1. Welcher Quadrant beschreibt Sie am genauesten? Auch wenn Sie glauben, dass mehrere zutreffen könnten, was meist der Fall ist, entscheiden Sie sich nur für einen.

....

....

2. Gibt es in dieser rasterhaften Wahrnehmung, die andere möglicherweise von Ihnen haben könnten, ein Wort, das zutreffend ist, aber das Sie am liebsten aus Ihrem Persönlichkeitsbild ausradieren möchten? Welches?

....

....

3. Warum?

....

....

4. Welches Adjektiv in dem von Ihnen gewählten Quadranten beschreibt zweifellos eine persönliche Schwäche von Ihnen?

....

....

5. Gibt es einen Begriff in dem Quadranten, der überhaupt nicht auf Sie zutrifft? Welcher?

....

....

6. Welcher Farbtyp entspricht Ihnen am ehesten?
   - Im privaten Kontext?__________________
   - Im beruflichen Kontext?_________________

Konnten Sie sich mit einem Quadranten identifizieren? Stehen Sie zu Ihrem negativen Verhalten; es gibt keinen Menschen, der nicht mal mürrisch oder stur ist oder vor Ärger explodiert.

Im Zweifel zeigen Sie die Verhaltensweisen aus „Ihrem" Quadranten ja nur an einem schlechten Tag. Oder bilden Sie sich das nur ein? Möglicherweise glauben manche Leute, dass dieses Verhalten, in etwas abgeschwächter Form, durchaus auch an guten Tagen für Sie typisch ist! Das liegt aber dann mit Sicherheit nicht ausschließlich an Ihnen, sondern auch an diesen Leuten. Sehr wahrscheinlich ist, dass gerade die Menschen, die „Ihrem" Quadranten gegenüberliegen, Sie eher negativ wahrnehmen, egal, ob guter oder schlechter Tag.

Übung: Ihre Stärken und Schwächen mit verschiedenen Brillen betrachtet

Überlegen Sie, was Sie selbst als Ihre Stärken und Ihre Schwächen empfinden. Dann listen Sie auf, was andere als Ihre Stärken und Schwächen sehen. Vielleicht wissen Sie das aus früheren Gesprächen, vielleicht unterhalten Sie sich mit Freunden darüber.

	Ihre Stärken	Ihre Schwächen
Aus Ihrer Sicht		
Aus der Sicht der anderen		

1. Wenn Sie andere nach Ihren Stärken und Schwächen fragen, erhalten Sie übereinstimmende Antworten?
2. Lassen Sie Kollegen ebenfalls eine Auflistung wie oben machen und vergleichen Sie Stärken und Schwächen miteinander. Vielleicht wird Ihnen daraus deutlich, warum andere bei Ihnen bestimmte Eigenschaften als Stärken oder als Schwächen sehen.

Stellen Sie sich folgende Situation vor: Die Vertreter einer Versicherung haben ein jährliches Treffen, zu dem die besten und erfolgreichsten Verkäufer eingeladen werden. Dieses Jahr hatte ein eher in sich gekehrter, stiller Verkäufertyp, Herr Hall, den besten Umsatz. Herr Rauch, ein Journalist des örtlichen Lokalradios, möchte mit ihm ein Interview machen. Er ist total begeistert über den Erfolg des Vertreters und stellt Herrn Hall tausend Fragen nach seinem „Rezept", ob er sich denn jetzt freue und wie seine Kollegen reagiert hätten. Er bekommt einsilbige Antworten. Herr Hall sitzt mit verschränkten Armen vor Herrn Rauch, beäugt misstrauisch das Mikrofon und antwortet kurz, reserviert und mit monotoner Stimme. Herr Rauch kann sich in keinster Weise erklären, wie so ein trockener Typ ein erfolgreicher Versicherungsvertreter sein kann.

Wissen Sie, was für Typen Herr Hall und Herr Rauch sind? Wahrscheinlich haben Sie es sich gedacht: Herr Hall ist ein Mensch mit starken blauen Anteilen und als Versicherungsvertreter ist er da durchaus am richtigen Platz. Er kann seinen Kunden spezielle Angebote unterbreiten, die ihm auch meistens genügend Zeit lassen. Wahrscheinlich hat er auch einen starken grünen Anteil, er versteht das Sicherheitsbedürfnis seiner Kunden und sie schenken ihm ihr Vertrauen. Gerät er allerdings unter Druck, wie in der Interviewsituation, und ein gelber Typ, wie Herr Rauch, überfällt ihn mit tausend Fragen, dann zieht er sich zurück, wird misstrauisch und indifferent. Hätte Herr Rauch das gewusst, dann hätte er Herrn Hall erst einmal viel Zeit gelassen, Vertrauen zu fassen, und er hätte ihm vorher genau erklärt, was er ihn fragen wird und was Herrn Hall erwartet. So aber war klar, dass die Kommunikation schief gehen musste. Und Herr Rauch nahm ein völlig anderes Bild des Versicherungsvertreters Hall mit nach Hause als dessen Kunden.

Die Wirkung, die Sie auf andere haben, ist abhängig von:

- Ihrem Verhalten
- dem Typ Ihres Kunden
- der Situation

Zum Schluss biete ich Ihnen noch eine Checkliste an, die Ihnen Anregungen gibt, wie Sie bei Ihren Kunden nach Ihrer Wirkung fragen können. Stellen Sie möglichst konkrete Fragen, dann bekommen Sie auch konkrete Antworten. Und stellen Sie diese Fragen nur, wenn eine vertrauensvolle Stimmung herrscht. Denken Sie daran: Ein Grüner wird Ihnen diese Fragen ohne weiteres beantworten und es gut finden, dass Sie sie stellen. Ein roter Kunde wird vielleicht ungeduldig werden und die Gelegenheit wahrnehmen, Sie ein bisschen zu ärgern. Überlegen Sie sich also, wem Sie sie stellen und ob Sie eine ehrliche Antwort erwarten können. Aber trauen Sie auch einem roten Kunden zu, dass er Ihnen eine aufrichtige Antwort gibt – aber vielleicht nur auf eine oder zwei der Fragen und nicht auf den ganzen Katalog.

Checkliste: „Wie war unser Gespräch?"

1. Vor der Präsentation: „Was wissen Sie bereits über mein Produkt?"
2. Während der Präsentation: „Lassen Sie es mich wissen, wenn ein Punkt nicht ganz klar wird. Ich gehe gerne darauf ein."
3. Nach dem Gespräch: „Sind Sie zufrieden mit unserem Gespräch?"
4. „Ich möchte mich gerne für das nächste Mal optimal vorbereiten. Was brauchen Sie das nächste Mal von mir außer dem, was wir bereits besprochen haben?" „Gibt es etwas, das Sie dieses Mal vermisst haben?"
5. „Möchten Sie, dass wir uns am gleichen Ort treffen? Oder sollten wir uns in meinem Büro treffen oder in ein Restaurant gehen?"
6. „Gibt es noch ungeklärte Punkte? Hat Ihnen meine Präsentation gefallen? Oder haben Sie etwas daran vermisst?"
7. „Ihr Feedback ist mir wichtig. Ich würde gerne wissen, wie meine Präsentation auf Sie gewirkt hat."
8. „Ich fand unser Treffen angenehm und gehe mit einem guten Gefühl von Ihnen. Geht es Ihnen genauso oder gibt es noch Dinge, die wir klären sollten?"
9. „Ich habe den Eindruck, dass Sie mit unserem Gespräch nicht ganz zufrieden sind. Ist das richtig?"
10. „Was kann ich tun, damit wir beide mit dem Ergebnis des Gesprächs zufrieden sind?"
11. „Leider konnte ich diesmal Ihren Wünschen nicht nachkommen. Ich hoffe, Sie können meine Gründe dafür nachvollziehen. Oder gibt es noch irgendwelche Punkte, die wir klären können?"

Ihr persönlicher Verkaufsstil

Sie können in diesem Kapitel überprüfen, ob Ihre bisherige Einschätzung hinsichtlich Ihres Farbtyps stimmt oder in welche Richtung Sie sie verändern wollen. In den ausführlichen Porträts über den jeweiligen Verkaufsstil der vier Farbtypen bekommen Sie ein klares Bild über Ihre Stärken und Schwächen als Verkäufer. Und auch darüber, welche Stärken andere Farbtypen haben, die Sie vielleicht in Ihren eigenen Verkaufsstil integrieren wollen.

Zuerst haben Sie, wenn Sie wollen, noch bei zwei Übungen Gelegenheit, Ihren Verkaufsstil genauer unter die Lupe zu nehmen.

Übung: Analysieren Sie Ihren Verkaufsstil

	Ja	Nein
1. Ist Ihr Auftreten selbstbewusst?		
2. Versuchen Sie, schnell zu einem Abschluss zu kommen?		
3. Wollen Sie Ihren Kunden kraft Ihrer Autorität als Verkäufer und Experte überzeugen?		
4. Verkaufen Sie neue und innovative Artikel?		
5. Finden Sie viele Details langweilig und erklären Sie nur die „herausragenden“ Punkte?		
6. Haben Sie Spaß an Scherzen und Smalltalk?		
7. Macht es Ihnen Spaß, neue Kunden zu gewinnen?		

8. Kommen Sie öfter in Zeitnot, weil Sie sich zu lange einem Kunden widmen?		
9. Kümmern Sie sich gerne um Ihre langjährigen Kunden?		
10. Drängen Sie Ihre Kunden so gut wie nie zu einem Abschluss?		
11. Verkaufen Sie am liebsten Produkte, von denen Sie selbst überzeugt sind?		
12. Stellen Sie viele Fragen, um genau herauszufinden, was Ihr Kunde will?		
13. Reden Sie gerne über Details?		
14. Arbeiten Sie viel mit Fakten und Zahlen?		
15. Kommen Sie direkt zur Sache und halten sich nicht lange bei Smalltalk auf?		
16. Haben Sie für Ihren Kunden immer schriftliches Material vorbereitet?		

Auswertung:

Wenn Sie mit Ja auf folgende Fragen geantwortet haben, tendiert Ihr Verkaufsstil in Richtung:
Fragen 1 bis 5: Rot
Fragen 4 bis 8: Gelb
Fragen 8 bis 12: Grün
Fragen 12 bis 16: Blau

Einen guten Anhaltspunkt dafür, welcher Stil Ihnen liegt, gibt Ihre Grundhaltung, mit der Sie Ihrem Kunden gegenübertreten. Überlegen Sie sich, mit welcher Haltung Sie sich am ehesten identifizieren können.

Übung: Erkennen Sie Ihre Grundhaltung als Verkäufer

1. „Es gibt einen sicheren Weg, etwas zu verkaufen: den Kunden überrumpeln."
   Liegt mir: ❍
   Liegt mir nicht: ❍
2. „Konzentrieren Sie sich darauf, sich beliebt zu machen, dann kommt der Verkauf von ganz allein."
   Liegt mir: ❍
   Liegt mir nicht: ❍
3. „Versuchen Sie nicht, Verkäufe zu erzeugen. Dazu können Sie ohnehin nicht viel tun. Seien Sie nur zur Stelle, um die Bestellung aufzunehmen, wenn der Kunde bereit ist, sie aufzugeben."
   Liegt mir: ❍
   Liegt mir nicht: ❍
4. „Ich lasse die Informationen und die Fakten für mich sprechen. Wenn es logisch und die ideale Lösung ist, wird der Kunde schlau genug sein, sich dafür zu entscheiden. Ich gebe ihm nur die Daten."
   Liegt mir: ❍
   Liegt mir nicht: ❍

Sicherlich können Sie jetzt schon selbst einordnen, welcher Farbtyp welche Grundüberzeugung hat:

- Grundhaltung 1: Roter Verkäufer
- Grundhaltung 2: Gelber Verkäufer
- Grundhaltung 3: Grüner Verkäufer
- Grundhaltung 4: Blauer Verkäufer

Welchem Farbtyp entspricht Ihre Grundhaltung im Verkauf?

Wie ist Ihr Verkaufsstil?

Im Folgenden werden die typischen Verhaltensmuster der vier Verkäufertypen skizziert. Wenn Sie die Texte lesen, vergleichen Sie immer wieder mit Ihrem eigenen Stil. Machen Sie sich Notizen, wägen Sie ab, welche Verhaltensweisen von welchem Typ Sie bei sich wiedererkennen.

Jetzt können Sie schon einen Schritt weitergehen und herausfinden, ob Sie ein Mischtyp sind, welche Farbtypen Sie also in sich vereinen. Sie erinnern sich an die verschiedenen Typen. Natürlich werden Sie nicht in der Lage sein zu bestimmen, ob Sie nun der Kreuztyp X oder doch eher der flexible Typ Y sind. Das kann keiner. Eine solche Analyse können Sie getrost dem Computer überlassen. Aber Sie können Anhaltspunkte finden, wo Sie in Ihrem eigenen Verkaufsstil Überschneidungen von zwei oder drei verschiedenen Farbtypen entdecken. Dann sind Sie kein „bunter Hund", sondern eben ein Kreuztyp.

Gehen Sie mit diesen Gedanken im Hinterkopf die Texte durch. Reden Sie mit Kollegen und Freunden über Ihren Stil und wie andere ihn wahrnehmen. Jeder Typ hat seine Schwächen, lassen Sie sich davon nicht abschrecken. Auch wenn Sie sich mit einem Typ identifizieren können, dann müssen Sie nicht jede Schwäche (Stärke) auf sich beziehen. Nicht alles trifft auf jeden zu.

Sind Sie ein roter Verkäufer?

Grundhaltung

„Am schnellsten komme ich zum Abschluss, wenn ich den Kunden überrumple."

Wie Sie an ein Verkaufsgespräch herangehen

Den Kunden sehen und wissen, was er braucht, ist für Sie eine Sache von Sekunden. Sie wollen ihm gerne beweisen, dass Sie ein Experte sind, und darum reden Sie und erzählen ihm erst einmal alles, was er über das Produkt wissen muss. Durch kurze Nachfragen merken Sie, was der Kunde will, und genau das bringen Sie in klaren, knappen, einleuchtenden Argumenten rüber. Manchmal sind Ihre Behauptungen etwas stark, besonders wenn Sie merken, dass der Kunde nicht so recht überzeugt ist von dem, was Sie ihm erzählen. Aber Ihre Präsentation ist sehr überzeugend und knackig und verfehlt ihre Wirkung nur selten.

Leider vergessen Sie darüber leicht, beim Kunden nachzufragen, ob es wirklich das ist, was er will. In vielen Fällen liegen Sie völlig richtig, aber es kommt auch vor, dass Sie den Kunden durch Ihre autoritäre Art einschüchtern. Dann widerspricht er nicht offen und Sie merken nicht, dass Sie auf dem falschen Dampfer fahren. Wenn Ihr Kunde zu lange das Wort hat, befürchten Sie, die Kontrolle über das Verkaufsgespräch zu verlieren.

Nachdem Sie ihm alles Wissenswerte mitgeteilt haben, nennen Sie ihm Preis und Lieferzeiten und drängen ihn unmissverständlich, sich für Ihr Produkt zu entscheiden.

Ihre Einstellung zum Kunden

Sie halten es nicht wirklich für nötig, ein Vertrauensverhältnis zum Kunden aufzubauen. Das ist Zeitverschwendung, denn erstens warten noch ein paar andere Kunden auf Sie und außerdem wissen Sie auch so, was Ihr Kunde braucht. Lange Diskussionen mit dem Kunden halten Sie deshalb für überflüssig. Sie erwarten, dass der Kunde Ihnen glaubt, was Sie erzählen, denn Sie wissen, dass Ihre Fakten stimmen. Die meisten Einwände kennen Sie und bringen schon im Voraus die entsprechenden entkräftenden Argumente. Was sonst noch an Einwänden kommt, walzen Sie nieder. Dass sich so mancher Kunde von Ihren vielen Fakten und Argumenten erschlagen fühlt, entgeht Ihnen leicht. Ihr Motto ist: „Den Einwand eliminieren, bevor er einen selbst eliminiert."

Abschluss

Zum Abschluss kommen Sie ohne viel Federlesen. Gelingt der erste nicht sofort, versuchen Sie gleich den nächsten. Sie lassen sich nicht entmutigen, bis der Kunde nachgibt. Abschluss ist für Sie ein Kräftemessen, das Sie gewonnen haben, wenn der Kunde überwältigt ist.

Ihre Stärken

- Ihr Selbstbewusstsein und Ihre Entschlossenheit verleihen Ihnen ideale Autorität und Sie werden als Experte wahrgenommen. Sie trauen sich, auf jeden Kunden zuzugehen. Schwierige Kunden übernehmen Sie gerne. Sie genießen diese Herausforderung.
- Sie können Situationen gut einschätzen und mit Ihren Fragen gezielt eine Richtung einschlagen.
- Bei der Präsentation gelingt es Ihnen hervorragend, die einzelnen Punkte zusammenzufassen und auf einen Nenner zu bringen, ohne dass Ihnen wichtige Einzelheiten entgehen oder Sie unnötig Zeit vergeuden.
- Sie präsentieren mit Überzeugung eine Lösung. Wenn Sie nachfragen, gelingt es Ihnen oft, gute und passende Optionen vorzustellen und dem Kunden zur Entscheidung zu verhelfen. Die Bestellung lassen Sie sich sofort schriftlich bestätigen.
- Sie sind in der Lage, ein hervorragendes Follow-up zu bieten – aber nur wenn der Kunde ganz oben in Ihrer Rangliste steht und Sie sich noch einiges von ihm versprechen.

Ihre Schwächen

- Sie wirken auf andere möglicherweise aggressiv und übertrieben. Durch Ihre Art werden viele Kunden eingeschüchtert. Sie benützen gerne Angst als Motivator.
- Sie gehen oft zu schnell zur Sache, nehmen sich nicht viel Zeit, eine Beziehung aufzubauen. Ihre selbstbewusste Ausstrahlung wird von manchen als Arroganz ausgelegt.
- Sie hören oft nicht richtig zu, lassen den Kunden nicht ausreden, gehen nicht auf seine Fragen ein und nehmen sich keine Bedenk-

zeit, ehe Sie antworten. Sie vermitteln den Eindruck, dass Sie nur auf die nächste Atempause Ihres Kunden warten, um mit Ihrer Antwort das Gespräch wieder an sich zu reißen. Besonders in der Präsentation sind Sie sehr schnell und gehen davon aus, dass der Kunde alles sofort versteht. Wenn nicht, werden Sie ungeduldig. Der Kunde empfindet die Situation als bedrohlich und sieht sich zu einer Entscheidung gedrängt, die noch nicht seine ist.

- Oft haben Sie deswegen eine hohe Stornorate. Kaum sind Sie weg, bereut Ihr Kunde den Schritt und macht den Kauf rückgängig.
- Wenn der Kunde keine Herausforderung für Sie darstellt, nur Alltagsdinge von Ihnen will und Sie langweilt, verlieren Sie schnell das Interesse. Sie lassen das Geschäft lieber sausen oder machen nur ein laxes Follow-up.

Sind Sie ein gelber Verkäufer?

Grundhaltung

„Wenn ich beliebt bin, werde ich am Ende den Verkauf abschließen."

Wie Sie an ein Verkaufsgespräch herangehen

Sie beginnen mit lockerem Smalltalk, erkundigen sich nach dem Wohlbefinden, plaudern über Hinz und Kunz oder erzählen ein paar heitere Geschichten. Es eilt Ihnen nicht, zum Geschäft zu kommen. Der Kunde soll erst einmal das Gefühl bekommen, dass Sie sein Freund sind. Sie wollen ihn auf keinen Fall drängeln oder überrumpeln. Ihr Ton ist herzlich und gefällig, auch wenn Sie Ihren Kunden noch nicht gut kennen.

Wenn Sie dann mit Ihrer Präsentation beginnen, ändert sich Ihr Plauderton kaum. Ihre Vorstellung ist informell und lässig, es geht nicht unbedingt um das Produkt selbst. Ihr Vortrag ist eher unstrukturiert oder ausufernd; einen genauen Plan, wie Sie vorgehen wollen, haben Sie nicht im Kopf.

Ihre Einstellung zum Kunden

Das Wichtigste für Sie ist, eine gute Atmosphäre und freundliche Beziehung aufzubauen, was den Verkauf Ihrer Meinung nach am meisten fördert. Vertrauen aufzubauen finden Sie allerdings nicht so wichtig. Sie wollen das Gespräch in Gang halten, dann kriegen Sie, so glauben Sie, die Bedürfnisse des Kunden schon mit.

Bringt der Kunde Einwände, dann stimmen Sie zu, weichen aus oder wechseln das Thema. Wenn es sich vermeiden lässt, dann reden Sie lieber nicht über Dinge, welche die Beziehung zum Kunden trüben könnten.

Abschluss

Sie drängen nicht zu einem Abschluss. Wenn der Kunde kaufen will, wird er früher oder später schon abschließen. Aber Sie lassen sich oft etwas einfallen, um den Kunden auf heitere Art zu einem Abschluss zu bewegen.

Ihre Stärken

- Kaltakquise ist eine Ihrer großen Stärken. Sie sprechen gerne neue Leute an. Jeder Mensch ist für Sie ein potenzieller Kunde.
- Ihr lässiger, selbstbewusster Stil vermittelt dem Kunden ein entspanntes Gefühl. Sie gehen freundlich und positiv auf andere ein.
- Sie sind einfallsreich, anpassungsfähig und flexibel. Ihnen fallen sehr spontan Fragen ein, die Ihnen noch mehr Informationen über die Wünsche Ihres Kunden liefern.
- Sie genießen Ihre eigene unterhaltsame Präsentation und geben sich deshalb Mühe, sie so zu gestalten. Sie können den Kunden durch Ihre Begeisterung an einer kreativen Lösung mitreißen.
- Das Ende des Verkaufsgesprächs ist leicht und entspannt, der Abschluss meist einfallsreich.
- Das Follow-up ist kreativ und gesellig.

Ihre Schwächen

- Ihre Vorbereitung ist oft schlampig und unzureichend, entspricht nicht ganz den Anforderungen. Falls Sie zu lässig damit umgehen, kann Sie das um das Geschäft bringen.
- Manchmal können Sie wegen Ihrer mangelhaften Vorbereitung nur oberflächliche, unrealistische Fragen stellen, besonders bei schwierigen Themen. Sie neigen dazu, einen Themenbereich nicht abzuschließen, bevor Sie zum nächsten übergehen.
- Sie lassen sich leicht hinreißen, bleiben nicht bei der Sache, übertreiben und wirken dadurch manchmal reißerisch. Oft hören Sie auch nicht so genau zu, was Ihr Kunde sagt, und haben nicht die Geduld, auch die Details in Ruhe zu klären.
- Sie verlieren leicht das Interesse, wenn der erste Spaß vorüber ist, die Alltagsarbeit einsetzt oder Ihnen die ganze Sache zu kompliziert wird.
- Sie glauben, wenn Ihr Kunde Sie mag, wird er auch bei Ihnen kaufen – was sich immer wieder als Irrtum herausstellt.

Sind Sie ein grüner Verkäufer?

Grundhaltung

„Man kann Verkäufe eigentlich nicht machen oder beeinflussen. Man kann nur Bestellungen annehmen."

Wie Sie an ein Verkaufsgespräch herangehen

Sie mögen es nicht besonders, sich in den Vordergrund zu drängen oder die Richtung vorzugeben. Ihre Präsentation ist sachgerecht, aber auch etwas farblos, besonders wenn Sie sich nicht mit dem Produkt identifizieren können. Sie beschreiben das Produkt, dann muss der Kunde entscheiden. Sie versuchen nicht, ihn zu beeinflussen. Aber wenn er Ihnen Fragen stellt oder Ihnen beschreibt, was er will, hören Sie sehr genau zu und bemühen sich, ihm eine passende Lösung zu vermitteln. Sie nehmen sich die entsprechende Zeit und fragen so lange nach, bis Sie genau wissen, was er will. Die Initiative liegt allerdings oft beim Kunden.

Ihre Einstellung zum Kunden

Sie wollen Ihrem Kunden auf keinen Fall zu nahe treten. Deshalb bleiben Sie eher etwas distanziert. Dass man in so kurzer Zeit Vertrauen aufbauen kann, glauben Sie sowieso nicht. Wenn Sie einen Kunden allerdings schon lange kennen, blühen Sie auf und gehen offener mit ihm um.

Einwände ignorieren Sie manchmal oder Sie nehmen sie einfach hin. Dass Ihr Produkt den einen oder anderen Nachteil hat, wissen Sie auch. Außerdem wollen Sie nicht argumentieren, um keine Spannungen zu erzeugen.

Abschluss

Dementsprechend bleibt der Abschluss in der Schwebe, wenn der Kunde nicht wirklich entschlossen ist zu kaufen. Ihre Devise ist: „Wenn der Kunde bereit ist, einen Auftrag zu erteilen, wird er es mir schon sagen. Solange warte ich ab ..." Kommt der Abschluss nicht zustande, denken Sie sich: „Es gibt ein nächstes Mal."

Ihre Stärken

- Die langfristige Kundenpflege ist Ihr Element. Sie haben die Fähigkeit, warmherzige, tiefe Beziehungen auf persönlicher Ebene aufzubauen. Es gelingt Ihnen meist schnell, eine Brücke zum Kunden zu bauen und das Eis zu brechen.
- Sie haben die natürliche Fähigkeit zuzuhören, besitzen Einfühlungsvermögen und die Beharrlichkeit, zu den eigentlichen Problemen vorzustoßen. Sie können sehr genau analysieren, was Ihr Kunde braucht und was Sie ihm anbieten können.
- Ihre Präsentation ist überzeugend und konsequent, wenn sie auf Ihren Wertvorstellungen und Idealen beruht.
- Ihr Abschluss erfolgt mit Aufrichtigkeit und Wärme.

- Sie sind sehr motiviert, ein gutes, gründliches Follow-up zu liefern, weil Sie den aufrichtigen Wunsch haben, die Beziehung zum Kunden weiter auszubauen.

Ihre Schwächen

- Sie kommen nicht gerne in eine neue Umgebung. Dann müssen Sie erst um Ihr Image als Berater ringen, wozu Sie viel Selbstbewusstsein brauchen. Sie müssen sich meist Mühe geben, um sich wie ein Experte zu verhalten. Sie neigen dann dazu, sich zu verkrampfen, und wirken auf andere sehr bemüht und angestrengt.
- Manchmal lassen Sie Ihre persönlichen Wertvorstellungen zu sehr heraushängen, wenn diese mit den Bedürfnissen des Kunden im Konflikt stehen.
- Ihrer Präsentation kann es an Begeisterung und Flair fehlen, wenn Sie sich nicht auf sicherem Terrain fühlen. Durch Unerwartetes lassen Sie sich leicht aus dem Gleis werfen. Der Gedanke an eine Präsentation vor einer Gruppe bereitet Ihnen Alpträume.
- Möglicherweise schrecken Sie vor einem Abschluss zurück, um einer Ablehnung aus dem Weg zu gehen. Sie wollen auf keinen Fall den Kunden durch Ihr Drängeln in eine unangenehme Situation bringen oder seine Gefühle verletzen.
- Treten beim Follow-up Probleme auf, sind Sie nicht sonderlich begeistert, sich ihnen zu stellen. Das ist für Sie keine Herausforderung, sondern ist Ihnen eher unangenehm.

Zwei grüne Verkäufer treffen sich abends zu einem Bier. Sagt der eine: „Mensch, hab' ich heute wieder viele gute Gespräche geführt." Der andere: „Ja, ich habe auch nichts verkauft."

Sind Sie ein blauer Verkäufer?

Grundhaltung

„Wenn ich alles über das Produkt und den Markt weiß, habe ich Erfolg.“

Wie Sie an ein Verkaufsgespräch herangehen

Sie gehen freundlich, aber zurückhaltend auf Ihren Kunden zu. Sie wollen ihm etwas verkaufen, aber keinen persönlichen Kontakt zu ihm aufbauen. Sie wollen Ihre und seine Zeit nicht mit Smalltalk vergeuden, sondern direkt zur Sache kommen. Ihr Auftreten ist ernsthaft und formell.

Ihre Präsentation ist langsam und strukturiert, gerät manchmal aber auch arg trocken. Sie lassen dem Kunden Zeit, alle Informationen zu verarbeiten, sind sehr sachorientiert, fragen nach. Wenn der Kunde will, geben Sie ihm noch schriftliche Dokumentationen mit, die Sie immer zur Hand haben. Ihre Devise ist: „Wenn der Kunde alle Fakten und Optionen kennt, wird er unser Produkt als wertvoll erkennen.“ Dafür bieten Sie viele Beweise zuverlässigen Quellen.

Ihre Einstellung zum Kunden

Sie sondieren sehr zielstrebig die Bedürfnisse des Kunden. Sie lassen den Kunden fragen, weil Sie wissen, dass Sie auf alles vorbereitet sind, was das Produkt betrifft. Alle möglichen Einwände haben Sie sich schon im Voraus überlegt und abgehandelt. Kommen trotzdem welche, fangen Sie einfach noch mal von vorne an. Oder Sie machen einen Rückzieher und interpretieren den Einwand dahingehend, dass der Kunde eben noch Bedenkzeit braucht. Sie bieten an, ihm schriftlich Alternativen und Optionen zu geben.

Abschluss

Ihr Abschluss ist zurückhaltend und verzögert. Wenn Sie dem Kunden erst einmal alle Informationen zur Verfügung gestellt haben, liegt es an ihm, eine Entscheidung zu treffen.

Ihre Stärken

- Informationen geben. Sie sind ein echter Experte und strahlen diese Kompetenz auch aus.
- Ihre Vorbereitung auf den ersten Kontakt ist vorzüglich, Sie haben schon im Voraus jede Einzelheit über den Kunden aufgelistet.
- Sie sind ein Meister der sondierenden Frage, die direkt den Kern des Problems trifft.
- Sie sind ein guter Zuhörer und haben den wirklichen Wunsch, den Kunden zu verstehen und mehr über seine Firma und seine Bedürfnisse zu erfahren.
- Sie sind eine wandelnde Datenbank, in der enzyklopädisches Wissen über Ihr Produkt gespeichert ist. In Ihrer Präsentation achten Sie auf jedes Detail. Sie können alle Optionen detailliert vortragen.
- Sie machen eine vorbildliche Analyse der Position des Kunden und werten die Fakten anschließend gründlich aus. Ihr Follow-up ist sachlich bestechend. Der nächste Besuch wird ebenso perfekt geplant.

Ihre Schwächen

- Ihre Begrüßung kann etwas steif sein. Sie wirken eher still und verschlossen und das kann den Kontakt behindern. Eisbrechen und Smalltalk sind nicht Ihre Sache.
- Ihre eindringlichen Fragen können als aufdringlich, kritisch und taktlos empfunden werden.
- Sie sehen gelegentlich den Wald vor lauter Bäumen nicht. Sie sind von den Details fasziniert und verlieren Ihr Ziel aus den Augen. Dann reden Sie unter Umständen an den eigentlichen Bedürfnissen und Empfindungen Ihres Kunden vorbei.

- Nur Fakten zu liefern ist nicht ausreichend für einen guten Kontakt. Ihr Kunde hat möglicherweise nach einem Gespräch keine Lust, Sie wieder zu sehen, weil ihm das Ganze zu unpersönlich und anstrengend war.

Wenn Sie den Verkaufsstil der vier Farbtypen vor Ihrem inneren Auge Revue passieren lassen: Mit welchem Typ können Sie sich am ehesten identifizieren? Welcher Typ hat viele Ähnlichkeiten mit Ihrem Verkaufsstil? Mit welchem Typen können Sie sich überhaupt nicht identifizieren?

Die Verkaufspyramide: Vier Schritte zum Erfolg

Andreas Ortmann ist ein leidenschaftlicher Immobilienmakler. Er ist ziemlich ehrgeizig, und da er über seine Provision am Umsatz beteiligt ist, ist er an schnellen Abschlüssen interessiert. Seinen Ruf hat er sich ziemlich schnell erworben: aggressiver Verkäufer, hohe Stornorate. Er kann unheimlich gut überzeugen, ist ein echter Experte auf seinem Gebiet und lässt seinen Kunden kaum eine Möglichkeit zum Widerspruch. Die typischen Kundeneinwände kennt er in- und auswendig und hat sofort Gegenargumente parat. Mit seiner Überzeugungskraft beeindruckt er seine Kunden in der Regel so stark, dass sie spontan zustimmen. So weit, so gut – doch über 50 Prozent machen den Vertragsabschluss in den nächsten Tagen wieder rückgängig. Als Gründe geben die Kunden meist an, dass sie sich überrumpelt und nicht gut beraten fühlen. Den Kunden fehlt schlichtweg das Vertrauen zu Andreas Ortmann, der nicht einmal nach ihren Wünschen oder Vorstellungen gefragt hat. Andreas versteht das nicht, immerhin ist er doch nur dann ein guter Verkäufer, wenn er den „Sack“ auch zumachen kann, oder?

Andreas ist ein rot-gelber Typ, der überzeugen kann und schnelle Ergebnisse will. Seine halb begeisterten, halb eingeschüchterten Kunden stimmen meist zu und kaufen bzw. schließen den Vertrag ab. Aber es fehlt ihnen die Vertrauensbasis. Sie stimmen ihm zwar in dem Moment zu, aber eigentlich haben sie kein Vertrauen zu Andreas Ortmann als Mensch. Kaum sind die Kunden dann wieder zu Hause, zum Beispiel nach einer Immobilienbesichtigung, „erwachen“ sie aus ihrem Begeisterungstaumel und stellen die Kaufentscheidung infrage. Dann ziehen sie den Abschluss zurück – und Andreas steht ziemlich doof da. Denn mittlerweile ist er nicht nur in der Firma berüchtigt, sondern er fährt auch nur halb so viel Geld an Provisionen ein, wie er eigentlich erwartet hat …

Der Weg heraus aus dieser „Storno-Falle“, in die Andreas tappt, ist das neue Verkaufsmodell: eine umgekehrte Pyramide, in der die vier wichtigen Stadien des Verkaufs eingezeichnet sind. Die Prozentzahlen geben die Bedeutung an, die das jeweilige Stadium für den gesamten Verkauf hat:

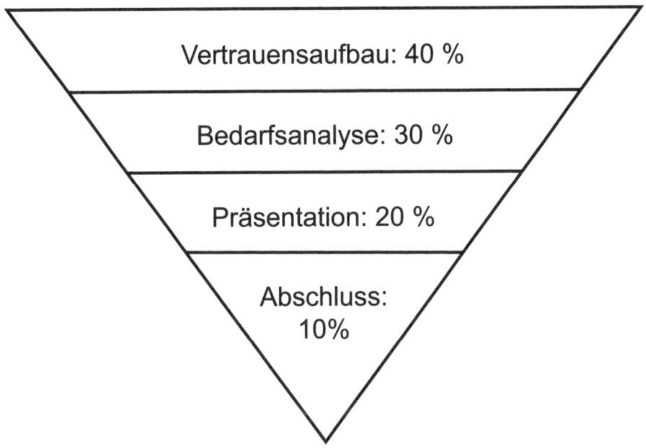

Jede dieser einzelnen Phasen hat ihre Bedeutung, wird aber von den Kunden unterschiedlich gewichtet. Es ist wie eine Rechenformel:

40 Prozent ...	**... des Geschäfts haben Sie in der Tasche, wenn Sie ein Vertrauensverhältnis zu Ihrem Kunden aufbauen.**
70 Prozent ...	**... erreichen Sie, wenn Sie zusätzlich eine gute und ausgiebige Bedarfsanalyse mit Ihrem Kunden erstellen.**
90 Prozent ...	**... gelingen Ihnen, wenn Sie anschließend überzeugend präsentieren und**
100 Prozent ...	**... wenn Sie das Geschäft danach abschließen.**

Je mehr Zeit und Energie Sie erfolgreich in die ersten beiden Verkaufsphasen investieren, desto wahrscheinlicher ist es, den Verkauf „dingfest“ zu machen. Dann fehlt nur noch eine überzeugende Präsentation und Abschlussstärke, um das Geschäft zu besiegeln, und zwar ohne dass die Kunden es wenig später bereuen. Damit sinkt für Andreas Ortmann nicht nur die Stornorate, sondern es steigen auch gleichzeitig seine Provisionen.

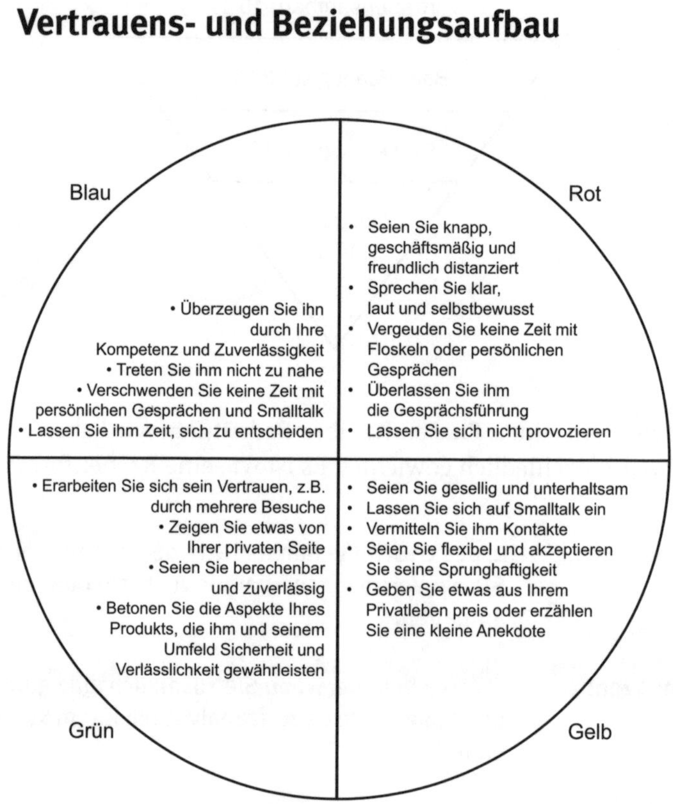

Die Basis jedes Verkaufsgesprächs ist das Vertrauen. Nur eine Vertrauensbeziehung zwischen Ihnen und Ihrem Kunden ermöglicht überhaupt erst ein Verkaufsgespräch. Die Kunden werden heute mit zahlreichen Angeboten und einander häufig widersprechenden Informationen geradezu bombardiert. Vertrauen ist das Fundament für jede Verkaufsbeziehung, vor allem wenn Sie zu Ihrem Kunden eine langfristige Bindung aufbauen wollen. Die 10 Prozent der Spitzenverkäufer beherrschen es perfekt, langfristige Beziehungen herzustellen und zu erhalten. Alles, was Sie über Ihr Produkt oder Ihre Dienstleistung, über Präsentations- und Abschlusstechniken gelernt haben, ist nur dann nützlich, wenn Sie eine gute und beständige Beziehung zu Ihren Kunden haben. Viele Kunden sind schon einmal enttäuscht worden von Versprechungen, die Verkäufer ihnen gemacht haben. Darum scheuen sie sich oft, sich erneut in eine solche Situation zu bringen. Vertrauen aufzubauen kann sehr mühsam sein – und mit nur einem Fehler wieder ruiniert werden! Ein Käufer hat bestimmte Erwartungen an Sie – vor allem wird es ihm darum gehen, dass Sie Ihre Versprechungen halten.

Bauen Sie mit Ihrem roten, gelben, grünen oder blauen Kunden eine echte Vertrauensbasis auf.

Bedarfsanalyse

Die tatsächlichen Bedürfnisse eines Kunden zu erheben und mit Ihrem Produkt oder Ihrer Dienstleistung die richtige Lösung anzubieten ist ein wichtiger Schritt im Verkaufsgespräch. Die Bedarfsanalyse erfordert, dass Sie zielgerichtete Fragen vorbereiten und Ihrem Gesprächspartner aufmerksam zuhören. Sie müssen zwischen den Zeilen lesen können und gleichzeitig überprüfen, ob Ihr Kunde Sie auch verstanden hat. Erst stellen Sie eine gute Beziehung zu Ihrem Kunden her und dann erkunden Sie durch aktives Fragen und Zuhören seinen Bedarf. Wenn Ihnen das gelingt, dann läuft der Verkauf problemlos ab. Wichtig ist, dass der Kunde Ihr ehrliches Interesse spürt, dass Sie ihm bei der Lösung seiner Probleme wirklich helfen möchten. Sobald Ihr Kunde Sie so wahrnimmt, öffnet er sich Ihnen gegenüber, wird ehrlicher und zugänglicher und vertraut Ihnen seine tatsächlichen Probleme und Sorgen an. Wenn Sie ihm während dieser ersten beiden Verkaufsphasen lang und aufmerksam zuhören, sagt Ihnen Ihr Kunde schließlich alles, was Sie wissen müssen, um einen Verkauf abzuschließen. Oder Sie gelangen zu der

Überzeugung, dass er nicht der richtige Interessent für Ihr Produkt ist.

Denken Sie immer daran, dass Sie Ihr Produkt nur dann verkaufen können, wenn Ihr Kunde einen wirklichen Bedarf hat. Es liegt an Ihnen, diesen Bedarf zu wecken, wenn es kein offensichtliches Problem gibt. Die Formel lautet: Kein Bedarf, kein Verkauf!

Die Bedarfsanalyse läuft bei jedem der vier Farbtypen anders:

Präsentation

Verkauft wird in der Präsentation! Dort zeigt sich deutlicher als in jeder anderen Verkaufsphase, ob Sie ein guter Verkäufer sind. Denn hier sind Sie völlig auf sich allein gestellt: Alles, was Sie Ihrem

Kunden mitteilen, bringt Ihnen Punkte – und alles, was Sie vergessen, bedeutet für Sie Punktabzug. Beim Verkaufen ist das Gehirn gefordert. Ihr Kapital ist das Wissen über Ihr Produkt und darüber, wie es das Leben oder die Arbeit Ihrer Kunden erleichtern kann. Denken Sie daran: Sie sind der „Doktor" des Verkaufs. Und wie ein Arzt setzen Sie Ihr Wissen im Dienst Ihres Patienten (Kunden) ein. Das Rüstzeug für Ihre Präsentation ist also zum einen Ihre Produktkenntnis, zum anderen Ihre Kundenkenntnis. Wenn Ihr Kunde merkt, wie gut Sie sich über ihn und seine Situation im Vorfeld informiert haben, wird er beeindruckt sein. Weitere Werkzeuge sind die ausführliche Vorbereitung auf Ihre Präsentation, Pünktlichkeit und Übung. Wiederholen Sie Ihre Präsentation so lange, bis Sie absolut „sattelfest" sind.

Die Arbeitsinstrumente, mit denen Sie zur Präsentation überleiten, sind Fragen. Die Grundregel lautet dabei: Sage niemals etwas, das du auch fragen kannst. Die häufigste Klage von Entscheidern ist, dass Verkäufer zu viel reden. Aber: Telling is not selling. Hören Sie also aufmerksam zu, wenn Ihr Kunde Ihnen antwortet. Aus seinen Äußerungen können Sie viel für Ihre Präsentation verwenden. Es gibt drei Arten von Fragen, die Sie einsetzen können, um Ihre Präsentation zu eröffnen:

- offene Fragen (beginnen mit „Was? Wann? Wer? Wie? Warum?")
- Entscheidungs- oder geschlossene Fragen (Antwort nur mit „Ja" oder „Nein" möglich)
- Fragen mit negativer Antwort („Nein" als Antwort ist zugleich „Ja" zu Ihrem Angebot, z.B. „Sind Sie mit Ihrem gegenwärtigen Lieferanten zufrieden?")

Gehen Sie bei Ihrer Präsentation immer nach diesen Schritten vor: Beschreiben Sie erst die Produkteigenschaften, dann den Produktnutzen und anschließend den Kundennutzen. Beispiel: „Da der Bildschirm dieses TV-Geräts so groß ist (Produkteigenschaft), können Sie das Bild von jedem Punkt im Raum aus sehen (Produktnutzen). Für Sie bedeutet das, dass die ganze Familie den Film genießen kann (Kundennutzen)." Ihr Ziel sollte sein, dass Ihr potenzieller Kunde während Ihrer Präsentation bereits daran denkt, wie er Ihr Produkt verwendet! Ein Auto, das im Schaufenster direkt vor einen Spiegel platziert wird, zeigt dem Kunden sich selbst neben dem Wagen. Eine sehr effektive und einfache Gestaltungsidee!

Abschluss

Der Abschluss ist das, woran Sie letztlich gemessen werden. Sie können ein toller Berater sein, ein herzliches Verhältnis zu Ihren potenziellen Kunden haben oder perfekt präsentieren – wenn Sie nicht verkaufen können, sind Sie kein Verkäufer! Zugegeben, den sprichwörtlichen „Sack“ zuzumachen ist nicht leicht. Da im modernen Verkauf das Vertrauen immens wichtig ist, dürfen Sie niemals drängen oder aufdringlich werden. Natürlich ist es manchmal ärgerlich, wenn man viel Zeit und Energie in ein Gespräch investiert und dann mit leeren Händen nach Hause geht. Aber Ihr potenzieller Kunde darf das nicht spüren. Mit Aggression erreichen Sie genau das Gegenteil.

Ihr Kunde muss spüren, dass Sie ihn und seine Situation verstehen und auf dieser Basis Empfehlungen aussprechen. Beeinflussen Sie Ihren Kunden niemals so, dass er gegen seine eigentlichen Interessen handelt. Die Gratwanderung zwischen Überzeugen und Manipulieren ist schwierig – lernen Sie, sie zu beherrschen. Sie arbeiten hart dafür, neue Kunden zu gewinnen und sie von Ihrem Produkt zu überzeugen. Machen Sie sich das nicht kaputt, indem Sie kurz vor der Ziellinie ungeduldig werden!

Damit es zu einem Abschluss des Kaufs kommt, gibt es zehn Bedingungen:

1. Der Kunde will das Produkt.
2. Der Kunde vertraut Ihnen und dem Produkt.
3. Der Kunde braucht Ihr Produkt.
4. Der Kunde kann das Produkt nutzen.
5. Der Kunde kann es sich leisten.
6. Der Kunde muss wissen, worauf er sich einlässt.
7. Der Verkäufer muss entschlossen und überzeugt sein.
8. Der Verkäufer muss ein Geschäft abschließen können.
9. Ein „Nein“ darf den Verkäufer nicht davon abhalten, mit dem Verkauf fortzufahren.
10. Der Verkäufer muss schweigen können, nachdem er die Abschlussfrage gestellt hat.

Ein Spitzenverkäufer muss die Kaufsignale, die ein Kunde sendet, erkennen. Ein aufrichtiges Kaufinteresse liegt vor, wenn Ihr Kunde...

- ... nach Kaufbedingungen, Preis, Lieferbedingungen oder sonstigen Einzelheiten fragt;
- ... seine Körperhaltung verändert („Bereit“-Haltung: vorgebeugt, eine Hand in die Hüfte gestemmt, ein Arm auf dem Knie;

„Kinnreiben“, Kopf leicht zur Seite geneigt, in Gedanken versunken);

- ... das Angebot durchrechnet;
- ... plötzlich sehr freundlich wird;
- ... Verzögerungsfragen stellt, zum Beispiel, ob beim Preis noch etwas möglich sei.

Nichts darf Ihren Kaufabschluss gefährden. Darum gibt es auch einige absolute Don'ts, die Sie unbedingt beachten sollten! Vermeiden Sie Diskussionen und verstricken Sie sich nicht in Debatten über Religion oder Politik. Machen Sie Ihre Konkurrenten nicht schlecht, übertreiben Sie nicht und vermeiden Sie Autoritätsanmaßungen.

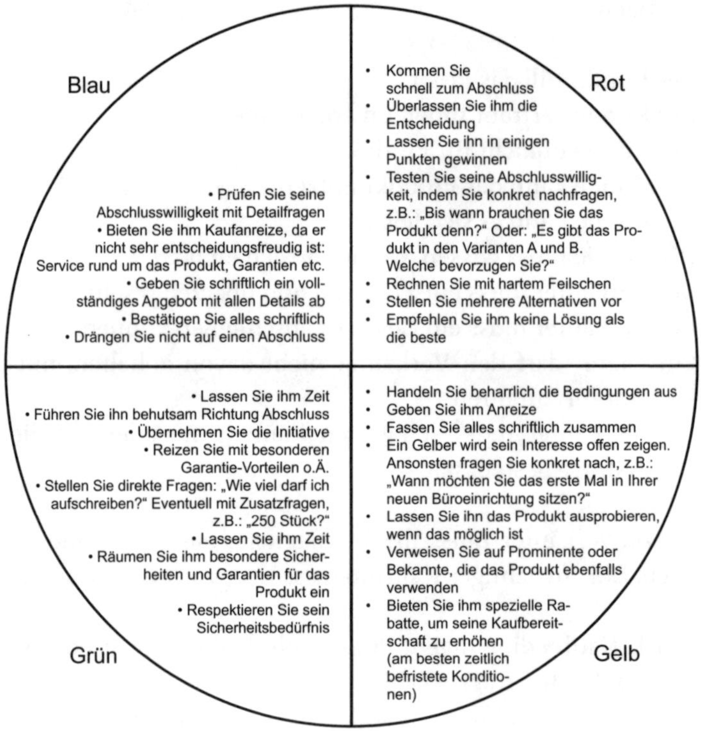

Wo liegen Ihre Stärken als Verkäufer?

In unserem Beispiel wurde schon deutlich, welches Stadium dem roten Typ besonders liegt: der Abschluss. Vertrauensaufbau ist eher eine Sache für grüne und gelbe Farbtypen, in der Bedarfsanalyse sind die blauen Typen stark und in der Präsentation die gelben. Das sind ihre natürlichen Stärken. Umgekehrt müssen sie sich in den übrigen Phasen bewusst einsetzen, um den Verkauf realisieren zu können. Natürlich bedeutet das nicht, dass Sie als Gelber keinen Abschluss machen können. Aber Sie haben sicherlich die Tendenz, den Abschluss nicht offen genug anzusprechen und von Ihrem Kunden keine eindeutige Zusage zu verlangen.

Wenn Sie Ihre Stärken kennen, kennen Sie also auch Ihre Schwächen. Im Folgenden haben Sie Gelegenheit, mithilfe einer Übung noch mehr in die Tiefe zu gehen und sich Ihre Stärken bewusst zu machen. Seien Sie nicht bescheiden. Jeder Top-Verkäufer kennt seine Stärken und Vorzüge und setzt sie bewusst ein.

Übung: Denken Sie an Verkaufsgespräche, die Sie in letzter Zeit geführt haben

1. Welches Stadium im Verkauf liegt Ihnen am meisten?

   ....

2. Welches sind dabei Ihre Stärken?

   ....

3. Welches Stadium liegt Ihnen am wenigsten?

   ....

4. Warum? Was bereitet Ihnen Schwierigkeiten?

   ....

Unser Beispiel hat auch eines deutlich gezeigt: Wenn eine Stärke zu stark beansprucht wird, dann wird sie zu einer Schwäche. Andreas

Ortmann hat sich zu sehr auf seine Stärke, Abschlüsse herbeizuführen, verlassen und damit genau das Gegenteil bewirkt. Hier können Sie noch eine Übung machen und überprüfen, ob Sie die Tendenz haben, die Stärke Ihres Typs zu stark auszuspielen.

Wann Ihre Stärke zu einer Schwäche wird

ROT

Ihre Stärke wird zu einer Schwäche, wenn Sie

- glauben, dass Kunden immer Entscheidungsschwierigkeiten haben und Sie sie auf jeden Fall zu einer Entscheidung zwingen müssen.
- Konflikte mit Ihrem Kunden nach dem Motto „Erst argumentieren, dann nachfragen" lösen.
- einen Disput mit einem Kollegen mit einem Brüller regeln und dann merken, dass den Rest des Tages kaum noch jemand mit Ihnen spricht.
- selbst bei Trainingsspielen noch um jeden Preis gewinnen wollen.

GELB

Ihre Stärke wird zu einer Schwäche, wenn Sie

- Ihren ärgsten Konkurrenten zu Ihrer Weihnachtsfeier einladen.
- glauben, alle anderen seien total chaotisch, nur Sie wären gut organisiert.
- sich einreden, dass Sie Ihren Kunden in einem einzigen Gespräch zum Kauf überreden können.
- voraussetzen, dass jeder Kunde Sie mag.

GRÜN

Ihre Stärke wird zu einer Schwäche, wenn Sie

- eine ganze Woche über einer normalen Präsentation brüten, um ja keinen Fehler zu machen, der den Kunden gegen Sie aufbringen könnte.
- bei Einwänden Ihres Kunden erst einmal nachfragen, dann noch mal fragen und dann überlegen, ob Sie diskutieren sollten.
- merken, dass Sie seit zwölf Jahren zur selben Zeit am selben Wochentag mit denselben Kunden zum Golf spielen gehen.

BLAU

Ihre Stärke wird zu einer Schwäche, wenn Sie

- absichtlich immer bis zum letzten Benzintropfen Ihres Geschäftswagens fahren, im Ihren Verbrauch genau zu messen.
- am Wochenende mit Anzug und Krawatte einkaufen gehen.
- bei einem Kunden anrufen, wenn Ihnen aufgefallen ist, dass in Ihrem schriftlichen Material, das Sie ihm gegeben haben, ein Rechtschreibfehler ist.
- eine Vierjahresliste Ihrer Golfergebnisse für jedes Loch haben.

In welchem Verhalten können Sie sich am ehesten wieder erkennen?

....

Mit welchen Schwächen können Sie sich gar nicht identifizieren?

....

Resümee

Ziehen Sie Bilanz. Tragen Sie zusammen, welche Farbtypen Ihren Verkaufsstil bei all diesen Übungen charakterisiert haben. Denken Sie daran, dass Sie im Zweifel ein Mischtyp sind.

Wie werden Sie ein Top-Verkäufer?

Sie wollen ein Top-Verkäufer werden? Dann schauen Sie, wie es andere Top-Verkäufer zum Erfolg gebracht haben. Drei Dinge zeichnen Top-Verkäufer aus:

- Ehrgeiz, Engagement und Beharrlichkeit
- Flexibilität im Verhalten
- Einsatz in der passenden Branche

Engagement und Ehrgeiz brauchen Sie nicht zu „lernen". Sie sind für Sie wahrscheinlich selbstverständlich. Über die anderen beiden Erfolgsfaktoren gibt es allerdings einiges zu sagen, was Sie möglicherweise noch nicht wissen.

Was zeichnet den Top-Verkäufer aus?

Die Zeitschrift *acquisa* führte eine Untersuchung von 500 Top-Verkäufern durch. Sie analysierte gemeinsam mit dem Scheelen-Institut für Managementberatung und Bildungsmarketing und unter Zuhilfenahme der INSIGHTS Methode®, welches die ausschlaggebenden Faktoren für den Erfolg dieser Spitzenverkäufer sind. Die Verkäufer wurden dabei vor allem nach ihren Grundmotiven und nach typischen Verhaltensweisen gegenüber ihren Kunden befragt und ihre Ergebnisse anhand der Computeranalyse ausgewertet. Die umfangreiche Allfinanzstudie aus 2000 sowie die groß angelegte Untersuchung der Insights GmbH bei Automobilverkäufern im Jahr 2003 führten zu fast identischen Resultaten. Auch etliche Studien aus den USA bestätigen die folgenden Untersuchungsergebnisse.

Grün-Gelb: eine ideale Verkaufsmischung

Spitzenverkäufer, so ergaben die Analysen, gehören überwiegend vier bestimmten Haupttypen an: Sie sind Inspirator, Berater, Motivator oder Unterstützer. Sie erinnern sich an die Charakteristiken der Haupttypen: Inspirator und Motivator sind Gelb-Typen, Berater und

Unterstützer Grün-Typen. Alle vier zeichnet aus, dass sie gerne und gut mit anderen Menschen umgehen können. Der Gelb-Typ ist enthusiastischer, der Grün-Typ etwas zurückhaltender, aber dafür beständiger. Das heißt, wie *acquisa* formulierte: „Alle verfügen über hohe Sozialkompetenz und die Fähigkeit, zu anderen nutzbringende Beziehungen aufzubauen." Sie besitzen hohe Sensibilität, zeigen große Anteilnahme an ihren Kunden und haben die Gabe, sich meisterhaft auf deren Bedürfnisse einzustellen. Sie fragen nach und nehmen sich die Zeit herauszufinden, welches die speziellen Bedürfnisse des Kunden sind. Sie haben ein natürliches Interesse daran, andere kennen zu lernen und zu verstehen. Daher sind sie ideal für einen Beruf geeignet, bei dem sie ständigen Kontakt mit anderen Menschen aufbauen und auf diese eingehen müssen. Alle vier Typen handeln meist völlig auf der Beziehungsebene. Die Sachebene, wo es um Fakten und Dinge geht, interessiert sie weniger. Sie haben ein Gespür dafür, was der andere braucht, und handeln mehr „aus dem Bauch heraus als mit dem Kopf".

Die Vorteile der vier gelb-grünen Typen sind:

- Kontaktstärke und Begeisterungsfähigkeit
- Gespür und Sensibilität für die Bedürfnisse des Kunden
- Feste Kundenbindung
- Gutes Follow-up und Kundenpflege

Der blau-gelbe Kreuztyp: der ideale Verkäufer

Meine Erfahrung als Verkaufstrainer hat auch gezeigt, dass noch ein anderer INSIGHTS-Typ als Verkäufer äußerst erfolgreich ist: der blau-gelbe Kreuztyp. Er kombiniert die Eigenschaften des Inspirators mit denen des Beobachters. Sein Inspirator-Anteil sorgt für den nötigen Schwung. Er kann seinen Kunden begeistern, das Eis brechen, eine Beziehung aufbauen und sein Produkt oder seine Dienstleistung in farbigen Worten präsentieren. Sein blauer Anteil sorgt dafür, dass er sich dabei nicht „vergaloppiert". Er bewirkt, dass dieser Typ seine Kunden nicht endlos und ziellos beschwatzt, sondern dass er sich vorher einen Plan gemacht hat, strukturiert vorgeht und im Eifer seiner Rede nicht vergisst, auf einen Abschluss hinzuwirken.

Außerdem verfügt der blau-gelbe Verkäufer über eine hohe Fachkompetenz, da er sich über seine Produkte ausführlich informiert und mit seinem Wissen immer auf dem letzten Stand ist. Sein gelber Anteil wiederum ist dafür verantwortlich, dass der Beobachter-Anteil nicht in der Recherche und im Datensammeln versackt, sondern damit an die Öffentlichkeit tritt und seine Fakten dem Kunden präsentiert.

Der blau-gelbe Kreuztyp verfügt also einerseits über:

- Produktkompetenz, Detailwissen
- Ruhe und Zeiteinteilung
- Strukturierte Vorbereitung

Und andererseits besitzt er:

- Enthusiasmus, Spaß am Verkauf
- Kontaktstärke und Beziehungsfähigkeit
- Kreativität bei der Problemlösung

Welcher Verkäufer ist für welche Branche/ für welchen Bereich geeignet?

Die oben beschriebenen Top-Verkäufer werden in allen Branchen, in denen sie arbeiten, wahrscheinlich eine ziemlich gute Figur machen. Dennoch sind die Anforderungen an Verkäufer von Branche zu Branche verschieden. In ihrer Untersuchung hat die Zeitschrift *acquisa* die spezifischen Unterschiede von sieben Branchen unter die Lupe genommen. Sie fand heraus, welche Verhaltensweisen in welcher Branche besonders vorteilhaft sind. Die Ergebnisse geben Ihnen Anhaltspunkte, in welcher Branche Sie selbst am erfolgreichsten abschneiden würden.

Pharmavertreter

Besonders häufig finden sich unter den Spitzenverkäufern der Pharmabranche Reformer. Aber auch der Mischtyp Beobachter/ Koordinator und der Motivator sind hier erfolgreich.

Die Pharmabranche erfordert im Verkauf Gewissenhaftigkeit, Genauigkeit und spezielle Lösungen. Verkäufer müssen über eine hohe Fachkompetenz verfügen. Reformer bringen außerdem starke Analysefähigkeiten mit. Da sie großes Einfühlungsvermögen besitzen, sind sie in der Lage, die komplexen Probleme ihrer Kunden zu durchschauen. Sie lassen sich von dieser Aufgabe nicht unter Druck setzen, sondern fühlen sich dadurch positiv herausgefordert. Sie sind sehr ergebnisorientiert und können das, was sie für sinnvoll erachten, eindrucksvoll präsentieren. Ihr Auftritt ist kompetent und professionell und sie können ihre Ideen und Vorschläge überzeugend vertreten. Gleichzeitig können sie sich durchsetzen und auch die in dieser Branche üblicherweise eher harten Preisverhandlungen mit dem nötigen Nachdruck führen. Sie haben sowohl ihr eigenes ökonomisches Interesse im Kopf als auch die Bedürfnisse ihrer Kunden. Sie sind fähig, langfristige Kundenbeziehungen zu pflegen, was in dieser Branche wichtig ist, in der nicht jeden Tag neue Kunden „nachwachsen“.

Ihre Schwächen liegen eben in diesem Bereich: Die Akquisition neuer Kunden fällt ihnen nicht leicht. Auch mauscheln sie gerne vor sich hin und entwickeln ihre Lösungen für sich alleine, ohne dass andere daran teilnehmen oder Einblick gewinnen können.

Auch der Mischtyp Beobachter/Koordinator ist in dieser Branche erfolgreich, weil er eine ähnliche Fähigkeit hat, komplexe Systeme zu analysieren und auf den Kunden einzugehen. Ihm wird es allerdings an Durchsetzungsfähigkeit und auch an Mitteilsamkeit fehlen. Motivatoren wiederum haben zwar jede Menge Elan und den Willen, gute Ergebnisse zu erreichen, aber möglicherweise bieten sie nicht immer die optimal durchdachte Lösung an.

Key-Account-Manager

Die erfolgreichen Betreuer von Großkunden kann man nicht über einen Kamm scheren. Hier haben die Spitzenleute verschiedene Verhaltensprofile. In der Mehrzahl sind sie Inspiratoren, gefolgt von Motivatoren und Beratern. Aber auch Unterstützer und Koordinatoren wirken hier mit Erfolg, seltener auch Beobachter. Nur die

Direktoren sind also nicht vertreten, was man auf die gesamte Verkäufergilde übertragen kann: Direktoren sind keine typischen Erfolgsverkäufer.

Sicher ist jedenfalls, dass unter den Key-Account-Managern nicht die Extremtypen erfolgreich sind, sondern die Mischtypen. Eine Mischung aus Begeisterungsfähigkeit und Offenheit, gepaart mit Seriosität, zeichnet häufig den Key-Account-Manager aus.

Wer von jeder Farbe einen guten Anteil hat, kommt hier am weitesten. Das ist einleuchtend, denn die Pflege von Großkunden erfordert Flexibilität und die Fähigkeit, auf unterschiedliche Charaktere und deren Bedürfnisse einzugehen. Auch mit Gruppen können die Mischtypen gut umgehen, besonders wenn sie stärkere gelbe Anteile haben: Sie mögen Publikum. Sie haben die Fähigkeit, strategisch zu denken, was in Verhandlungen mit Großkunden wichtig ist. Und sie sind beharrlich im Follow-up. Sie müssen sich gegen den Druck, der von Großkunden ausgehen kann, durchsetzen können. Gleichzeitig dürfen sie die Interessen der eigenen Firma nicht aus den Augen verlieren.

Dass der Inspirator hier mehrheitlich vertreten ist, überrascht nicht, denn seine Umgänglichkeit und Geselligkeit erleichtern ihm, mit vielen unterschiedlichen Kunden umzugehen. Hat er noch grüne Anteile, ist er zur dauerhaften Kundenpflege noch geeigneter, da er dann noch mehr nachfragt und tiefer geht. Neigt er sich der Farbe Rot zu, wird es ihm leichter fallen, sich durchzusetzen und andere von seinen Angeboten zu überzeugen.

Die Tatsache, dass sich in diesem Bereich so verschiedene Verhaltenstypen mit Erfolg betätigen, hängt auch damit zusammen, dass die Kunden eines Key-Account-Managers je nach dem Produkt, das er ihnen zu verkaufen hat, variieren. Arbeitet der Key-Account-Manager in einem technischen Unternehmen, wird sein Blau-Anteil sicherlich stärker sein, weil er sich auf viele Detailfragen einlassen muss. In einem Dienstleistungsunternehmen zählen dagegen mehr die gelben Stärken der Beziehungsfähigkeit und sozialen Kompetenz.

Automobilverkäufer

Unter den Spitzenverkäufern der Automobilbranche herrschen die Typen des Inspirators und des Motivators vor. Seltener tauchen die Berater auf. Keineswegs also die Technik-Freaks und kühlen Ingenieurköpfe, wie man vielleicht vermuten würde. Aber tatsächlich ist es so, dass Kunden beim Autokauf ihre Entscheidung nicht vorrangig aufgrund der Technik treffen, sondern weil sie eine bestimmte Ausstattung wünschen oder weil sie das Image und die soziale Anerkennung, die sie mit diesem Auto verbinden, reizen. Erfolgreiche Verkäufer müssen ihre Kunden auf der Beziehungsebene überzeugen und sie für ein Auto gefühlsmäßig begeistern können. Die Branchenbesten denken dabei aber immer auch an ihren eigenen ökonomischen Vorteil. Sie können sich zwar auch für die ästhetischen Linien eines neuen Modells begeistern, aber sie verlieren darüber nicht den Verstand. Sie kalkulieren kühl und überlegen genau, bei welchem Kunden sich der Einsatz lohnt. Das ist vor allem der Ansatz der Motivatoren, deren Rot-Anteil sie mit einer guten Portion Egoismus ausgestattet hat. Da brillante Autoverkäufer einen hohen Gelb-Anteil besitzen, warten sie nicht, bis der Kunde zu ihnen kommt, sondern akquirieren selbst, wo immer sie können. Dagegen ist das Follow-up eher schwach, denn dann haben sie ihr Hauptinteresse an dem Kunden bereits wieder verloren. Haben sie größere Grün-Anteile, werden sie sich in der Kundenpflege mehr engagieren.

Top-Autoverkäufer werden in ihrer Arbeit angespornt von lukrativen Vergütungssystemen, die ihre guten Ergebnisse mit Barem belohnen.

Dienstleistungsanbieter

Top-Verkäufer in der Dienstleistungsbranche sind mehrheitlich grün-gelb: Inspiratoren, Berater und Unterstützer beherrschen hier das Feld. Ihre größte Stärke liegt im zwischenmenschlichen Bereich. Sie bewegen sich fast ausschließlich auf der Beziehungsebene. Sie sind sensibel und verständnisvoll und können die Bedürfnisse ihrer Kunden gut nachempfinden. Sie rufen von sich aus beim Kunden an und bieten etwas Neues an. Sie sind die idealen Beziehungsmanager.

Durch ihre „grünen“ Fähigkeiten können sie aber auch komplexere Probleme gut analysieren und strukturiert eine Lösung angehen. Im Gegensatz zu den rein Gelben machen sie keine Versprechungen, die sie nicht erfüllen können.

Ihre Schwäche liegt im konsequenten Abschluss. Es fällt ihnen schwer, eindeutige Tatsachen zu schaffen und vom Kunden die Entscheidung zu fordern, ob er das Geschäft jetzt will oder nicht. Für sie ist nicht nur der ökonomische Nutzen ausschlaggebend. Die soziale Komponente ist oft wichtiger, was eine gewisse Selbstlosigkeit beinhaltet: Um die gute Beziehung zum Kunden nicht aufs Spiel zu setzen, verzichten sie lieber auf einen Abschluss und hoffen aufs nächste Mal.

Verkäufer beratungsintensiver Produkte

Beratungsintensive Produkte erfordern vom Verkäufer Geduld, Einfühlungsvermögen und Überzeugungskraft: Kein Wunder, dass die Erfolgreichsten in dieser Branche vom Typ her Inspiratoren, Motivatoren und Berater sind. Sie haben die Fähigkeit, die Kunden vom Nutzen ihrer Produkte zu überzeugen. Sie können sich in die Situation ihrer Kunden hineinversetzen und Lösungen anbieten, die auf ihre Probleme zugeschnitten sind. Dazu gehört die Fähigkeit nachzufragen, zuzuhören und zu analysieren, aber auch für eine neue, komplexe Lösung zu begeistern. Häufig haben die Spitzenleute auch noch die Gaben des Beobachtertyps: Sie können aus den Gesprächen die Details heraushören, den Fragestellungen auf den Grund gehen und Probleme präzise analysieren. Sie sind außerdem fähig, neue spezifische Produkt- oder Servicelösungen zu entwickeln.

Versicherungsvertreter

Auch in dieser Branche sind die herausragenden Köpfe Berater und Motivatoren. Sie haben große Überzeugungskraft und Redegewandtheit, gleichzeitig aber auch die Sensibilität, auf die Wünsche ihrer Kunden einzugehen und sich ihnen anzupassen. Sie sind beziehungsorientiert und werden in ihrer Leistung selbst motiviert, wenn sie merken, dass sie einen guten Draht zu ihren Kunden gewonnen haben. Deshalb investieren sie viel Zeit und Energie in den Aufbau einer vertrauensvollen Beziehung. Auf der anderen Seite spielt in dieser Branche auch die Fachkompetenz eine große Rolle. Versicherungsvertreter müssen ein umfassendes Produktwissen für ihre Beratungen parat haben. Sind sie Motivatoren, haben sie besondere Erfolge in der Neuakquise. Sie können problemlos neue potenzielle Kunden ansprechen – wenn es sein muss, auf der Straße. Ihre Schwäche ist ihr Hang, zu viel (über sich selbst) zu reden, gelegentlich verlieren sie dabei den Kunden aus den Augen.

Top-Verkäufer im Direktvertrieb

Für Spitzenverkäufer im Direktvertrieb zählt das ökonomische Motiv genauso viel wie das Bedürfnis nach Selbstverwirklichung. Sie sind ehrgeizig, entschlossen, wollen Karriere machen und mögen Wettbewerb. Hier sind ausnahmsweise der Direktorentyp oder Verkäufer mit starken Rot-Anteilen häufiger vertreten. Erfolg und Status spielen demnach für sie eine wichtige Rolle. Ihre große Stärke ist der Abschluss, denn sie wollen einen unterschriebenen Vertrag auf dem Tisch vor sich sehen. Dafür mangelt es ihnen an Sensibilität und Einfühlungsvermögen. Sie mögen neue Herausforderungen und sind ideal geeignet für scheinbar aussichtslose Projekte.

Fazit

Erfolgreiche Verkäufer, so hat diese Untersuchung gezeigt, sind ganz überwiegend im grün-gelben Bereich angesiedelt. Je nach Branche und Produkt ist der Farbcocktail aber auch bunter gemixt und es mischen sich blaue, seltener rote Anteile darunter. Fast nie findet man im Verkauf rot-grüne Kreuztypen.

Wenn Sie zufällig ein rot-grüner Kreuztyp sind, dann soll das nicht heißen, dass Sie gleich den Job wechseln müssen. Aber mehr als andere, deren natürliche Fähigkeiten dem hier beschriebenen Verhalten der Spitzenverkäufer entsprechen, müssen Sie sich bewusst anstrengen, um sich auf Ihre Kunden einzustellen.

Die Ergebnisse der *acquisa*-Untersuchung spiegeln eindeutig den Trend im Verkauf nach Kundenorientierung und gekonntem Beziehungsmanagement wider. Wenn Sie im Verkauf Spitzenleistung erzielen wollen, sollten Sie diese Seiten an sich stärken und trainieren.

Sie können sich wandeln, indem Sie begreifen, wer Sie sind, welches Ihr natürlicher Stil ist, um dann Ihr Verhalten zu modifizieren.

Ihren Verkaufsstil haben Sie in diesem Teil herausgearbeitet. Und Sie wissen jetzt auch, welche Eigenschaften Top-Verkäufer besitzen und welche Farbtypen sie tendenziell sind.

Schritt 2:

Kunden lesen lernen

Erkennen Sie den Typ Ihres Kunden!

Um die INSIGHTS Methode® effektiv anwenden zu können, müssen Sie in der Lage sein, die Menschen zu „lesen“. Das „Lesen“ der Menschen besteht u.a. darin, ihr Verhalten zu beobachten, sich des Tonfalls ihrer Stimme bewusst zu sein und dem, was sie sagen, aktiv zuzuhören. Mit anderen Worten, es ist erforderlich, dass Sie sich auf die anderen Menschen einstellen. Sie sollten sich also eher darum bemühen, deren Wellenlänge herauszufinden und mit den anderen Menschen auf dem Kanal zu kommunizieren, den diese benutzen, als dass Sie von den anderen erwarten, dass sie sich auf Ihren Kanal einstellen. Auf diesem Weg erschaffen Sie eine positive Chemie!

Die INSIGHTS Methode® basiert auf der Tatsache, dass das Verhalten der Menschen oftmals vorhersagbar ist. Die Menschen entwickeln Verhaltensgewohnheiten, wie sie mit anderen Menschen in einer vertrauten Umgebung umgehen. Die INSIGHTS Methode® erkennt aber auch an, dass die Menschen unterschiedlich sind, dass andere Menschen möglicherweise nicht in der gleichen Weise behandelt werden wollen, wie Sie es sich wünschen. Muster, die bei vielen Menschen funktionieren, können bei anderen untauglich sein. Die Verhaltensstile, die Sie in den folgenden Kapiteln kennen lernen werden, basieren auf Persönlichkeitstheorien, die Verhaltensmuster klassifizieren. Ohne ein gewisses Klassifikationssystem könnten Sie Tausende von Verhaltensweisen in einem einzigen Individuum beobachten und müssten versuchen, diese irgendwie zu katalogisieren – ein sinnloses Unterfangen. Dennoch ist es möglich, den Verhaltensstil einer Person zu identifizieren. Sie beginnen damit, dass Sie das Verhalten einer Person in zwei Dimensionen klassifizieren: Extraversion und Introversion. Die Art und der Grad, in denen Extraversion und Introversion gezeigt werden, sind von Person zu Person unterschiedlich.

Wenn Sie einschätzen können, was für ein Typ Ihr Kunde ist, können Sie Ihren Kommunikations- und Verkaufsstil optimal dem Ihres Kunden anpassen Dazu sind Sie jetzt schon in der Lage. Ihr

Vorteil: Sie wissen, was Sie erwartet, und sind Ihrem Kunden immer um eine Nasenlänge voraus. Denn Sie verhalten sich so, wie es bei ihm ankommt. Sie erinnern sich: Eine Nasenlänge genügt für den Erfolg!

Wenn Sie Ihre Kunden analysieren und einem Farbtyp zuordnen, sollten Sie immer an zwei Dinge denken:

- **Beobachten Sie genau. Legen Sie sich nicht zu schnell fest, welcher Typ Ihr Gegenüber ist. Berücksichtigen Sie, dass der andere höchstwahrscheinlich zwei, wenn nicht drei Farbanteile hat.**
- **Rechnen Sie damit, dass sich das Verhalten des anderen auch einmal in eine unerwartete Richtung ändern kann. Dann steht er unter Streß oder zeigt seinen natürlichen Stil.**

Auf Unterschiede zu achten und sie zu respektieren ist der Schlüssel zu kommunikativen Fähigkeiten. Schärfen Sie Ihren Blick, indem Sie sich nach einer Begegnung mit einem Kunden alle Verhaltensmerkmale, die Ihnen an ihm aufgefallen sind, aufschreiben. Beim nächsten Treffen überprüfen Sie, ob Sie ähnliches Verhalten beobachtet haben oder ob neue Verhaltensweisen dazugekommen sind. Achten Sie dabei auf Kleinigkeiten, die oft viel aussagen: Händedruck, Bilder auf dem Schreibtisch, Blickkontakt, Handbewegungen, Ruhe oder Hektik in der Gestik usw.

Trainieren Sie Ihre Beobachterfähigkeiten, indem Sie anfangen, in Gesprächen mit Kunden und Kollegen spielerisch auf solche Details zu achten. Aber übertreiben Sie es nicht: Sonst verlieren Sie den roten Faden und so manche Sympathie. Keiner lässt sich gerne beobachten. Sie sollen nicht zum Voyeur werden, sondern zum aufmerksamen, sensiblen Gesprächspartner.

Körpersprache

Wenn man Menschen befragt, was sie glücklich und zufrieden macht, nennen 85 Prozent solche Faktoren, die sich aus den zwischenmenschlichen Beziehungen zu anderen Menschen ergeben. Das heißt: Etwa 85 Prozent Ihres eigenen Glücks und Ihres Erfolgs hängen davon ab, wie gut Sie miteinander kommunizieren. Denn Ihre Kommunikationsfähigkeit bestimmt wie keine andere Kompetenz Ihre zwischenmenschlichen Beziehungen. So teilen Sie Ihrem Gesprächspartner auf meist unbewusster Ebene viel mit, zum Beispiel ob Sie ihn respektieren, was Sie von ihm halten, ob das Gesprächsthema Sie interessiert etc. Ihre Körperhaltung, der Blickkontakt, die Stimme: Sie senden Ihrem Gesprächspartner ununterbrochen Signale. Indem Sie Ihre Kommunikationsweise analysieren und ausbauen, können Sie sie in Zukunft besser, zielgerichteter und erfolgversprechender einsetzen.

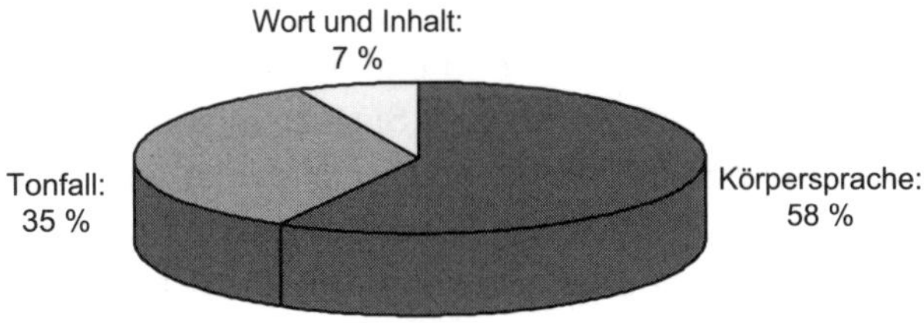

Hätten Sie gedacht, dass Ihre Wirkung auf andere nur zu 7 Prozent von Ihren Worten, immerhin zu 35 Prozent von Ihrem Tonfall und zu 58 Prozent von Ihrer Körpersprache abhängt? Das heißt: Über 90 Prozent der Wirkung einer Äußerung geht auf nicht-sprachlichen Ausdruck zurück! Aufmerksamkeit signalisieren Sie Ihrem Gegenüber auf mehreren Kanälen, zum Beispiel durch

- Körperhaltung (verschränkte Arme, nach hinten/vorne gelehnt),
- Blickkontakt (in die Augen schauen, Blick abwenden),
- Stimme (Lautstärke, Sprachrhythmus, Wärme).

Damit bringen Sie zum Ausdruck, ob das Gespräch Sie interessiert, ob Sie Ihren Gesprächspartner sympathisch finden oder auch ob Sie mit seinen Äußerungen übereinstimmen. Je positiver und neugieriger Sie in das Gespräch gehen, desto besser wird es verlaufen: Ihre innere Einstellung steuert dann automatisch Ihre Körpersprache. Ihre Körperhaltung sollte Offenheit und Interesse ausstrahlen. Besonders gut gelingt Ihnen das, wenn Sie sich leicht nach vorn in die Richtung Ihres Gegenübers lehnen. Vermeiden Sie es, sich in den Stuhl zu „fläzen", auch wenn es noch so gemütlich ist. Indem Sie sich hinten anlehnen, drücken Sie aus, dass Ihnen langweilig ist oder Sie sich bedroht fühlen. Im wörtlichen Sinne fühlen Sie sich vom anderen abgestoßen.

Halten Sie den Blickkontakt: Damit signalisieren Sie aufrichtiges Interesse an dem anderen und an dem, was er sagt. Offene, weite Pupillen weisen ebenfalls auf eine aktive Gesprächsbeteiligung hin. Mit ein bisschen Übung erkennen Sie schnell, ob Ihr Gesprächspartner noch bei der Sache ist. Wendet er plötzlich den Blick ab, will er vielleicht das Thema wechseln. Kleine, enge Pupillen sind ein Beispiel dafür, dass Ihr Gegenüber nicht mit Ihnen übereinstimmt oder Sie ihn sogar verärgert haben.

Die Stimme ist ein wesentlicher Teil der Kommunikation. Ihre Stimme ist ein besonderes und kostbares Instrument. Spielen Sie es! Wenn Sie oft vor vielen Menschen sprechen, zum Beispiel bei Präsentationen oder Reden, lohnt es sich, ein professionelles Stimmtraining zu besuchen. Ein ausgebildeter Coach arbeitet mit Ihnen dann gezielt daran, Ihre Stimme zu einem voluminösen, warmen Klangkörper weiterzuentwickeln.

Körpersprache und Tonfall bei den vier Farbtypen

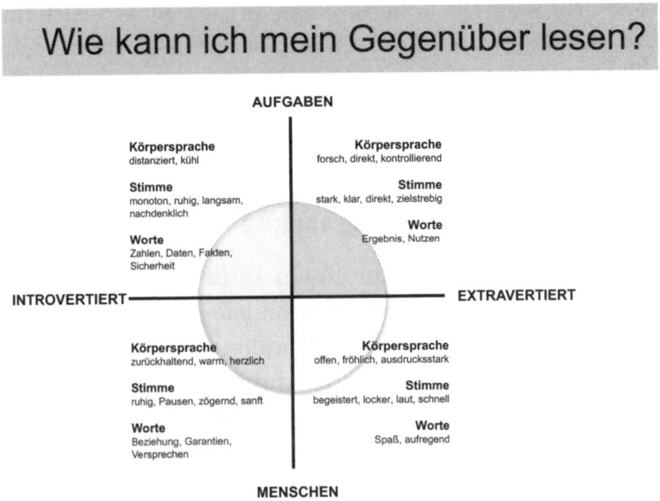

©Success-Insights®, Arizona/USA

Mit der folgenden Checkliste können Sie Ihre Kunden schnell einschätzen. Noch besser eignet sich dafür allerdings die Kundenbeziehungsanalyse im Anschluss.

Checkliste Kundenverhalten

Denken Sie an Ihr letztes Kundengespräch zurück und listen Sie auf, was Ihnen zu den folgenden Punkten aufgefallen ist:

1. Wie war der Händedruck des Kunden?
2. Was ist Ihnen auf seinem Schreibtisch aufgefallen?
3. Wer hat das Gespräch begonnen?
4. Wie war der Tonfall des Kunden?
5. In welchen Situationen hat sich seine Stimme verändert?
6. Wie war seine Körperhaltung während Ihrer Präsentation?
7. Hat er sich gelegentlich ablenken lassen? Wovon?

8. Hat er viel nachgefragt? Waren das Fragen, die das Gespräch sachlich voranbrachten?
9. Wenn er Meinungen äußerte: Sagte er „Ich denke“, „Ich finde“, oder benutzte er Ausdrücke wie: „Man müsste meinen“, „Man sollte annehmen“?
10. Hat er Ihnen in die Augen geschaut oder den Blickkontakt vermieden?

Übung: Kundenbeziehungsanalyse

Wollen Sie Ihre Kenntnisse an einem Ihrer Kunden testen? Dann nehmen Sie sich die nachfolgend abgebildete Kundenbeziehungsanalyse vor. Denken Sie an einen Ihrer Kunden und kreuzen Sie in allen vier Spalten an, welche Eigenschaften auf ihn zutreffen. Die Häufung Ihrer Kreuzchen verschafft Ihnen einen Eindruck, welchem Mischtyp Ihr Kunde entspricht. Vergleichen Sie Ihre Ergebnisse mit dem INSIGHTS-Rad. Zu welchem der vier Farbtypen würden Sie Ihren Kunden rechnen?

Praxis-Tipp:

Nutzen Sie die nachstehende Kundenbeziehungsanalyse als Kopiervorlage! Dann können Sie direkt nach jedem Kundentermin in wenigen Minuten die Farbanalyse durchführen. Wenn Sie das für jeden Ihrer Kunden machen, können Sie sich vielleicht sogar eine kleine „Farbkartei“ zusammenstellen. Verkaufsaktionen oder sonstige Marketing-Maßnahmen lassen sich dann farbspezifisch planen und durchführen!

Persönlichkeit	dominant	☐	initiativ	☐	stetig	☐	gewissenhaft	☐
Reaktion	rasche Antworten	☐	spricht frei heraus	☐	langsam/zögernd	☐	undurchschaubar	☐
Kleidung	pedantisch	☐	modisch	☐	angepasst	☐	konservativ	☐
Auto	beeindruckend	☐	sportlich	☐	funktionell	☐	traditionell	☐
Blickkontakt	direkt	☐	herzlich	☐	abschätzend	☐	flüchtig	☐
Körpersprache	ungeduldig	☐	offen	☐	reserviert/ruhig	☐	verschlossen	☐
Stimme	gefühlsbetont/direkt	☐	gefühlsbetont/lebhaft	☐	emotional/ruhig	☐	emotionslos/reserviert	☐
Schritt	energisch/schnell	☐	energisch/schwungvoll	☐	wenig Energie/gleichmäßig	☐	wenig Energie/beherrscht	☐
Gespräche	über Errungenschaften	☐	über Menschen	☐	über den Verkaufsvorgang	☐	über Deatils/Fakten	☐
Art des Zuhörens	ungeduldig	☐	abschweifen	☐	bereitwillig	☐	selektiv	☐
Wesensart	gebieterisch	☐	freundlich	☐	bejahend	☐	abschätzend	☐
Verhaltensweise	starkes Ego	☐	positiv/optimistisch	☐	nicht aggressiv	☐	kritisch/misstrauisch	☐
Ansprüche an	Design/Qualität	☐	Farbe/Style	☐	Zuverlässigkeit/Kosten	☐	technische Details	☐
Entschlossenheit	entschlossen	☐	unentschlossen	☐	unentschlossen	☐	entschlossen	☐
Befürchtungen	Zeit zu vergeuden	☐	jemand zu beleidigen	☐	Risiken einzugehen	☐	Fehler zu machen	☐
Total								

Verhaltensweisen der vier Farbtypen und Rückschlüsse aus der Umgebung

Im Folgenden sind Verhaltensweisen der vier Kundentypen beschrieben. Außerdem können Sie oft anhand der Umgebung und der Atmosphäre bei Ihrem Gesprächspartner Rückschlüsse ziehen. Bitte bedenken Sie: Nicht jeder rote Kunde, dem Sie begegnen, weist natürlich zwangsläufig jedes Merkmal des hier skizzierten roten Kunden auf. Aber wenn Sie einen Kunden treffen, der „rot" ist oder starke Rot-Anteile hat, werden Sie ihn nach dieser Beschreibung mit Sicherheit erkennen.

Der rote Kunde

Umfeld und Atmosphäre

Sein Schreibtisch spiegelt seine Bedeutung wider: Es lastet so viel Verantwortung auf ihm wie Material auf seinem Tisch. Man sieht, dass er den Überblick über seine Arbeit hat, denn die verschiedenen Projekte und Materialien sind in Stapeln getrennt. Aber die Botschaft an den Besucher ist eindeutig: „Ich habe eine Menge Arbeit zu erledigen und keine Zeit zu verschwenden."

An den Wänden hängen Ehrenurkunden seiner Firma und Auszeichnungen für besondere Verdienste um seine Arbeit. Oder Urkunden für sein Engagement im Umfeld seiner Arbeit, zum Beispiel als Präsident eines Berufsverbandes oder für die Ehrenmitgliedschaft in einer Innung. Außerdem schmücken große Planungskalender die Wände, in denen seine vielen Termine und Geschäftsreisen verzeichnet sind.

Die Büroeinrichtung strahlt Macht und Erfolg aus. Der Schreibtisch und die Möbel sind groß und beherrschend. Und sie schaffen Distanz. Nicht ungewöhnlich für einen roten Kunden ist, dass er Sie auf der anderen Seite des Schreibtisches Platz nehmen lässt und Sie sich über dieses mächtige Objekt hinweg mit ihm unterhalten müssen. Oder er bietet Ihnen einen Sessel in einer formellen Sitzgruppe an, die ebenfalls nicht unbedingt bequem, sondern mächtig und imposant ist. Die Sitzanordnung ist geschlossen und formell. Sie fördert nicht den Kontakt, sondern spiegelt die Machtverhältnisse.

Typische Verhaltensweisen

Der rote Kunde begrüßt Sie geschäftsmäßig und distanziert mit einem kräftigen Händedruck. Er mustert Sie scharf und ohne besondere Verbindlichkeit. Sie werden unweigerlich nachdenken, ob Ihre Krawatte sitzt oder, als Frau, ob Ihre Wimperntusche verlaufen ist.

Der Tonfall Ihres roten Kunden ist stark und kräftig, seine Sprache drückt Selbstbewusstsein aus und er sagt ohne viel Umschweife, was er möchte. Seine Worte unterstreicht er oft durch lineare Bewegungen mit den Händen. Seine ganze Haltung drückt Selbstbewusstsein und eine Spur Überlegenheit aus.

Seine Grundeinstellung ist: „Bring' den Verkäufer aus dem Gleichgewicht." Er glaubt, wenn er Sie kleingekriegt hat, macht er das beste Geschäft. Um einen niedrigen Preis mit den besten Bedingungen muss man seiner Meinung nach hart ringen, denn: „Freiwillig tut kein Verkäufer einem Kunden etwas Gutes."

Deshalb geht er von Anfang an autoritär mit Ihnen um. Das muss nicht unfreundlich sein, es soll Ihnen sagen: „Glauben Sie nicht, dass ich es nicht durchschaue, wenn Sie mich übervorteilen wollen." Manchmal wirkt er deswegen ein bisschen trotzig. Bei Ihnen kann auch als unausgesprochene Botschaft ankommen: „Versuchen Sie bloß nicht, mir etwas zu verkaufen! Ich kann es sowieso nicht brauchen."

Er wird das Gespräch von Anfang an in die Hand nehmen und Ihnen unmissverständlich sagen, was er will und was nicht. Er orientiert sich sehr stark an seinen eigenen Wünschen und seinem Strukturbedürfnis. Seine Haltung Ihnen gegenüber ist eher unkooperativ und abweisend. Von ihm geht ein starker Druck aus, der Sie möglicherweise in den ersten Momenten erdrücken und lähmen wird. Zwischen den Zeilen kommt rüber: „Ich weiß, was ich brauche, also vergeuden Sie meine Zeit nicht damit, meine Meinung ändern zu wollen."

Die Präsentation kann ziemlich mühsam für Sie sein. Er wird Sie öfter unterbrechen oder widersprechen. Dahinter steckt sein Bedürfnis, die Hackordnung immer wieder klarzustellen: „Ich zeige Ihnen, wer hier wirklich die Kontrolle hat." Er gibt sich streitlustig, wandert von Einwand zu Einwand. Immer wieder schiebt er noch einen Zweifel und noch eine Beanstandung nach: „Sie werden nicht gewinnen und hier ist noch ein Grund, warum nicht." Er stellt Ihnen eine Falle und wie viele andere tappen Sie wahrscheinlich hinein: Sie sollen anfangen, sich und Ihre Produkte zu verteidigen. Wer sich verteidigt, ist schon fast besiegt.

Verhaltensmuster eines roten Kunden auf einen Blick

- Tritt entschlossen und dominant, aber nicht unfreundlich auf.
- Setzt die Themen, behält die Kontrolle über das Gespräch.
- Gibt sich kühl, unabhängig und kämpferisch.
- Geht in schnellem, oft ungeduldigem Tempo voran.
- Schaut Ihnen gerade und herausfordernd in die Augen.
- Will schnelle Ergebnisse, fordert Konkretes.
- Stellt Dinge infrage, widerspricht, zollt wenig Anerkennung.
- Zeigt geringe Toleranz für Gefühle, Einstellungen und Ratschläge der anderen.

Wenn er Sie nicht besiegen kann, wird er wahrscheinlich nicht kaufen, außer er braucht Ihr Produkt wirklich dringend. Wenn er Sie in Verteidigungshaltung gebracht hat (und Sie schon ziemlich entnervt sind), versucht er, die Bedingungen zu diktieren und auf ein Maß zu reduzieren, das Ihnen völlig unannehmbar erscheint.

Sie werden vielleicht von Anfang an das Bedürfnis verspüren, sich anzupassen (als Grüner und Gelber), auf Konfrontation zu gehen (als Roter und Blauer) oder sich zurückzuziehen (als Blauer und Grüner). Geben Sie solchen Gefühlen nicht nach und fangen Sie auch nicht an, sich über sich selbst zu ärgern, weil er Sie so aus dem Konzept bringt. Nehmen Sie Ihre Gefühle als wichtige Hinweise. Ihr Gefühl nennt

Ihnen Ihre Gegenposition und hilft Ihnen, Ihr Gegenüber einzuordnen, ohne dass Sie diesen Gefühlen nachgeben müssen.

Typischer Kommunikationsstil

Der rote Kunde stellt viele Was-Fragen:

- „Was bietet Ihr Produkt, um meine Probleme zu lösen?"
- „Was können Sie mir als Zusatzleistung/Rabatt anbieten?"
- „Was kostet es?"
- „Was bevorzugt die Konkurrenz?"

Er redet schnell und lässt Sie oft nicht ausreden. Themen, die seine Aufmerksamkeit länger fesseln, haben immer mit Gewinnen, Wettbewerb und Vorteilen zu tun. Seine Kommunikation ist auf Ergebnisse ausgerichtet. Er benutzt Wörter wie „heute", „jetzt", „sofort", „der Beste", „der Erste", „optimal".

Typische Fragen eines roten Kunden

Erwartungen an Sie

Seine Erwartung an Sie ist in erster Linie, dass Sie kompetent sind. Außerdem soll Ihr Besuch bei ihm Sinn machen und keine Zeitverschwendung sein. Er möchte, dass Sie ihm Ihre Produkte schnell und klar präsentieren. Außerdem will er keine bewährten oder traditionellen Produkte kaufen, sondern erwartet, dass Sie ihm Ihre neuesten und innovativsten Produkte vorstellen.

Woran erkennen Sie einen Direktor?

- Er ist gut vorbereitet und absolut auf das Gespräch konzentriert.
- Nur die Ergebnisse zählen für ihn.
- Er achtet auf die Zeit, geht sehr effizient vor.
- Er zeigt keine große Rücksichtnahme auf Ihre Verkäuferinteressen oder auf Sie persönlich.
- Er reagiert ärgerlich und ungeduldig, wenn sich die Präsentation oder Verhandlung als langwierig herausstellt.

Woran erkennen Sie einen Motivator?

- Die Ergebnisse zählen, aber er sieht auch Ihre Seite als Verkäufer.
- Er bezieht sich im Gespräch auf sein Team.
- Er zeigt seine Begeisterung für Ihr Produkt.
- Er zollt persönliche Anerkennung für Ihre Präsentation.
- Er bevorzugt Produkte, die zukunftsorientiert sind und eine Herausforderung darstellen.

Der gelbe Kunde

Umfeld und Atmosphäre

Sein Schreibtisch ist unaufgeräumt, übersät mit Bergen von Papier und Unterlagen. Das Faszinierende ist, dass er trotz des Chaos einen gewissen Überblick hat und weiß, was sich in welchem Stapel befindet. Trotzdem wird er mindestens ein Mal während Ihres Besuchs nach irgendetwas suchen und es nicht auf Anhieb finden.

Derweil erzählt er Ihnen aber seinen neuesten Witz und die Suchzeit ist angenehm überbrückt.

An den Wänden hängen Zettel mit persönlichen aufbauenden Slogans und Notizen. Außerdem stimulieren ihn Poster von abenteuerlichen Szenen, etwa vom Kletterer über dem Abgrund oder vom Autorennen Paris – Dakar.

Die Einrichtung seines Büros ist offen, luftig und freundlich. Er wird Ihnen bestimmt keinen Platz vor seinem Schreibtisch anbieten, sondern in einer bequemen Sitzgruppe. Deren Anordnung fördert den Kontakt und die informelle Atmosphäre. Der gelbe Kunde telefoniert sicherlich ein oder zwei Mal und unterbricht dadurch Ihr Gespräch. Wenn er wieder zu Ihnen zurückkommt, wird er sich auf einen anderen Stuhl setzen. Das entspricht seiner Dynamik und seinem Bedürfnis nach Abwechslung. Mit Sicherheit bietet er Ihnen etwas zu trinken an, wenn Sie sich nicht gleich in einem Restaurant treffen.

Typische Verhaltensweisen

Am auffälligsten im Verhalten des gelben Kunden ist, dass er die meiste Zeit redet, obwohl Sie es doch eigentlich sind, der das Produkt präsentieren soll. Aber das Produkt ist für den Gelben eben nicht das Wichtigste, er will erst mal wissen, von wem er es kauft. Und Sie sollen wissen, wem Sie verkaufen. Deshalb wird sich die Unterhaltung zunächst im Allgemeinen und Persönlichen bewegen. Er wird Sie nach Ihrer Firma fragen oder nach gemeinsamen Bekannten. Und er wird Ihnen eine Menge über sich und sein Unternehmen erzählen. Seine Grundhaltung ist: „Ich rede gerne mit den Leuten, auch wenn ich nicht unbedingt etwas kaufen will – vielleicht schließe ich ja eine neue Freundschaft!"

Das Verhalten des Gelben ist stets freundlich und verbindlich, selbst wenn Sie umstrittene Themen behandeln. Sein Lächeln ist offen, er ist sehr entgegenkommend und unterstreicht seine einladende Haltung mit ausdrucksvollen Gesten. Er wird Sie möglicherweise hier und da am Arm berühren oder Ihnen auf die Schulter klopfen, um die Distanz zu überbrücken. Er wirkt dabei sehr sicher. Sie spüren die ganze Zeit den Appell: „Schau, was für ein netter Kerl ich bin. Mich muss man einfach mögen!"

Er lacht viel, hat gerne Spaß und spielt gerne mal den Clown, erzählt Witze oder macht ironische Bemerkungen zur Auflockerung eines ernsten Gesprächs. Er wird Ihnen viel von anderen Menschen erzählen, die er kennt. Vielleicht führt er Sie auch durch sein Unternehmen oder seine Abteilung, da er davon ausgeht, dass sein Bedürfnis nach Kontakt und neuen Leuten auch das Ihre ist.

Sind Sie in einem Restaurant oder in einem Raum, von dem aus man andere Menschen beobachten kann, wird er immer ein Auge dort haben, wo sich etwas abspielt. Das ist keine Unhöflichkeit Ihnen gegenüber, sondern entspringt einfach seiner Neugierde.

Ihre Präsentation unterstützt er mit Ermutigung und Zustimmung, er erscheint begeistert und beeindruckt von Ihrem Produkt. Seine Botschaft an Sie lautet: „Ist das nicht eine angenehme Zusammenarbeit zwischen uns?" Er erhebt wenig oder gar keine Einwände: „Ich verspreche mir nichts davon, den Leuten das Leben schwer zu machen." Vielleicht kauft er lange, bevor Sie ihm alles über das Produkt erzählt haben, weil er sich so für Sie und Ihr Produkt begeistert hat. Wenn er kauft, dann mit großem Elan. Wenn nicht, wird er Ihnen niemals ins Gesicht sagen, dass er Ihr Produkt nicht gut oder zu teuer findet. Er wird Alibis vorschieben, warum er jetzt nicht kaufen kann: „Ich möchte Sie nicht abweisen, aber ich weiß nicht, ob ich schon so weit bin." Er wird eher ablenken und Sie mit allerlei Themen hinhalten, bis Sie selbst merken, dass Sie zumindest heute nicht weiterkommen. Unter Umständen werden Sie eine Enttäuschung erleben, wenn er Ihrer Präsentation mit großem Interesse und voller Zustimmung gefolgt ist und dann doch nicht kauft.

Verhaltensmuster eines gelben Kunden auf einen Blick

- Handelt spontan und trifft Entscheidungen aus dem Bauch.
- Ist engagiert dabei, wirkt manchmal etwas übertrieben und dramatisch, redet viel.
- Gibt sich umgänglich, sehr freundlich und entgegenkommend, zeigt sich emotional beteiligt.
- Signalisiert Interesse und Begeisterung, selbst wenn er nicht vorhat zu kaufen.
- Schaut Sie immer begeistert an. Wenn er kein wirkliches Interesse hat, bekommt er einen „Röntgenblick", der sich im Leeren verliert.
- Geht rasch vorwärts, springt von Thema zu Thema.
- Vergisst die Zeit.
- Hat eine sehr optimistische Haltung.

Typischer Kommunikationsstil

Seine Fragen kreisen um das „Wer":

- „Wer hat Ihre Produkte benutzt?"
- „Wen kennen Sie?"
- „Welcher Ihrer Bekannten könnte mein Beziehungsnetz erweitern?"

Er redet hauptsächlich von anderen Menschen, weniger über Sachen und abstrakte Themen. Er übertreibt dabei gerne und neigt stark zu Verallgemeinerungen.

Am meisten spricht er über sich selbst. Seine Ausdrucksweise ist lebendig und bildhaft und er unterstreicht sie mit vielen Gesten und einem lebhaften Minenspiel. Er schauspielert eigentlich immer ein bisschen und probiert verschiedene Rollen aus. Seine abrupten Themenwechsel werden Sie oft überraschen. Kaum haben Sie auf eine Frage geantwortet, ist er schon bei der nächsten. Das hat auch damit zu tun, dass er Ihnen nicht sehr intensiv zuhört.

Typische Fragen eines gelben Kunden

Erwartungen an Sie

Der gelbe Kunde erwartet von Ihnen, dass Sie seine Neugierde stillen. Die bezieht sich nicht so sehr auf Ihr Produkt, sondern auf Neuigkeiten über andere Leute, neue Witze, neue Brancheninterna oder Ihren eigenen Hintergrund. Er möchte, dass Sie genauso offen sind wie er und sich auf Plaudereien einlassen. Er will Sie gerne kennen lernen und wäre enttäuscht, wenn Sie sich zugeknöpft geben und nichts über sich selbst erzählen würden. Außerdem interessiert ihn, wen Sie kennen und ob Sie ihm wichtige neue Kontakte erschließen können. Ihre Fachkompetenz ist für ihn nicht so entscheidend.

Insgesamt erwartet er, dass Sie sich Zeit für das Gespräch nehmen und nicht nach dem Abschluss aufstehen und zum nächsten Kunden gehen.

Seine vielen Richtungswechsel während Ihres Gesprächs sollten Sie nicht stören und Sie sollten nicht auf einem Thema herumreiten, das er schon wieder abgeschlossen hat. Eine seiner größten Erwartungen an Sie ist, dass Sie Abwechslung in die Bude bringen und keine Langeweile verströmen. Außerdem möchte er gerne Ihre innovativsten Produkte kennen lernen, damit er anderen erzählen kann, was das Neueste auf dem Markt ist.

Woran erkennen Sie den Inspirator?

- Er ist mehr auf Ideen fixiert als auf konkrete Lösungen.
- Er redet viel und springt von Thema zu Thema.
- Er ist fasziniert von allem Neuen, Innovativen, Zukünftigen.
- Er ist sehr flexibel und kann sich schnell auf neue Situationen und Menschen einstellen.
- Er mag keine Details, keine langen Präsentationen, nicht zu viele Fakten.
- Er möchte lieber wissen, wer das Produkt benutzt, und weniger, wie es funktioniert.

Woran erkennen Sie den Berater?

- Er begeistert sich für neue Lösungen, denkt aber auch immer daran, wie er sie konkret umsetzten könnte.
- Ihm sind zwischenmenschliche Beziehungen wichtig, aber sie sollten nicht zu oberflächlich sein.
- Er kooperiert gerne, ist sehr freundlich und aufgeschlossen während Ihres gesamten Gesprächs.
- Er reagiert empfindlich, wenn Sie nicht auf seine Bedürfnisse eingehen.
- Er mag keine Konfrontationen, sondern sucht Harmonie und Übereinstimmung. Einwände wird er nicht offen vorbringen.

Der grüne Kunde

Umfeld und Atmosphäre

Familienbilder und persönliche Dinge fallen auf dem Schreibtisch des grünen Kunden als Erstes ins Auge. An den Wänden hängen ebenfalls Familienbilder oder Fotos von seinen Kollegen beim letzten Betriebsausflug. Auch persönliche Slogans, die ihn motivieren und sein Selbstbewusstsein stärken, zieren die Wände.

Die Einrichtung ist freundlich und wirkt beruhigend. Die Sitzanordnung ist offen und informell und fördert den Kontakt. Auch er mag keinen Schreibtisch zwischen sich und Ihnen. Eher lädt er Sie zu sich nach Hause ein.

Typische Verhaltensweisen

Der grüne Kunde ist entgegenkommend, freundlich und entspannt. Sie fühlen sich wohl und akzeptiert. Trotzdem erscheint er nachdenklich und vorsichtig. Seine Grundhaltung ist: „Ich will das eigentlich nicht. Je weniger man zu einem Verkäufer sagt, desto weniger läuft man Gefahr, einen schlechten Kauf zu machen.“ Deshalb gibt er sich, besonders wenn er Sie noch nicht oder nicht gut kennt, einsilbig, verschlossen und antwortet beiläufig. Sie glauben, Sie könnten seine Gedanken lesen: „Nur nicht ermutigen, sonst dreht er mir was an, was ich gar nicht will.“ Wenn Sie ihn kennen und schon gute Geschäfte abgeschlossen haben, die beidseitigen Nutzen gebracht haben, wird er aufgeschlossener sein. Seine Zurückhaltung wird sich dann eindeutig nicht auf Sie, sondern auf das Produkt beziehen. Er weiß, dass er nicht Nein sagen kann, wenn Sie konkret fragen, und versucht, dieser Situation schon im Vorfeld vorzubeugen.

Ihre Präsentation verfolgt er deswegen schweigsam, höflich und zurückhaltend: „Denken Sie nur nicht, mein gelegentliches Nicken sei

Zustimmung." Er fragt nach und braucht viele Informationen von Ihnen. Einwände wird er aber nicht offen erheben, sondern seine Zweifel eher in Fragen verpacken. Wenn er eine Entscheidung vermeiden will, benutzt er Vorwände und sagt Ihnen nicht klipp und klar, woran Sie sind. Im Zweifel wird er sich nicht sofort für das Produkt entscheiden, selbst wenn es ihm gefallen hat. Er muss erst noch eine Nacht darüber schlafen. Vielleicht will er sich auch erst mit seinem Chef oder Kollegen besprechen. Oder er stimmt um des lieben Frieden willen zu, vielleicht auch, weil Sie ihn zu sehr gedrängt haben, macht den Kauf aber dann hinterher wieder rückgängig. Kauft er schließlich, so fehlen ihm immer noch die rechte Überzeugung und Begeisterung. Grundsätzlich strahlt er dabei aus: „Ich weiß nicht recht ..."

Ist er eine Führungskraft, wird er möglicherweise mit noch mehr Zurückhaltung reagieren. Die Bereitschaft, auf Neues einzugehen und dafür die Verantwortung zu übernehmen, wird möglicherweise noch geringer sein.

Verhaltensmuster eines grünen Kunden auf einen Blick

- Vertrauen in Sie als Verkäufer ist existenziell.
- Handelt und entscheidet zögerlich.
- Mag keine Konflikte, vermeidet strittige Themen.
- Ihrer Präsentation hört er aktiv zu.
- Akzeptiert andere, ist respektvoll und freundlich.
- Schaut Sie freundlich an, wenn er positiv eingestellt ist. Vermeidet Blickkontakt, wenn er Probleme hat.
- Bezieht sich auf Kollegen und deren Meinungen.
- Ist zurückhaltend, aber informell und bevorzugt es, sich gegenseitig beim Vornamen zu nennen.
- Stellt viele Fragen.
- Äußert seine persönlichen Gefühle.

Typischer Kommunikationsstil

Der Grüne konzertiert sich auf das „Warum":

- „Warum sollte ich Ihnen das glauben, was Sie da erzählen?“
- „Warum ist das Produkt die beste Lösung?“
- „Warum sind Sie bereit, mir so viel Rabatt zu gewähren?“

Er spricht mit Wärme, in ruhigem Tonfall und wird selten laut. Er mag ausführliche Diskussionen, die sich aber nicht nur um das Produkt drehen, sondern auch um die Vorteile, die er, seine Familie oder sein Team davon haben.

Typische Fragen eines grünen Kunden

Erwartungen an Sie

Der grüne Kunde erwartet vor allem, dass Sie ehrlich zu ihm sind und ihn nicht übers Ohr hauen. Aber er ist sich da nie ganz sicher. Er möchte, dass Sie sich auf ihn und seine Bedürfnisse einlassen und voller Anteilnahme zuhören. Er wird einiges tun, um eine tiefere Beziehung zu Ihnen einzugehen, und erwartet von Ihnen, dass Sie sich ebenfalls einsetzen, um die Beziehung zu unterstützen. Sie sollten sich außerdem genügend Zeit für das Gespräch nehmen.

Er will, dass Sie ihm bewährte Produkte anbieten. Für Neues wird er sich erst interessieren, wenn andere es über längere Zeit getestet haben. Kommen Sie öfter zu diesem Kunden, dann ist seine Erwartung, dass sich seit Ihrem letzten Besuch nicht viel geändert hat, dass Sie beide an die gleiche gute Beziehung anknüpfen können und dass Sie nicht alles vergessen haben, was er Ihnen erzählt hat.

Woran erkennen Sie den Unterstützer?

- Er macht gerne Pläne und setzt sie in Ruhe um. Er hat ein großes Bedürfnis nach Struktur und klaren Präsentationen.
- Der Aufbau tiefer gehender persönlicher Beziehungen zu Ihnen ist sehr wichtig für ihn.
- Er arbeitet am liebsten mit Verkäufern zusammen, die ihn unterstützen, seine Ansichten teilen und ihn nicht infrage stellen.
- Er mag bewährte Produkte.

Woran erkennen Sie den Koordinator?

- Er arbeitet mit Ihnen sehr detailliert heraus, welches seine Bedürfnisse sind und welche Lösung er sich vorstellt.
- Er orientiert sich mehr an der Aufgabe als an Ihnen. Er beschäftigt sich eindeutig lieber mit Strukturen, Systemen und Verfahren.
- Er arbeitet gerne mit realistischen Terminvorgaben und erwartet, dass Sie sich an Fristen und Vereinbarungen ebenso genau halten.
- Er mag keine zu abstrakten Aufgaben und keine dominanten Verkäufer.
- Er ist sehr beständig und loyal.

Der blaue Kunde

Umfeld und Atmosphäre

Wenn Sie zu einem blauen Kunden kommen, hat er bereits alle Unterlagen, die Sie betreffen, vor sich auf dem Schreibtisch liegen. Der Tisch ist aufgeräumt und die Regale und Schränke zeugen von Struktur und Ordnung. An den Wänden sehen Sie Tabellen, Kurven und Grafiken oder Bilder, die mit der Arbeit zu tun haben.

Die Einrichtung ist freundlich und dezent. Die Sitzgruppe vermittelt Formalität und Kontaktabwehr. Unter Umständen müssen Sie bei einem blauen Kunden auch vor seinem Schreibtisch Platz nehmen.

Typische Verhaltensweisen

Der blaue Kunde ist zwar freundlich bei der Begrüßung, aber sehr distanziert und kommt gleich zur Sache. Ihre Person interessiert ihn nur im beruflichen Zusammenhang: Er fragt Sie nach Ihrer Kompetenz und nach Ihrem Unternehmen, aber persönliche Fragen wird er nicht einflechten. Er wird auch nur sehr wenig von sich erzählen, und sollten Sie ihn nach persönlichen Dingen fragen, wird er abblocken. Er möchte, dass sein Gesprächspartner qualifiziert und kompetent ist und das Produkt einwandfrei. Im Raum steht die unausgesprochene Frage: „Sind der Verkäufer und das Produkt logisch, akkurat, wertvoll, qualitativ einwandfrei und zuverlässig?"

Er hat sich vorher überlegt, was er in diesem Gespräch erreichen will, und sich möglicherweise dazu eine Liste gemacht. Punkt für Punkt geht er diese durch. Er ist bestrebt, die Kontrolle über das Gespräch zu behalten, um seine systematische Vorgehensweise durchzuziehen. Sie werden sich manchmal in Ihre Schulzeit zurückversetzt fühlen, weil er auf Sie wirkt wie ein Lehrer, der Sie „abfragt". Von Ihren Antworten macht er sich Notizen. Dabei hat er auch seine Unterlagen aus früheren Begegnungen zur Hand und kommt auf Dinge zurück, die er damals notiert hat. Seine Botschaft ist eindeutig:

„Ich merke mir alles und werde Widersprüche sofort aufdecken. Mich kann man nicht hinters Licht führen."

Er geht langsam und bedächtig vor und beobachtet Sie genau. Er will auch aus Ihrer Körpersprache lesen, dass Sie ihm die Wahrheit sagen. Seine eigene Körpersprache dagegen ist sehr bedeckt, um dem anderen keine Anhaltspunkte darüber zu liefern, was er denkt und ob er kaufen wird oder nicht. Er hält immer Abstand zu Ihnen. Sollten Sie ihm während des Gesprächs einmal freundlich auf die Schulter klopfen, wird er das als persönlichen Übergriff empfinden. Im Zweifel sitzt er aber so weit von Ihnen entfernt, dass es dazu gar nicht kommen kann.

Seine Grundhaltung Verkäufern gegenüber ist: „Studiere erst gründlich alle schriftlichen Informationen, ohne dich vom Verkäufer zu einer schnellen Entscheidung drängen zu lassen." Er ist zutiefst misstrauisch, was sich aber nicht auf Sie persönlich bezieht. Er will nur einfach keinen Fehler machen. Allerdings traut er einem Gespräch nicht so recht, sondern glaubt den Informationen, die er irgendwo gelesen hat, mehr als Ihren Worten. Er strahlt auch deutlich aus, dass er im Grunde lieber schriftliche Informationen haben würde, als sich von Ihnen „zutexten" zu lassen.

Er hört Ihrer Präsentation nachdenklich und scheinbar unbeteiligt zu. In Wirklichkeit registriert er ganz genau, was Sie sagen. Aber seine Botschaft ist eindeutig: „Ich brauche Zeit, um darüber nachzudenken. Ich brauche noch mehr Informationen." Oft beginnen seine Fragen mit: „Zeigen Sie mir…", womit er ausdrückt, dass Worte allein ihn nicht überzeugen. Er ist fixiert auf das Datensammeln und wird Sie hundertprozentig zu dem Punkt bringen, an dem Sie mit Ihrem Latein am Ende sind und seine Fragen nicht mehr beantworten können – es sei denn, Sie sind auch ein Blauer.

Einwände bringt er nur, wenn er Sie für kompetent genug hält, sie zu beantworten. Wenn Sie ihn zu einer Entscheidung drängen wollen, wird er ausweichen. Den Abschluss verzögert er oder er verschiebt ihn ganz auf einen anderen Termin. Er muss sich alles in Ruhe noch mal durch den Kopf gehen lassen und sich das Material gründlich durchlesen. Mit Sicherheit wird er sich Konkurrenzangebote einholen.

Ist er ein Chef, reagiert er eher noch langsamer und vorsichtiger, weil er es sich aufgrund seiner Verantwortung genau überlegen muss.

Verhaltensmuster eines blauen Kunden auf einen Blick

- Wirkt ernst und reserviert.
- Ist sehr beharrlich und fragt viel nach.
- Sein Tempo ist gemessen und vorsichtig.
- Fragt nach schriftlichem Material und macht sich selbst Notizen.
- Ist diszipliniert im Umgang mit der Zeit.
- Vermeidet längeren Blickkontakt.
- Schätzt straffe Organisation, Struktur und Ordnung.

Typischer Kommunikationsstil

Typisch für den blauen Kunden sind Fragen nach dem „Wie“:

- „Wie funktioniert Ihr Produkt?“
- „Wie können Sie das und das erklären?“
- „Wie oft wurde das Produkt schon getestet?“

Er stellt konkrete Fragen nach konkreten Details.

Der Blaue redet langsam und bedächtig, als müsste er jedes Wort genau abwägen, bevor er es über die Lippen lässt. Seine Formulierungen sind dementsprechend präzise. Seine Stimme moduliert kaum. Weder Gesten noch Minenspiel sollen seine Gedanken verraten, weshalb er sie möglichst unterdrückt. Er kann aber auch sehr diplomatisch sein und findet sehr ausgewogene und geschliffene Formulierungen dafür.

Typische Fragen eines blauen Kunden

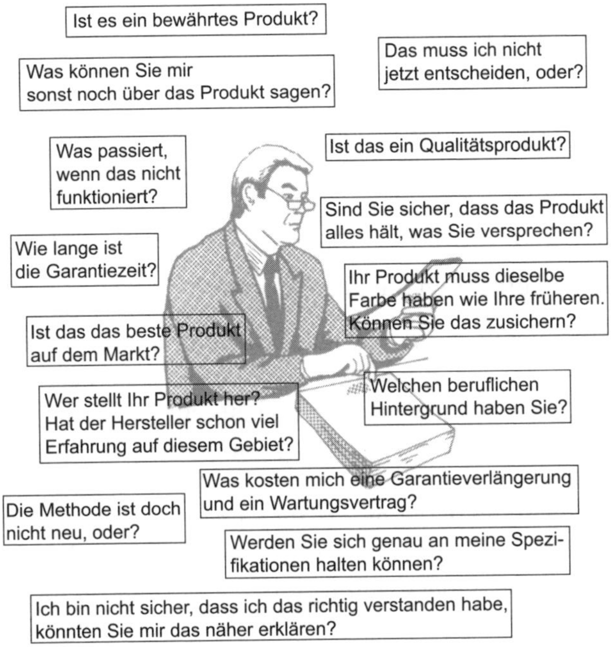

Erwartungen an Sie

Er hätte gerne, dass Sie kompetent sind und ihm ein erstklassiges Produkt anbieten. Aber er rechnet damit, dass es sich nicht so verhält. Also möchte er, dass Sie ihn so gut und detailliert informieren wie möglich und ihm viel schriftliches Material dalassen. Dann sollen Sie ihm Zeit geben nachzudenken und ihn nicht drängen. Vor allem sollen Sie ihm nicht auf die Nerven gehen, ihn nicht vollquatschen und ihn nicht nach seinem Privatleben fragen.

Er erwartet von Ihnen einen kontinuierlichen und professionellen Service mit einem Minimum an Ärger und einem Maximum an Sicherheit.

Woran erkennen Sie den Beobachter?

- Er arbeitet gerne in Schritt-für-Schritt-Prozessen, mit Tagesordnungen und Protokollen.
- Er bevorzugt schriftliche Informationen mit vielen Details.
- Er ist sehr akkurat und braucht viel Zeit zum Sammeln von Fakten.
- Er fällt nicht gerne Entscheidungen.
- Er mag keine Veränderungen, neue Produkte, unangemeldete Besuche oder sonstige Überraschungen.

Woran erkennen Sie den Reformer?

- Er durchdenkt gerne Sachen, um dann auf neue Lösungen zu kommen. Neuen Produkten gegenüber ist er nach gründlicher Information und Bedenkzeit durchaus aufgeschlossen.
- Er verhält sich geschäftsmäßig, ist pünktlich, sehr genau und formell.
- Er schweift nicht gerne ab und mag keine Unterbrechungen, sprunghafte Präsentationen oder persönliche Geschichten.
- Er setzt gerne seine Meinung durch, mag Herausforderungen und ist sehr willensstark. Harte Verhandlungen empfindet er als positive Herausforderung.
- Er braucht Zeit und lässt sich sein Tempo nicht gerne diktieren.

Schritt 3:

Verkaufen Sie kompetent und überlegen!

Die optimale Vorbereitung auf ein Verkaufsgespräch

Wenn Sie in ein Verkaufsgespräch gehen, wollen Sie, dass der Kunde kauft. Aber soll er nur kaufen, was er unbedingt braucht? Oder wollen Sie, dass er:

- sich von Ihnen inspirieren lässt und sich für die komplexere Lösung entscheidet, die Sie ihm vorschlagen?
- sich für Ihr Produkt begeistert und sich doch mehr Luxus oder Extras gönnt, als er ursprünglich vorhatte?
- ein von Ihnen vorgeschlagenes Produkt kauft, das optimal zu seiner Persönlichkeit und seinen Wünschen passt?
- sich von Ihnen verstanden fühlt und deshalb wieder bei Ihnen kauft?

Optimal verkaufen bedeutet, den Kunden zu verstehen und ihm Lösungen vorzuschlagen, die zu ihm passen, an die er aber unter Umständen noch nicht gedacht hat. Dazu müssen Sie sich gut vorbereiten. Selbst gelbe Verkäufer haben Schwierigkeiten, gut durchdachte, passende Lösungen aus dem Ärmel zu schütteln. Gefragt ist eine Kombination aus Vorbereitung auf den speziellen Kunden, gutem Basiswissen über das Produkt und die vier Farbtypen und einer Menge Flexibilität. Und am wichtigsten ist Ihre eigene Begeisterung für das Gespräch und für den Abschluss.

Planen Sie Ihre Wirkung

Zeigen Sie Ihre Begeisterung und reißen Sie Ihren Kunden mit! Ihre positive Stimmung wird sich auf Ihren Kunden übertragen. Wenn Sie dagegen in Ihrer ganzen Körperhaltung und Mimik ausdrücken, dass Sie selbst von Ihrem Produkt nicht so recht überzeugt sind oder Zweifel haben, ob der Kunde wirklich zum Kauf bereit ist, dann überträgt sich das zweifellos auf Ihren Kunden. Untersuchungen von

Kommunikationsforschern und aus dem Neurolinguistischen Programmieren (NLP) haben gezeigt, dass die Wirkung, die man auf andere ausübt,

- zu 58 Prozent durch die Körpersprache,
- zu 35 Prozent durch die Stimme,
- zu 7 Prozent durch Worte entsteht.

Ihr Kunde glaubt im Zweifel (außer er kennt diese Untersuchung), dass er hauptsächlich durch Ihre Worte beeinflusst wird. Deshalb ist weiterhin wichtig, was Sie sagen. Aber ganz wesentlich ist auch, wie Sie es sagen! Umso wichtiger, weil sich die meisten Menschen des Einflusses von Körpersprache und Tonfall nicht bewusst sind.

Planen Sie also Ihre Wirkung und setzen Sie sie gezielt ein. Nehmen Sie sich vor jedem Gespräch ein paar Minuten Zeit und überlegen Sie sich:

- Was für ein Typ ist mein Kunde?
- Welche Art von Präsentation kommt bei ihm an?
- Entspricht mir diese Art?
- Wie will ich auftreten? (Was zeige ich von mir, was nicht? Was mache ich bewusst anders, um mich auf den Kunden einzustellen?)
- Welches Verhalten des Kunden könnte mich so auf die Palme bringen, dass ich „aus der Rolle falle"?
- Wie will ich in solchen Situationen reagieren?

Überlegen Sie sich außerdem, was Sie bei diesem Gespräch erreichen wollen:

- Lernen Sie einen neuen Kunden kennen? Dann wird es höchstwahrscheinlich nicht zu einem Abschluss kommen. Das Ziel ist das gegenseitige Kennenlernen. Sie haben Gelegenheit, eine erste Einschätzung über den Farbtyp Ihres Kunden zu machen. Sie fangen an, eine vertrauensvolle Beziehung zu ihm zu knüpfen.

- Führen Sie mit einem bekannten Kunden ein Informationsgespräch, weil der Kunde Bedarf angezeigt hat? Dann ist Ihr Ziel eine umfassende Bedarfsanalyse und die Information des Kunden. Da Sie seinen Farbtyp bereits (mehr oder weniger) gut kennen, können Sie sich entsprechend darauf vorbereiten und passendes Material mitbringen, sich genügend Zeit einräumen, den Ort der Begegnung (Restaurant, Büro des Kunden, Ihr Büro, Wohnung des Kunden) wählen. Sie haben außerdem Gelegenheit, Ihre Einschätzung des Kunden zu überprüfen und zu verbessern.
- Handelt es sich um ein Folgegespräch, in dem es darum geht, letzte Einzelheiten zu klären und den Abschluss zu besiegeln? Führen Sie sich vor Augen, was den Kunden an einer Entscheidung hindern könnte. Bereiten Sie sich darauf vor, ihn unter Umständen an der Hand zu nehmen und zum Abschluss zu geleiten.

Ihr Gesprächserfolg hängt von drei verschiedenen Faktoren ab:

1. Welcher Farbtyp Ihr Kunde ist.
2. Ob Sie ein klares Ziel in dem Gespräch verfolgen.
3. Wie stark Sie auf den Kunden eingehen.

Denken Sie an Ihren Farbtypus

Wie sehr Sie sich auf Ihren Kunden einlassen, entscheiden Sie. Ihren eigenen Farbtypus kennen Sie mittlerweile. Und damit wissen Sie auch, mit welchen Verhaltensweisen Sie bei anderen Farbtypen anecken. Wenn Ihr Kunde nicht den gleichen Farbtypus hat wie Sie, wird er wahrscheinlich mit einigen Ihrer Eigenschaften Schwierigkeiten haben. Machen Sie sich deshalb vor jedem Gespräch bewusst, wo Ihre „Knackpunkte“ sind, mit denen Sie möglicherweise die Kommunikation blockieren. Im Folgenden habe ich für jeden Farbtyp ein paar Tipps zusammengestellt, die Sie sich vor jedem Gespräch ins Gedächtnis rufen können, unabhängig vom Farbtyp Ihres Kunden.

Rote Verkäufer

Nehmen Sie sich selbst mehr zurück. Fragen Sie Ihren Kunden, was er möchte. Fassen Sie seine Aussagen immer wieder zusammen und fragen Sie nach, ob Sie ihn richtig verstanden haben. Aber fragen Sie so, dass er sich traut, Nein zu sagen und Ihnen genauer zu erklären, was er wirklich meint. Kurz: Schüchtern Sie Ihren Kunden nicht ein. Setzen Sie Ihre natürliche Autorität als Stärke ein, indem Sie Ihr Produkt als Experte vertreten und Ergebnisse erreichen. Aber setzen Sie Ihrem Gesprächspartner nicht die Pistole auf die Brust, nur weil Sie selbst überzeugt sind, dass jetzt etwas (in Ihrem Sinne) geschehen sollte. Benutzen Sie Ihre Fähigkeit zur schnellen Analyse dazu, dem Kunden zu seiner eigenen Lösung zu verhelfen. Versuchen Sie nicht, ihm Ihre Lösung, von der Sie überzeugt sind, aufzudrängen. Auch Sie können sich täuschen und haben nicht immer Recht. Geben Sie zu, wenn Sie einmal um eine Antwort verlegen sind. Das macht Sie „menschlich" und Sie müssen deshalb nicht gleich um Ihren Ruf als Experte fürchten. Überlegen Sie sich außerdem, ob folgendes Verhalten von Ihnen einem Abschluss förderlich ist:

- Zeigen Sie Gefühle. Sie müssen Ihrem Geschäftspartner nicht gleich um den Hals fallen. Aber zeigen Sie persönliche Anteilnahme und Wärme. Jeder Kunde möchte auch als Mensch gesehen werden und nicht nur als Geschäftspartner. Besonders wenn es längere und intensivere Geschäftsbeziehungen sind, dürfen Sie auch intensivere Gefühle ausdrücken. Auch Sie werden von Gefühlen beeinflusst, auch wenn Sie das nicht so gerne zugeben. Wenn es der Situation angemessen ist, wirkt es auf Ihren Geschäftspartner aber viel authentischer und sympathischer, wenn Sie Ihre Gefühle äußern.
- Akzeptieren Sie andere Standpunkte, ohne den eigenen aus den Augen zu verlieren. Nehmen Sie die Strategien und Ideen Ihres Kunden ernst. Überlegen Sie, wie Sie Ihre eigenen Ideen und Meinungen mit denen Ihres Kunden zusammenbringen können.
- Nehmen Sie sich genügend Zeit für Gespräche und blocken Sie nicht eine Diskussion ab, nur weil Sie ungeduldig werden. Lassen

Sie auch Gespräche über alltägliche Dinge zu, um die Atmosphäre aufzulockern.

- „Pushen“ Sie Ihren Kunden nicht zu einer Entscheidung. Legen Sie Ihren Schwerpunkt auf die Problemlösung und nicht auf den schnellen Abschluss. Drosseln Sie Ihr Tempo.
- Denken Sie an das, was Ihre Körperhaltung ausdrückt: Lehnen Sie sich immer wieder entspannt zurück, lächeln Sie, nicken Sie zustimmend mit dem Kopf, machen Sie Gesten mit offener Handfläche, um Ihre Worte zu unterstreichen (keine „Drohgebärden“!).

Gelbe Verkäufer

Niemand kann stundenlang zuhören. Extravertiertes Verhalten kann für eine Weile sehr wirkungsvoll sein und Ihren Kunden unterhalten und beeindrucken. Vor allem zum „Eisbrechen“ und zur Kontaktaufnahme ist es fantastisch, dass Sie die Kunst des Redens beherrschen. Ihre Offenheit wirkt ansteckend. Aber geben Sie Ihrem Kunden genauso die Gelegenheit, sich zu zeigen und zu entfalten. Sonst fühlt er sich nicht ernst genommen. Glauben Sie nicht, dass nur Sie kreativ sind: Auch Kunden haben gute Einfälle. Geben Sie Ihrem Kunden Raum zur Darstellung seiner Ideen und Meinungen. Vertrauen Sie darauf, dass Sie die Lösungen für die Probleme Ihrer Kunden parat haben. Sie müssen das Ihrem Kunden nicht unter Beweis stellen, indem Sie ihn mundtot reden. Überlegen Sie sich, ob Ihnen folgende Verhaltensweisen nützlich sein können:

- Stellen Sie immer wieder Fragen. Fassen Sie zusammen, was Ihr Kunde sagt, und überprüfen Sie, ob Sie ihn richtig verstanden haben.
- Nehmen Sie Ihr Tempo zurück. Geben Sie Ihrem Kunden genauso viel Zeit, seine Ideen und Bedürfnisse darzustellen, wie Sie sich selber für Ihre Präsentation einräumen.
- Vermeiden Sie Übertreibungen. Ihr Kunde merkt früher oder später, dass Sie übertrieben haben, und glaubt Ihnen dann das nächste Mal nicht mehr.

- Reden Sie weniger und reden Sie langsamer. Atmen Sie bewusst. Sie wirken so ruhiger und selbstsicherer.
- Zeigen Sie durch Ihre Körpersprache, dass Sie auf Ihren Kunden eingehen: Blicken Sie ihm in die Augen, machen Sie sich Notizen, zwingen Sie sich zu ruhigen, kontrollierten Gesten.
- Geben Sie Ihrem Kunden nicht das Gefühl, dass er Sie wegen Ihrer Freundlichkeit über den Tisch ziehen könnte. Sachlich zu sein heißt nicht, langweilig zu sein. Mehr Sachlichkeit kann Sie davor bewahren, von anderen manipuliert oder nicht ernst genommen zu werden.
- Lassen Sie sich auch nach Ihrem Ergebnis beurteilen und beurteilen Sie sich selbst danach. Für Ihre Firma zählt nun mal, wie viele Abschlüsse Sie konkret gemacht haben, und nicht, wie viele Male Sie mit Ihren Kunden beim Golfspielen waren. Verlieren Sie selbst Ihre Ergebnisse niemals aus den Augen.

Grüne Verkäufer

Als grüner Verkäufer haben Sie die Tendenz, Ihren Bauch über Ihren Kopf regieren zu lassen. Vor allem von Kunden, die sehr sachorientiert sind, wird das als „unkontrolliert" wahrgenommen. Sie halten Sie möglicherweise für zu emotional und zu stark auf Nähe bedacht. Ihre Beziehungsstärke ist hilfreich, um einen herzlichen Kontakt aufzubauen, aber das objektive Ziel, die Aufgabe, sollten Sie dabei nicht aus den Augen verlieren. Folgende Tipps können Ihnen zu einer störungsfreien Kommunikation verhelfen. Prüfen Sie, was für Sie passt:

- Schränken Sie enge Freundschaften zahlenmäßig ein. Tatsächlich können Sie nur zu wenigen Menschen eine tiefere Beziehung aufbauen, in der sehr persönliche Dinge besprochen werden. Überlegen Sie sich, mit wem Sie das wirklich wollen, und erwarten Sie von sachorientierten Menschen nicht, dass diese sich auf eine tiefere Beziehung einlassen.
- Geben Sie nie auf! Wenn Ihnen eine Aufgabe über den Kopf wächst, haben Sie die Tendenz, die Herausforderung durch Nähe

zu reduzieren. Negativ ausgedrückt heißt das, Sie versuchen, einen „Schmusekurs“ zu fahren. Verlieren Sie aber nie Ihr Geschäftsziel aus den Augen.

- Orientieren Sie sich am Ergebnis. Oft vertragen es Grüne nicht gut, wenn sie nach dem Ergebnis beurteilt werden und nicht berücksichtigt wird, was für gute Beziehungen sie zum Kunden aufgebaut haben. Selbstverständlich ist Kundenpflege ein wichtiger Aspekt Ihrer Arbeit, aber nicht der wichtigste. Rechnen Sie von vornherein damit, dass Sie nach dem Ergebnis beurteilt werden, und legen Sie sich das als eigene Messlatte vor.
- Zeigen Sie Ihre Gefühle nicht immer spontan. Sachlichkeit heißt nicht, unsensibel oder uninteressiert zu sein. Wenn Sie sich sachlicher geben, werden Sie nicht den Eindruck erwecken, Sie seien naiv oder leicht über den Tisch zu ziehen. Versuchen Sie, ausgeglichen zu sein und etwas mehr Selbstkontrolle an den Tag zu legen.

Blaue Verkäufer

Blaue Verkäufer haben Schwierigkeiten, mit dem Kunden ins Gespräch zu kommen, weil sie als kalt und unpersönlich empfunden werden. Ihre Zurückhaltung wird als mangelnde Bereitschaft zu helfen und sich in andere einzufühlen interpretiert. Ihr Ziel sollte deshalb sein, Ihre Kontrolltendenz zu verringern und in Ihre Kommunikation mit anderen mehr Gefühle einfließen zu lassen. Überdenken Sie folgende Tipps, die Ihnen nützlich sein könnten:

- Drücken Sie Ihre Gefühle aus. Wenn Sie auf der Beziehungsebene persönliche Wärme ausstrahlen, wird das Ihre Geschäftsebene positiv beeinflussen. Wenn Sie mit Kunden eine längere und tiefere Geschäftsbeziehung haben, dann drücken Sie ruhig auch intensivere Gefühle aus wie Enttäuschung oder Freude. Das gestattet dem anderen, dies auch zu tun, wenn es der Situation angemessen ist.
- Teilen Sie anderen Menschen mit, was Sie für Hoffnungen oder Befürchtungen mit einem Projekt verbinden. Es wirkt auf andere

sehr motivierend, wenn sie persönlich in einen Plan oder eine Zielsetzung einbezogen werden.

- Lassen Sie sich auf ein „normales“ Gespräch ein. Kommen Sie nicht gleich zur Sache, sondern nehmen Sie sich die Zeit, auch über Alltagsthemen zu reden, um für eine angenehme Atmosphäre zu sorgen. Nehmen Sie Anteil an dem, was Ihren Geschäftspartner gerade bewegt. Sie werden nicht zum Lebensberater oder Therapeuten werden, wenn Sie einfach mal zuhören und Verständnis zeigen.

Flexibilität

Über allem, was Sie sich im Vorfeld überlegen, schwebt als oberstes Gebot: Seien Sie flexibel! Gute Vorbereitung ist wichtig, aber wenn Sie sich dann starr an Ihre inneren „Regieanweisungen“ klammern, könnten Sie eine hölzerne Figur abgeben, falls die Szene ganz anders als erwartet abläuft. Sie müssen damit rechnen, dass Ihr Kunde auf einmal Züge zeigt, die Sie bisher an ihm nicht bemerkt haben. Vielleicht ist er ja doch nicht der reine Direktor-Typ, wie Sie bisher dachten, sondern will plötzlich viele Details wissen und das Gespräch dauert viel länger, als Sie angenommen haben. Anscheinend ist er doch eher ein Reformer. Dann sollten Sie in der Lage sein, bei diesem oder beim nächsten Mal darauf einzugehen, und ihm die Informationen geben, die er braucht, und mehr Zeit für das Gespräch ansetzen. Machen Sie sich also ein Konzept (das gilt besonders für Verkäufer mit hohem Gelb-Anteil), aber halten Sie sich nicht stur daran (das gilt besonders für Verkäufer mit starkem Blau-Anteil).

Kennen Sie Ihr Produkt?

Egal, welche Farbe Sie und Ihr Kunde haben – verkaufen werden Sie nur dann mit Erfolg, wenn Sie wissen, worüber Sie reden. Sobald Sie selbst Ihr Produkt genauestens kennen, werden Sie es auch Ihrem Kunden überzeugend vermitteln. Hören Sie nicht auf, den Experten in Ihrem Unternehmen mit Fragen in den Ohren zu liegen, bis Sie wirklich wissen, was für ein Produkt oder was für eine Dienstleistung

Sie da verkaufen. Dann können Sie auch überzeugend deren Vorteile anpreisen. Und Sie stehen hinter dem Preis, den Sie verlangen.

Jeder hat schon mal den Verkäufer erlebt, der im Verkaufsgespräch anfing auszuprobieren, wie denn jetzt die Klimaanlage des neuen Autos einzustellen ist. Beim Vorgängermodell wisse er es genau, aber da habe sich wohl was verändert, erklärt er Ihnen dabei. Nach minutenlangem Tüfteln findet er die richtige Einstellung und präsentiert sie stolz: Überzeugt hat er Sie nicht. Nicht weil mit der Klimaanlage etwas nicht stimmt, die funktioniert einwandfrei. Der Verkäufer hat nicht überzeugt. Jeder Kunde will von einem Experten kaufen. Präsentieren Sie sich nicht nur als Experte, sondern seien Sie wirklich einer. Ob Sie Ihr ganzes Wissen tatsächlich im Verkaufsgespräch einsetzen wollen, entscheiden Sie dann, wenn Sie sehen, was für einen Kundentypen Sie vor sich haben.

Checkliste für die optimale Vorbereitung

1. Führen Sie eine Kundenkartei, in der Sie Gesprächsergebnisse, aber auch persönliche Eindrücke festhalten. Notieren Sie darin auch Ihre Einschätzung über den Farbtyp Ihres Kunden.
2. Lesen Sie vor jedem Gespräch die Karteikarte Ihres Kunden durch, damit Sie sich entsprechend vorbereiten können. Seien Sie aber nicht darauf fixiert!
3. Besorgen Sie sich alle nur möglichen Informationen über Ihr Produkt. Achten Sie darauf, dass Ihre Informationen auf dem neuesten Stand sind.
4. Besorgen Sie sich alle nur möglichen Informationen über den Kunden, besonders wenn es ein Neukunde ist: Welche Funktion hat er, wie ist seine Stellung innerhalb der Firma, womit hat er vorher gearbeitet, von wem hat er gekauft, wer fällt die Entscheidungen in seiner Firma?
5. Bauen Sie sich ein Netzwerk auf, über das Sie sich Informationen verschaffen können: Kollegen, Pressesprecher, Journalisten, Trainer. Es geht nicht um den Austausch von Klatsch und Tratsch, sondern um Informationen über Kunden, die Ihnen einen Vorteil für Ihr Verkaufsgespräch verschaffen. Sie sind dann auf die Erwartungen des Kunden bereits vorbereitet und haben entspre-

chendes Material schon beim ersten Gespräch in der Tasche. Ein anderer Verkäufer müsste erst das zweite Verkaufsgespräch abwarten.

6. Wenn Sie herausgefunden haben, dass Ihr Gesprächspartner einer der oberen Entscheider beim Kunden ist, dann kriegen Sie keine kalten Füße. Nehmen Sie die Herausforderung an! Nur so wachsen Sie über sich selbst hinaus. Das Gleiche gilt, wenn Sie zu einem Kunden müssen, der weithin als „schwierig" gilt. In diesem Gespräch werden Sie viel lernen! Vielleicht finden Sie ja mit Ihrer jetzigen Kenntnis über das Verhalten von Kunden heraus, warum dieser Kunde so „schwierig" ist. Vielleicht empfinden Sie selbst ihn überhaupt nicht als schwierig. Auf jeden Fall bekommen Sie die Chance, sich mit guter Vorbereitung, klarer Kommunikation und Spaß an der Herausforderung zu profilieren. Wollen Sie bekannt werden in Ihrer Branche? Dann erwerben Sie sich den Ruf, dass Sie auch mit schwierigen Kunden gut umgehen können!

Selbstbewusst auftreten – Strategien für den Umgang mit roten Kunden

Treten Sie kompetent und selbstbewusst auf – das ist die Grundregel im Umgang mit roten Kunden. Die Strategien, die hier geschildert werden, beziehen sich in erster Linie auf den Direktor. Je nachdem, für wie ausgeprägt Sie den Rot-Anteil Ihres Kunden halten, können Sie „alles“ anwenden oder auf einzelne Tipps zurückgreifen. Das Beste ist immer, Strategien zu mischen. Auf die jeweiligen Mischtypen mit Rot-Anteilen, also auf den Motivator und den Reformer, gehe ich unten ein. Aber je nach Kunde werden Sie Ihren eigenen Mix zusammenstellen. Mit wachsender Erfahrung und Training wird Ihnen das immer leichter fallen.

Der Fokus der Strategien liegt darauf, wie Sie den Kunden behandeln und was Sie tun können, um sich optimal auf ihn einzustellen. Natürlich wird Ihnen das leichter oder schwerer fallen, je nachdem, was Sie selbst für ein Typ sind. Deshalb findet dieser Aspekt auch Beachtung: Am Ende dieses und der folgenden Kapitel gebe ich den einzelnen Farbtypen spezielle Tipps, wie sie die Kommunikation mit dem Kunden reibungslos gestalten können.

Als roter Verkäufer finden Sie in diesem Kapitel außerdem eine Zusammenstellung, welche Strategien gegenüber den vier Farbtypen Ihr Auftreten noch eindrucksvoller werden lassen.

Atmosphäre

Wenn Sie einen roten Kunden in Ihrem Büro empfangen, dann sorgen Sie für eine geordnete, geschäftsmäßige Umgebung. Lieber gehen Sie mit ihm in ein Konferenzzimmer, als dass Sie ihm Ihr mit Papierstapeln übersätes Zimmer zeigen. Begrüßen Sie ihn mit kräftigem Händedruck und kommen Sie nach einem einleitenden Satz zum Geschäft. Mit Smalltalk brauchen Sie sich nicht aufzuhalten. Sie würden auf wenig Resonanz treffen. Der Rote erwartet von Ihnen formelles Auftreten, lässige Kleidung flößt ihm keinen Respekt ein.

Am besten erstellen Sie schon vor dem Treffen eine Tagesordnung und überlegen sich, welche Punkte Sie mit ihm besprechen wollen. Aber nicht Sie werden es sein, der die Führung des Gesprächs übernimmt, sondern Ihr roter Kunde. Auch wenn das für Sie eine ungewohnte Rolle ist: Überlassen Sie ihm die Kontrolle. Deshalb müssen Sie ja nicht zu allem Ja und Amen sagen. Wenn Sie sich vorher überlegt haben, was Ihnen wichtig ist, dann kommen Sie an geeigneter Stelle auf diesen Punkt zu sprechen. Sie haben genauso viel Einfluss auf das Gespräch wie er, aber er steht im Vordergrund und Sie im Hintergrund.

Halten Sie die ganze Zeit über freundliche Distanz. Wenn er ebenfalls freundlich ist, dann nehmen Sie das nicht als Zeichen, dass Sie ihn jetzt weich geklopft haben und er bereit ist, auch über persönliche Themen zu reden. Wenn er das will, wird er das tun, ansonsten kommen Sie mit diesem Kunden auch gut zurecht, wenn keine ausgesprochene Vertrauensatmosphäre besteht. Ihm ist wichtiger, dass Sie kompetent sind. Konzentrieren Sie sich darauf, selbstbewusst aufzutreten, aber nicht heraushängen zu lassen, wenn Sie mehr über ein Thema wissen als er.

Rechnen Sie eher mit einem feindseligen, unfreundlichen Empfang. Seien Sie auf Skepsis, Zorn, Streitlust, Sarkasmus und Ungeduld vorbereitet. Lassen Sie sich nicht aus Ihrem Konzept bringen. Wenn es Ihnen zu bunt wird, dann brechen Sie lieber das Gespräch ab, als dass Sie sich mit diesem Kunden auf eine Diskussion über das richtige Verhalten einlassen.

Woran Sie vorher denken sollten

- Lassen Sie sich nicht provozieren, nehmen Sie nichts persönlich.
- Nehmen Sie eine Uhr mit und platzieren Sie sie so, dass Sie die Uhrzeit im Blick haben.
- Machen Sie sich vorher einen kleinen Zeitplan. Sie können auch den Kunden fragen, wie viel Zeit er hat, dann können Sie sich die Zeit besser einteilen.

- Erkundigen Sie sich vorher nach Titel und Rang und sprechen Sie Ihren Kunden korrekt an.
- Machen Sie sich eine Liste mit den wesentlichen Punkten, die Sie erwähnen wollen.
- Überlegen Sie sich vorher Ihre eigenen Stärken und treten Sie selbstbewusst auf, auch wenn das sonst nicht Ihre Art ist.

Präsentieren Sie kurz und klar

Gehen Sie davon aus, dass Ihr Kunde stark an neuen Produkten und Innovationen interessiert ist. Sie können ihm also alles Neue anbieten, was Sie haben.

Gute Vorbereitung

Der rote Kunde ist nicht an effektvollen Hochglanzbroschüren interessiert, sondern an kurzen stichpunktartigen Fact-Sheets. Bereiten Sie vorher das entsprechende Material vor. Bereiten Sie sich so gut vor, dass Sie wirklich hinter Ihrem Angebot stehen. Strukturieren Sie Ihre Fakten in einer logischen Reihenfolge. Wenn Sie nicht wirklich gut vorbereitet sind und während des Gesprächs Dinge im Unklaren lassen, weil Sie sich nicht mehr so genau erinnern, werden Sie abgeschossen. Der rote Kunde wird kein Blatt vor den Mund nehmen und Sie Ihre mangelnde Vorbereitung deutlich spüren lassen. Behaupten Sie niemals, etwas zu wissen, wenn Sie es bei Nachfrage doch nicht darlegen können. Danach haben Sie jede Glaubwürdigkeit beim roten Kunden verloren. Lieber geben Sie zu, dass Sie sich danach erst erkundigen müssen, und liefern ihm die Information zuverlässig nach.

Wie motivieren Sie einen Roten?

Ein roter Kunde gewinnt dann Interesse am Geschäft, wenn er zu dem Schluss gekommen ist, dass er es mit einem gleichwertigen Partner zu tun hat. Deshalb ist es so wichtig, dass Sie sich kompetent und selbstbewusst präsentieren.

Es motiviert ihn außerdem, wenn er merkt, dass Sie ihm die Entscheidung überlassen und nicht versuchen, ihn darin zu beeinflussen. Dann wird er sich von Ihnen verstanden fühlen, auch wenn er das nicht ausspricht.

Zeigen Sie ihm Ihre Wertschätzung und lassen Sie ihm seine Unabhängigkeit. Respektieren Sie auch, dass er offen seine Meinung sagt. Ein Roter muss manchmal Dampf ablassen und empfindet es als angenehm, wenn er merkt, dass andere dann nicht gleich beleidigt sind.

Präsentieren Sie sich kompetent

Zeigen Sie, dass Sie kompetent sind, von Anfang an, sonst nimmt er Sie nicht ernst. Präsentieren Sie Ihre Firma (Ihre Produkte) als solide und als eine der Besten. Zum Beispiel:

„Ich bin Markus Roth, Diplom-Betriebswirt und Steuerfachmann. Meine Firma ist eine der größten in Europa. Ich kann Ihnen die volle Bandbreite finanzieller Dienstleistungen anbieten. Was auch immer Sie wünschen, um Ihre Ziele und Vorstellungen zu verwirklichen, ich habe sicherlich eine geeignete Anlage für Sie parat."

Er will nur mit den Besten ins Geschäft kommen. Halten Sie nicht hinterm Berg mit Ihrer Erfahrung und Ihren Fähigkeiten, zeigen Sie, dass Sie Experte sind.

Keine Plaudereien

An Plaudereien ist der rote Kunde nicht interessiert. Konzentrieren Sie sich auf die Aufgabe, nicht auf den Menschen. Sie fahren am besten, wenn Sie strikt beim Geschäftlichen bleiben, nicht persönlich werden und nicht ins Plaudern kommen. Wie Ihre anderen Kunden das Produkt nutzen, interessiert Ihren roten Kunden nicht sonderlich. Es sei denn, einer dieser Kunden ist ein Prominenter oder ein Bekannter von ihm, auf den er große Stücke hält. Dann sollten Sie ihn unbedingt erwähnen.

Langweilen Sie Ihren roten Kunden nicht. Ihr Vortrag sollte keine monotone Struktur haben. Ihre Lösungen müssen intelligent sein und dürfen nicht das Altbewährte rühmen. Ein roter Kunde möchte zum Mitdenken herausgefordert werden, aber nicht, indem Sie ihm simple rhetorische Fragen stellen. Dadurch würde er sich nur veralbert vorkommen. Aber Sie können schneller vorangehen als bei anderen Kunden und brauchen einfache Dinge nicht zu erklären. Der Rote fragt schon nach, wenn er eine Erklärung braucht.

Wahrscheinlich wird er Sie sowieso immer wieder unterbrechen und Zwischenfragen stellen. Da Sie damit rechnen, bringt es Sie nicht aus der Fassung. Sie können diese Fragen auch als Stichwörter nehmen, um all Ihre Informationen zu diesem Punkt darzulegen. Stellen Sie ihm Ihrerseits zwischendurch Fragen, so dass er von sich erzählen kann. Er kann nicht über eine längere Zeit zuhören und passiv bleiben.

Betonen Sie die Alternativen

Orientieren Sie sich in Ihrer Präsentation immer an den Leitworten: kurz, klar, kompetent. Zeigen Sie dem roten Kunden Pläne oder Grafiken, auf denen er mit einem Blick erkennen kann, was Sie verdeutlichen wollen. Empfehlungen, Forschungsergebnisse, Daten etc. interessieren ihn nicht sonderlich. Diese Recherche und das Überprüfen von Daten delegiert er an Mitarbeiter, mit denen Sie unter Umständen sprechen werden. Er selbst ist am meisten daran interessiert, was unter dem Strich herauskommt, und darauf sollten Sie sich konzentrieren.

Das will ein roter Kunde wissen:

- Die entscheidenden Fakten
- Wichtige Alternativen und Optionen
- Die möglichen Konsequenzen seiner Entscheidung

Stellen Sie die Optionen und wahrscheinlichen Konsequenzen klar dar. Ein roter Kunde wird es als positiv empfinden, wenn Sie ihm Alternativen bieten, zwischen denen er wählen kann. Dann kann er selbst entscheiden und das ist ihm wichtig. Wenn Sie ihm nur eine Lösung anbieten, fühlt er sich eingeschränkt und hält Sie wahrscheinlich nicht für besonders kompetent. Dann wird er sich die Optionen möglicherweise bei der Konkurrenz holen.

Am besten bereiten Sie Ihre Sachinformationen so auf, dass die positiven Ergebnisse und Resultate eindeutig im Vordergrund stehen. Zum Beispiel:

„Eine vielseitigere Maschine als Modell A werden Sie zurzeit auf dem Markt nicht finden. Dieser Lastwagen erledigt die kleinsten und größten Jobs in einem Bruchteil der Zeit, die man braucht, um die meisten anderen Fahrzeuge auch nur zu beladen. Mit dem Modell B allerdings haben Sie ein wendigeres Fahrzeug, das auch finanziell günstiger ist. Technisch ist es allerdings nicht so ausgefeilt. Hier habe ich Ihnen die technischen Daten und Leistungen beider Modelle aufgelistet ..."

Nachteile sollten Sie nicht verschweigen. Aber es ist nicht so wesentlich, einen roten Kunden über Pro und Kontra aufzuklären, wie etwa einen blauen. Ein Roter hat lieber aufgelistet, was für die eine Lösung spricht und was für die andere. Betonen Sie an Ihrem Produkt alles, was

- vorteilhaft für den Kunden ist,
- die Autonomie, Handlungsfreiheit und Kontrolle des Roten erhöht,
- Prestige verspricht.

Reden Sie selbstbewusst

Ihr roter Kunde besitzt ein ziemlich starkes Ego. Am liebsten ist er mit Menschen zusammen, die ebenso selbstbewusst sind wie er. Die akzeptiert er als gleichwertig und misst seine Kräfte an ihnen. Wettbewerb gehört für ihn dazu. Er wird immer wieder versuchen, Sie durch seine Wortwahl herauszufordern und mit Ihnen in Konkurrenz zu treten. Aber für eine Konkurrenzsituation braucht man zwei Konkurrenten. Sie müssen nicht darauf eingehen. Zeigen Sie Stärke, seien Sie überzeugend, ohne hitzig und aggressiv zu werden.

- Benutzen Sie Worte wie: „Resultate", „unter dem Strich", „sofort", „schnell", „Vorteile", „neu und einzigartig".
- Stellen Sie ihm keine rhetorischen oder Suggestivfragen.

- Benutzen Sie konkrete (Was-)Fragen, also offene Fragen. Keine, die man nur mit Ja oder Nein beantworten kann. Davon würde sich der rote Kunde gegängelt fühlen.
- Fassen Sie zusammen und reflektieren Sie.
- Geben Sie klare, kurze Antworten.
- Benutzen Sie keine Schachtelsätze, sondern kurze Sätze.
- Übertreiben Sie nicht.
- Fragen Sie ihn um Rat, aber zeigen Sie sich nicht ratlos oder hilfsbedürftig.

Aussagen, die einen roten Kunden motivieren

- „Das werden Sie sicher ausprobieren wollen. Sie sind genau der Richtige, um diese Möglichkeit voll zu nutzen."
- „Man soll nicht alles gleich akzeptieren, aber Sie sind in der Lage, sowohl die Vorteile als auch die Nachteile zu erkennen."
- „Sobald Sie es anderen einmal erklärt haben, können diese mit dem Programm weiterarbeiten. Aber man wird Ihnen den Erfolg zuschreiben, denn Sie haben die Entscheidung getroffen."
- „Das ist etwas völlig Neues. Es gibt nichts, was mit dieser Idee vergleichbar wäre."
- „Das Angenehme an dem Plan ist, dass Sie nicht unbedingt alles selbst umsetzen müssen."
- „Sie werden in kürzester Zeit sehen, dass es Ihnen genau das bietet, was Sie brauchen."
- „Was brauchen Sie und bis wann?"

Je schneller, desto besser

Gehen Sie schnell voran. Sie können damit rechnen, dass Ihr Kunde schnell begreift oder es Sie wissen lässt, wenn er etwas nicht verstanden hat. Außerdem verschwendet der rote Kunde nicht gerne seine Zeit und ist froh, wenn er flott zu einem guten Ergebnis kommt.

Natürlich sollten Sie nicht so unter Zeitdruck geraten, dass Sie sich abhetzen oder vergessen, wichtige Informationen zu liefern. Ihr Motto ist: „So kurz wie möglich und so lang wie nötig."

Sie können aber sicher sein, dass Ihr roter Kunde keinen Wert auf viele Zahlen und Fakten legt. Gehen Sie nur auf die herausragenden Punkte ein. Wenn er es genauer wissen will, wird er nachfragen. Das ist auch eine gute Möglichkeit, ihm immer wieder die Initiative zu überlassen und ihm das Gefühl zu geben, dass er das Gespräch kontrolliert. Natürlich sollten Sie diese Methode nicht überstrapazieren und sich die Informationen aus der Nase ziehen lassen.

Kein Streit mit einem Roten

Wenn er Einwände bringt oder sich unwirsch und abweisend zeigt, bleiben Sie ruhig. Lassen Sie sich nicht auf einen Konkurrenzkampf ein. Beißen Sie an keinem Köder an und lassen Sie sich nicht aus der Fassung bringen. Lassen Sie seine Provokationen nicht an sich herankommen, nehmen Sie sie vor allem nicht persönlich. Versuchen Sie zu verstehen, was ihn ärgerlich macht, fragen Sie ruhig nach und argumentieren Sie dann vernünftig. (In Schritt 3 können Sie Näheres darüber nachlesen, wie Sie mit Stresssituationen oder Abwehrverhalten beim roten Kunden umgehen können.)

Lassen Sie ihn gewinnen

Ein Roter ist für Schmeicheleien ziemlich anfällig. Nutzen Sie diese kleine Schwäche, natürlich ohne platt zu werden – und auch nur, wenn Sie es glaubwürdig über die Lippen bringen. Komplimente, hinter denen Sie nicht stehen können, wirken auf andere meistens auch nicht glaubwürdig. Aber seinem Ego dürfen Sie ruhig schmeicheln, das wird Ihnen ein Roter gerne glauben.

Überlassen Sie ihm ruhig mal die Ehre, auf eine Idee gekommen zu sein, auch wenn sie eigentlich von Ihnen stammt. Betonen Sie, wie er mit Ihrem Produkt sein Prestige steigern kann, Herausforderungen bestehen oder neue suchen und seine Effizienz noch verbessern kann. Das alles sind Aspekte, die für sein Selbstbild als Gewinner sehr wichtig sind. Zum Beispiel:

„Ihr Vorschlag ist ausgezeichnet. Damit können Sie die Effizienz Ihrer bestehenden Anlage mit den technischen Neuerungen unseres Systems vereinen. Sie werden der Erste unter Ihren Konkurrenten sein, der eine solche Anlage einführt. Ich habe Ihnen die entsprechenden Daten, aus denen hervorgeht, was Ihre neu aufgerüstete Anlage leisten wird, einmal zusammengestellt, damit Sie es schwarz auf weiß vor sich sehen können."

Körpersprache

Ihre Körpersprache sollte Ihre selbstbewusste Haltung unterstreichen. Halten Sie sich gerade, blicken Sie ihm fest in die Augen. Heischen Sie nicht mit Blicken und Gesten nach seiner Zustimmung. Versuchen Sie auch nicht, über Blicke und freundschaftliche Berührungen wie Schulterklopfen oder Ähnliches einen persönlichen Kontakt zu ihm herzustellen, der gar nicht existiert. Die freundliche Distanz, die Sie innerlich zu Ihrem roten Kunden halten, sollte sich auch in Ihrer Körpersprache ausdrücken. Unterstreichen Sie Ihre Aufmerksamkeit und Ihren Respekt, indem Sie ihm aktiv zuhören. Aber lassen Sie sich möglichst keine Unsicherheit anmerken. Wenn Sie irritiert sind, strecken Sie Ihren Rücken durch und recken Sie Ihr Kinn. In dieser Haltung werden Sie sich nicht so schnell unterlegen fühlen.

Wenn Sie ihm etwas darlegen, dann beugen Sie sich vor und unterstreichen Sie Ihre Worte mit klaren, linearen Bewegungen. Ausholende Gestik und viel Pathos wirken auf den roten Kunden negativ. Ihre Gestik sollte Klarheit, Dynamik und Kontrolle ausdrücken.

Ihr Selbstbewusstsein sollte sich auch in Ihrem Tonfall widerspiegeln. Sprechen Sie mit lauter, fester, klarer Stimme.

Verkaufsabschluss

Wenn Sie mit einem roten Kunden um Preis und Bedingungen verhandeln, müssen Sie mit einem harten Feilschen rechnen. Sie werden nicht allzu lange brauchen, um den Abschluss einleiten zu können, aber Sie werden Ihre ganze Energie dafür brauchen. Bei einem roten Kunden haben Sie eine gute Chance, sich das Geschäft schon beim ersten Treffen zu sichern, wenn Sie effektiv vorgehen und den Kunden mit Ihrer Kompetenz und Organisiertheit beeindrucken. Den Roten können Sie zu einer logischen, positiven Entscheidung noch heute drängen.

Bereiten Sie den Abschluss gut vor. Fassen Sie kurz die einzelnen Optionen zusammen und stellen Sie dar, warum sie sich für den Kunden lohnen. Zum Beispiel:

„Wenn wir Plan A folgen, müsste sich Ihre Ausgabe durch Einsparungen in der Produktion nach drei Jahren amortisiert haben. Mit der größeren Investition für Plan B würde sich das auf zwei Jahre reduzieren ..."

Dann überlassen Sie ihm die Entscheidung. Empfehlen Sie ihm keine Lösung als die beste, sonst entscheidet er sich möglicherweise absichtlich dagegen.

Ein typisches Beispiel für einen erfolgreichen Abschluss mit einem roten Kunde habe ich schon von vielen Verkäufern erzählt bekommen: Der Kunde, Herr Roth, ruft beim Autohaus Zet an, er möchte ein Auto kaufen. Er wird vom Verkäufer, Herrn Rad, kompetent beraten und erhält auf jede seiner Frage die gewünschte Antwort. Sie sind sich über Preis und Liefertermin einig. Abschließend meint Herr Roth:

„Okay, Herr Rad, ich nehme das Auto."

„Aber wollen Sie es sich denn nicht erst anschauen? Wir haben das Modell hier stehen."

„Nein. Ich nehme es."

„Sie können gerne eine Probefahrt machen. Sie müssen sich nicht jetzt sofort entscheiden."

„Ich habe gesagt, ich will das Auto!"

„Wie Sie wünschen, sehr gerne. Ich schicke Ihnen den Kaufvertrag zu."

In diesem Fall hat Herr Rad noch rechtzeitig erkannt, dass Herr Roth das Geschäft gleich rückgängig machen wird, wenn er noch mehr „Einwände" bringt. Es ist aber auch schon vorgekommen, dass rote Kunden tatsächlich von einem Kauf wieder absprangen, weil der

Verkäufer einfach nicht glauben wollte, dass der Kunde das Auto unbesehen und ungetestet kaufen will. Bei einem roten Kunden müssen Sie aber damit rechen. Wenn er ein Produkt kaufen will – widersprechen Sie ihm nicht!

Follow-up

Das Wichtigste am Follow-up für einen roten Kunden ist, dass Sie Ihre Versprechungen einhalten. Haben Sie etwas bis zu einem bestimmten Termin vereinbart, dann halten Sie sich unbedingt daran. Unzuverlässigkeit würde Ihr roter Kunde leicht als Respektlosigkeit interpretieren.

Ansonsten braucht der rote Kunde keine große Kundenpflege. Am liebsten ist es ihm, wenn Sie ihn über Neuerungen informieren. Da er immer auf dem modernsten Stand sein will, was seine technischen Einrichtungen, Software oder Dienstleistungen betrifft, möchte er von Ihnen umgehend Informationen haben, wenn es etwas Neues gibt.

An persönlichen Gesprächen, nur um den Kontakt wieder aufzufrischen, ist er meistens nicht interessiert. Dann müssen Sie ihn schon gut kennen und wirklich einen persönlichen Draht zu ihm haben. Aber das dauert meist ziemlich lange.

Checkliste:
Strategien für das Verkaufsgespräch mit dem roten Kunden

Vertrauensaufbau:
- Seien Sie knapp und geschäftsmäßig.
- Vergeuden Sie keine Zeit mit Floskeln.
- Fangen Sie keine persönlichen Gespräche an.
- Halten Sie freundliche Distanz, auch in Ihrer Körpersprache.
- Überlassen Sie ihm die Gesprächsführung.

Bedarfsanalyse:
- Treten Sie selbstbewusst und kompetent auf.

- Kommen Sie schnell zur Sache.
- Er kennt seinen Bedarf genau. Hören Sie aufmerksam zu.

Information:
- Präsentieren Sie alternative Angebote.
- Konzentrieren Sie sich auf die wesentlichen Fakten.
- Betonen Sie Prestige, neue Herausforderungen, Effizienz.

Abschluss:
- Kommen Sie schnell zum Abschluss.
- Überlassen Sie ihm die Entscheidung.
- Lassen Sie ihn gewinnen.

So funktioniert's nicht

Was ganz sicher beim roten Kunden nicht ankommt, sind persönliche Gespräche, überflüssige Informationen, Wiederholungen, Sätze ohne neuen Informationswert. Es ärgert ihn, mit Verkäufern zu tun zu haben, die schlecht vorbereitet sind und seine Zeit sinnlos vergeuden. Und er wird wahrscheinlich auch nicht kaufen, wenn er sich während Ihrer Präsentation langweilt und nicht gefordert fühlt.

Umgekehrt sollten Sie ihm auf keinen Fall das Gefühl geben, Sie wüssten besser als er selbst, was er braucht. Zwingen Sie ihn auch nicht in eine Verliererposition, damit kann er nicht umgehen. Und legen Sie sich auch nicht mit ihm an, im Zweifel ziehen Sie den Kürzeren. Einen roten Kunden wird es außerdem stören, wenn Sie auf seine Einwände nicht direkt eingehen und sie nicht ernst nehmen. Versprechen Sie ihm nichts, was Sie nicht wirklich halten können.

Ihr Kunde ist ein Motivator

Angenommen, Sie wissen, dass Ihr Kunde ein Motivator ist, dessen Gelb-Anteile allerdings schwächer ausgeprägt sind als die roten. Wie können Sie Ihre Strategie modifizieren?

Bringen Sie Ihre Persönlichkeit stärker ein

Nehmen Sie sich mehr Zeit für persönliche Gespräche und den Austausch über gemeinsame Bekannte. Kommen Sie dabei aber nicht ins Plaudern, sondern reden Sie nur über Leute, die der Motivator achtet und als gleichrangig respektiert. Oder tauschen Sie sich über Ergebnisse gleicher sportlicher Hobbys aus, zum Beispiel über Ihr Handicap beim Golf oder über Ihr letztes Tennismatch. Wenn Sie ihn etwas besser kennen, dann verabreden Sie sich zu einem Spiel und lassen ihn auf keinen Fall absichtlich gewinnen. Das würde er merken und dann käme er sich nicht als gleichwertiger Partner vor.

Gestalten Sie Ihre Präsentation lebendiger

Statt nur Fakten vorzutragen und auf die wichtigen Ergebnisse zu reduzieren, können Sie etwas weiter ausholen. Den Motivator wird stärker interessieren, wer die Produkte noch benutzt. Auch hier sollten es wichtige Leute sein. Die Präsentation wird eher wie eine Diskussion ablaufen, wobei allerdings der Motivator weiterhin die Zügel in der Hand hält. Geben Sie ihm Stichworte und schauen Sie, ob er darauf eingeht. Zum Beispiel:

„Herr Macher von der Firma UNSAD benutzt dieses System übrigens auch und sagte mir erst kürzlich, wie zufrieden er insbesondere mit dessen Schnelligkeit ist."

Wenn der Motivator Näheres wissen will, wird er nachfragen.

Gehen Sie auf seine Ideen ein

Ein Motivator wird Sie noch stärker als ein Direktor damit konfrontieren, dass er eine Idee hat und von Ihnen eine passende Lösung erwartet. Rechnen Sie also damit, dass Sie eine völlig neue Lösung zusammenstellen sollen, und lassen Sie sich davon nicht unter Druck setzen. Nehmen Sie sich die Zeit, die Sie brauchen, auch wenn er drängelt.

Ihr Kunde ist ein Reformer

Hier hat Ihr Kunde blaue Anteile, auch wenn seine Rot-Anteile weiterhin überwiegen. Sie sollten in Ihrer Strategie diese blauen Anteile berücksichtigen und ansprechen.

Bieten Sie ihm mehr Details und schriftliche Unterlagen

Der Reformer verlangt noch mehr detaillierte Informationen. Bringen Sie ausführlicheres schriftliches Material mit, aber nicht ganz so umfangreich wie beim rein blauen Kunden. Sie können ihm die Informationen anbieten und dann schauen, ob er darauf reagiert. Zum Beispiel:

„Zu der Funktionsweise dieser Hebebühne haben wir diverse Untersuchungen durchführen lassen. Auch haben einige unserer Kunden uns ihre Erfahrungen berichtet, die wir zu einer längeren Dokumentation zusammengestellt haben. Ich lasse Ihnen das Material gerne da, wenn es Sie interessiert."

Unterstützen Sie ihn bei langfristigen Entscheidungen

Möglicherweise fällt es ihm plötzlich schwer, sich zu entscheiden, weil er die langfristigen Konsequenzen nicht absehen kann. Gehen Sie in Ihrem Vortrag also noch stärker als beim Direktor auf die Konsequenzen seiner Entscheidungen ein. Stellen Sie ihm auch deutlicher die Nachteile vor Augen, damit er keine bösen Überraschungen erlebt.

Wie verkaufen Sie an einen Rot-Kunden, wenn Sie selbst ...

... ein roter Verkäufer sind?

Wenn Sie selbst ein roter Typ sind, werden Sie mit einem roten Käufer keine großen Probleme haben.

... ein gelber Verkäufer sind?

- Erzählen Sie keine Witze, beginnen Sie von sich aus keinen Smalltalk. Bleiben Sie strikt beim Verkaufsgespräch, vermeiden Sie Unterbrechungen und vergeuden Sie keine Zeit.
- Vermeiden Sie auch Berührungen und Umarmungen.
- Setzen Sie klare Termine und halten Sie sich selbst daran.
- Bleiben Sie Ihren Überzeugungen treu und geben Sie ihm nicht ständig Recht.

... ein grüner Verkäufer sind (Gegentyp)?

- Tragen Sie Ihre Präsentation so selbstbewusst wie möglich vor.
- Lassen Sie sich vom energischen und herausfordernden roten Käufer nicht einschüchtern und verscheuchen. Seien Sie darauf vorbereitet und kontern Sie energisch mit den Antworten auf seine Fragen.
- Wenn Sie mit ihm den Bedarf analysieren, richten Sie Ihren Fokus auf das „Was“ und „Wann“.
- Agieren Sie bei allem ein bisschen schneller als gewöhnlich. Aber lassen Sie sich auch nicht hetzen.
- Konzentrieren Sie sich voll und ganz auf das Geschäft. Denken Sie nicht darüber nach, wie Ihre persönliche Beziehung zu dem roten Kunden ist, was er über Sie persönlich denkt oder was Sie von ihm persönlich halten. Das ist völlig unwichtig. Ihr roter Kunde wird bestenfalls in Ihre Kompetenz Vertrauen fassen, nicht zu Ihnen als Mensch.

... ein blauer Verkäufer sind?

- Überschütten Sie den Roten nicht mit Fakten und Zahlen. Geben Sie ihm nur die wichtigsten Informationen. Kommen Sie möglichst schnell auf den Punkt und konzentrieren Sie sich auf den Abschluss.
- Nehmen Sie die Schroffheit des Roten nicht persönlich und zeigen Sie sich optimistisch und freundlich.

➢ Verkaufen Sie ihm die innovativsten Produkte, die Sie haben, auch wenn Ihnen das widerstrebt.

Sie sind ein roter Verkäufer?

Im Anschluss finden Sie eine Zusammenfassung der empfehlenswerten Strategien gegenüber den vier verschiedenen Farbtypen Ihrer Kunden.

Farbe des Kunden	Rot	Gelb	Grün	Blau
Eröffnung	Direkt zur Sache.	Seien Sie geselliger und offener.	Reden Sie langsamer, seien Sie offen.	Formell und zur Sache. Kommen Sie gleich zum Geschäftlichen.
Fragen stellen	Achten Sie darauf, nicht in einen Konflikt zu geraten.	Fragen stellen, nicht argumentieren. Verschaffen Sie sich die Einzelheiten.	Zeigen Sie Interesse, fragen Sie nach Meinungen und hören Sie gut auf die Antworten.	Suchen Sie nach den Fakten. Zeigen Sie, dass Sie ein Experte sind.
Präsentation	Bei jedem Zeichen von Ungeduld weitergehen.	Beteiligen Sie den Kunden.	Holen Sie Feedback ein und führen Sie die Vorteile an.	Zeigen Sie Ihre detaillierte Produktkenntnis.

Bestätigung	Geben Sie Optionen zur Auswahl.	Machen Sie zukünftige Vorteile deutlich und hetzen Sie nicht.	Zeigen Sie die Vorteile für die Leute.	Zeigen Sie die finanziellen Vorteile.
Follow-up	Klare, konkrete Ideale und Optionen	Viele Ideen und Blick in die Zukunft	Konzentrieren Sie sich auf die Vorteile für die Angestellten.	Einzelheiten und Fakten logisch präsentieren
Allgemein	Rasch voranschreitende Gespräche	Seien Sie offen und begeistert.	Lassen Sie sich Zeit und zeigen Sie, dass Sie wirklich Interesse haben.	Seien Sie akkurat, systematisch und gut organisiert.

Ideen und Smalltalk – Strategien für den Umgang mit gelben Kunden

Seien Sie amüsant und unterhaltsam, aber verlieren Sie Ihr Geschäft nicht aus den Augen. Das ist die goldene Regel im Umgang mit gelben Kunden. Auch hier haben Sie eine große Auswahl an Strategien, die Sie je nach „Gelb-Grad“ Ihres Kunden einsetzen können. Auf die Mischtypen Motivator und Berater (mit überwiegendem Gelb-Anteil) gehe ich im Speziellen ein. Als gelber Verkäufer finden Sie am Ende eine Zusammenstellung der besten Tipps für jeden der vier Kundentypen.

Atmosphäre

Es kann durchaus sein, dass der Kunde zum Gespräch zu Ihnen ins Büro oder nach Hause kommt. Schaffen Sie von vornherein eine persönliche Atmosphäre. Zeigen Sie ihm Ihre Räumlichkeiten, stellen Sie ihm Ihre Kollegen vor und setzen Sie sich mit ihm in eine gemütliche Sitzgruppe. Bieten Sie ihm Kaffee oder etwas anderes zu trinken an. Oder Sie verabreden sich gleich mit ihm in irgendeinem Restaurant zum Essen. Zeigen Sie sich großzügig und laden Sie ihn ein, ein gelber Kunde weiß solche Gesten zu schätzen.

Gelbe lieben Smalltalk, unterhaltsame Gespräche, Witze, persönliche Geschichten und das Gespräch über gemeinsame Bekannte. Lassen Sie sich Zeit zum Aufbau der Beziehung.

Aber selbst wenn Sie sich hervorragend mit ihm verstehen – überschätzen Sie die Beziehung nicht. Eine herzliche Atmosphäre ist für den Gelben normal und bedeutet nicht, dass er Sie oder Ihr Angebot favorisiert. Zu Ihrem Konkurrenten ist er genauso herzlich. Lassen Sie sich nicht ganz auf seine Seite ziehen, sonst verlieren Sie die kritische Distanz. Dann können Sie nicht mehr einschätzen, ob der Kunde Ihnen noch folgt.

Woran Sie vorher denken sollten

- Laden Sie Ihren gelben Kunden auf jeden Fall ein, wenn Sie das erste Mal mit ihm essen gehen. Reservieren Sie einen Tisch in irgendeinem Szene- oder In-Lokal oder einem besonderen Spezialitäten-Restaurant.
- Erkundigen Sie sich vorher nach ein paar guten Witzen, wenn Ihnen spontan keine einfallen (zum Beispiel im Internet).
- Erkunden Sie, ob Sie mit dem Kunden gemeinsame Bekannte haben.
- Wenn Sie seine Hobbys und Interessen kennen: Lesen Sie in der Zeitung oder im Internet das Neueste darüber nach, so dass Sie sich mit ihm darüber unterhalten können.
- Überlegen Sie sich genau, welches geschäftliche Ziel das Gespräch haben soll, so dass Sie es nicht aus den Augen verlieren.
- Wenn Sie ihn schon etwas kennen: Lassen Sie sich Lösungen einfallen, die seine Ideen unterstützen.

Präsentation

Sie haben es mit einem freundlichen, aufgeschlossenen Menschen zu tun. Er freut sich, dass Sie kommen und ihm Abwechslung und hoffentlich gute Unterhaltung bieten. Der Knackpunkt des Verkaufsgesprächs ist nicht, einen Kontakt zu diesem Kunden aufzubauen. Das wird Ihnen leicht und schnell gelingen. Das Problem wird sein, in dieser Phase nicht hängen zu bleiben, sondern verbindlich über Geschäfte zu reden und zu einem Abschluss zu kommen. In den allermeisten Fällen werden Sie das nicht im ersten Gespräch schaffen. Die Zeit für lockere Gespräche und für Diskussionen über die vielen Ideen des Kunden müssen Sie investieren.

Klatsch, Tratsch – und Geschäft

Lassen Sie ruhig einige Zeit vergehen, bevor Sie zum Geschäftlichen kommen. Vor allem wenn Sie ein blauer Verkäufer sind, wird Ihnen das nicht leicht fallen. Bereiten Sie sich umso mehr darauf vor und betrachten Sie es einfach als eine Leistung, die zum Geschäft gehört.

In jedem Fall: Hören Sie ihm zu, lassen Sie ihn seine Geschichten erzählen und steuern Sie auch ein paar bei. Ein Gelber macht Ihnen solche Gespräche auch wieder leicht, weil er sich freut, wenn er Zuhörer hat. Wenn Sie also nicht der große Redner und Unterhalter sind, dann hören Sie ihm einfach amüsiert zu.

Auch wenn Sie dann zum Geschäft kommen, bemühen Sie sich, den freundlichen Ton beizubehalten. Bei einem gelben Kunden macht ganz eindeutig der Ton die Musik. Sie brauchen bei diesem Kunden vorher keine Tagesordnung festzulegen. Struktur ist für den gelben Kunden nicht so wichtig. Was aber sehr wichtig für Sie selbst ist: Lassen Sie sich nicht vom Hundertsten ins Tausendste bringen! Schreiben Sie sich vorher oder während des Gesprächs auf, welche Punkte Sie klären wollen. Bei einem gelben Kunden ist die größte Herausforderung für einen Verkäufer, mit ihm verbindliche Vereinbarungen zu treffen. Sie müssen eine Balance finden, um ihn einerseits zu konkreten Aussagen zu bewegen, ihn andererseits aber nicht zu drängeln und mit dem Geschäft zu langweilen. Zum Beispiel:

„Da Sie gerade Ihren Urlaub erwähnten: Wir sollten noch eine Vereinbarung zur Lieferfrist treffen. Sie wissen ja, im Sommer sind auch unsere Techniker am liebsten auf Mallorca. Wir müssen den Einsatz unserer Mannschaft schon lange im Voraus planen, damit es keine Wartezeiten für unsere Kunden gibt. Wann genau wollen Sie unser System installiert haben?“

Führen Sie das Gespräch

Deshalb: Führen Sie den Gelben mit fester Hand. Seien Sie locker, unterlegen Sie Ihre Präsentation mit Scherzen, aber bewegen Sie das Gespräch immer wieder zum Geschäft zurück, wenn Ihr Kunde abschweift. Abschweifungen müssen Sie immer wieder zulassen und Sie sollten Ihren Kunden nicht zu offensichtlich unterbrechen oder blockieren. Aber Sie können Stichwörter aufgreifen, um das Thema wieder zu dem Punkt zurückzubringen, an dem Sie es haben wollen. Ihre Gesprächsführung sollte auf jeden Fall sehr wohlwollend sein und nicht autoritär oder abwertend wirken.

Kontakte und Anerkennung motivieren ihn

Ihr gelber Kunde will Spaß haben, das motiviert ihn. Geben Sie ihm Gelegenheit zur Selbstdarstellung, lassen Sie ihn seine Witze erzählen, lehnen Sie sich zurück und genießen Sie die gute Unterhaltung. Lassen Sie ihn auch an Ihrem Netzwerk teilhaben, wenn Sie das können und wollen. Greifen Sie seine Ideen auf und nehmen Sie ihn ernst. Er mag viel reden, manches mag Dampfplauderei sein, aber er hat auch wirklich gute Ideen. Das kann auch Ihnen neue Anregungen geben. Zollen Sie ihm dafür Anerkennung, verbal und indem Sie seine Ideen ernsthaft erwägen.

Halten Sie ihn auf dem Boden

Wenn Sie gemeinsam den Bedarf analysieren, wird Ihr Kunde wahrscheinlich viele Ideen spinnen, wie das Problem zu lösen ist oder wie die optimale Lösung aussehen könnte. Machen Sie sich Notizen, um anschließend seine Ideen in Ihre Präsentation zu integrieren. Sie können seine Kreativität nutzen, um vielleicht gemeinsam zu einer neuen Lösung zu kommen, an die Sie beide vorher nicht gedacht haben. Zum Beispiel:

„Ihre Idee klingt wirklich ausgezeichnet, das scheint mir ein ganz neuer Ansatz zu sein. Darauf ist bis jetzt noch niemand gekommen. Deshalb müsste ich diese Idee erst mit einem unserer versierten Fachleute durchsprechen. Sind Sie an einer konkreten Umsetzung interessiert? Dann lassen Sie uns doch genau die Daten festlegen, auf die es ankommt. Ich schlage vor, dass wir uns am kommenden Donnerstag noch einmal zusammensetzen, dann lege ich Ihnen eine konkrete Lösung vor."

Natürlich können Sie nicht jede seiner Ideen zu einer Lösung umarbeiten. Versuchen Sie deshalb, durch Nachfragen herauszufinden, wie ernst er es mit einer Idee meint. Wenn Sie merken, dass er wirklich davon überzeugt ist, dann greifen Sie sie auf und bieten Sie ihm tatsächlich eine spezielle Lösung an.

Gefragt ist also eine Menge Flexibilität von Ihrer Seite, aber auch die Hartnäckigkeit, sich nicht in seinen unkonkreten Projekten zu verlieren. Der Gelbe ist ein hervorragender Partner für innovative

Geschäfte. Aber Sie müssen den realistischen, pragmatischen Part an der Problemlösung übernehmen und ihm die kreative, fantasievolle Seite überlassen. Ihre Aufgabe wird sein, ihn immer wieder auf den Boden zurückzuholen und zu sagen: „Ihre Idee ist prima. Wie können wir sie umsetzen? So und so stelle ich mir das in der Praxis vor."

Seine Sprunghaftigkeit und die manchmal chaotische Weise, seinen Bedarf zu erklären oder Lösungen zu suchen, müssen Sie akzeptieren.

Da er allem Neuen gegenüber aufgeschlossen ist, sollten Sie ihm Ihre neuesten Produkte präsentieren. Er ist immer bereit, sich dafür zu begeistern und sie möglicherweise auszuprobieren.

Betonen Sie das Prestige

Da das Hauptinteresse des Gelben Beziehungen und Kontakte sind, können Sie in Ihre Präsentation einbauen, wer das Produkt schon benutzt, welche Erfahrungen diese Kunden gemacht haben, wie sie es einsetzten etc. Am konkreten Beispiel lernt der Gelbe am schnellsten, er muss sich etwas bildlich vorstellen können. Unter Umständen kennt er diese Leute und wird im Anschluss mit ihnen darüber reden. Deshalb sollten Sie natürlich nur Kunden erwähnen, bei denen Sie sicher sein können, dass sie ihre positiven Erfahrungen mit Ihrem Produkt auch gerne weitergeben. Sie können ihm auch eine Liste geben mit Referenzen von Leuten, die er kennt und achtet. Zum Beispiel:

„Und zu meiner Freude kann ich darüber hinaus sagen, dass sich die meisten Mitglieder der Fußballnationalmannschaft für dieses Produkt entschieden haben, einschließlich ..."

Streuen Sie auch Beispiele aus Ihrer eigenen Erfahrung ein, wenn Sie das Produkt selbst benutzt haben. Und besonders: Geben Sie Ihrem Kunden die Gelegenheit, Beispiele aus seiner eigenen Erfahrung beizusteuern. Vielleicht hat er Erfahrungen mit einem ähnlichen Produkt gemacht oder mit dem Produkt Ihrer Konkurrenz. Lassen Sie ihn das genüsslich erzählen. Er liebt es, von sich zu erzählen.

Betonen Sie außerdem alle Vorteile Ihres Produkts, die Beliebtheit und Zufriedenheit versprechen: Wenn Ihr Kunde damit zum Beispiel die Arbeit für seine Kollegen erleichtert oder angenehmer macht (und sie ihn dafür alle loben werden). Ein gelber Kunde setzt sich gerne für andere ein. Die Aspekte Ihres Produkts, die ihm das ermöglichen, sollten Sie hervorheben.

Technische Details findet der gelbe Kunde wahrscheinlich nicht rasend aufregend. Betonen Sie lieber, wenn Ihr Produkt das zulässt, die Ästhetik, das Wohlbefinden, das Image.

Diskussion statt Vortrag

Einzelheiten langweilen den Gelben. Halten Sie ihm keine langen Vorträge, sondern diskutieren Sie mit ihm. Er muss mitreden, aktiv sein, seine Ideen einbringen und immer mal wieder eine Geschichte erzählen. Sie können seine Aufmerksamkeit stimulieren, indem Sie ihn irgendetwas Persönliches fragen. Dann lebt er auf und freut sich außerdem, dass Sie interessiert sind. Sparen Sie sich also alle unnötigen Details. Ein Gelber wird eine Entscheidung treffen, auch wenn er nicht alle Einzelheiten des Produkts kennt.

Zeigen Sie sich lebhaft

Einen gelben Kunden können Sie auch durch Ihre überzeugende Körpersprache gewinnen. Halten Sie Blickkontakt zu ihm, zeigen Sie ihm Ihre Begeisterung offen, lachen Sie herzlich über seine Witze. Zeigen Sie ruhig ab und zu das Kind in sich. Sie müssen natürlich selbst entscheiden, ob Ihnen das liegt. Aber bei einem gelben Kunden machen Sie sich bestimmt nicht lächerlich, wenn Sie sich vor Lachen auf die Schenkel schlagen oder mal mit der Faust auf den Tisch hauen, um eine Aussage zu bekräftigen. Sie treten ihm auch bestimmt nicht zu nahe, wenn Sie ihm mal auf die Schulter klopfen oder am Arm berühren. Zeigen Sie Ihre Lebendigkeit, das schürt seine Aufmerksamkeit. Unterstreichen Sie Ihre Worte mit Gesten und probieren Sie aus, ob Sie auch ein bisschen schauspielern können. Von einer guten Show ist der Gelbe immer begeistert. Aber übertreiben Sie es nicht, Ihr Kunde soll nicht denken, dass Sie sich über ihn lustig machen.

Behalten Sie den roten Faden

Unterstützen Sie in Ihrer Präsentation seine Ideen und beziehen Sie diese immer wieder ein. Aber lassen Sie sich auch nicht zu oft unterbrechen, sondern bitten Sie ihn freundlich, Ihren Punkt ausführen zu dürfen. Damit ihm klar wird, wo Sie stehen, können Sie die Ergebnisse immer mal wieder zusammenfassen und reflektieren. So verhindern Sie, dass Sie den roten Faden verlieren. Ihre Argumente können Sie mit einer bestimmten Wortwahl unterstützen:

- Führen Sie ihm seine Vorteile vor Augen mit Aussagen wie „Sie werden großartig dastehen", „Bringt Sie ins Rampenlicht", „Anerkennung".
- Sein Kontaktbedürfnis und seine Kreativität können Sie unterstützen mit Formulierungen wie „Scharen von Leuten", „Ihre Kollegen werden begeistert sein", „Stellen Sie sich vor, ...", „Um Ihre Idee aufzugreifen ...".
- Stellen Sie ihm möglichst keine offenen Fragen, wenn Sie es vermeiden können. Sonst bekommen Sie endlose Antworten. Fragen Sie ihn ganz konkret nach den Dingen, die Sie wissen wollen. Vor allem wenn es um den Abschluss geht, sollten Sie Ihre Fragen so formulieren, dass Ihr Kunde nur noch mit Ja oder Nein antworten kann.
- Lassen Sie keine langen Pausen zu, sonst werden Sie plötzlich mit einem völlig anderen Thema konfrontiert.

Aussagen, die einen gelben Kunden motivieren

- „Wenn Sie so viele Vergleiche anstellen wie ich, wird Ihnen die Entscheidung leicht fallen."
- „Sicher wollen Sie mehr Aufgaben an andere delegieren. Genau das ermöglicht Ihnen dieses Programm."
- „Viele Leute erkennen den Bedarf. Wer wüsste das besser als Sie. Aber einer muss vorangehen, ich bin sicher, dass auf Ihr Urteil Verlass ist."

- „Verbinden Sie diese Ideen mit Ihrem bisherigen Erfolg und Sie haben ideale Voraussetzungen für künftige Gewinne."
- „Hier können Sie etwas Neues ausprobieren, womit Sie Ihre gegenwärtigen Erfolge noch steigern werden."
- „Ich gebe Ihnen einen kurzen Überblick, damit Sie die Vorteile dieses Programms beurteilen können."

Umgang mit Zeit

Nehmen Sie sich die Zeit, auf die Ideen des gelben Kunden einzugehen und mit ihm darüber zu diskutieren. Aber lassen Sie das Gespräch zeitlich nicht ausufern. Sie sind derjenige, der die Dauer des Gesprächs bestimmen muss. Gelbe achten nicht auf die Zeit und erwarten das auch von den anderen. Trotzdem sollten Sie die Uhrzeit im Auge behalten, denn das Ergebnis wird nicht besser, wenn Sie noch zwei Stunden länger diskutieren. Zum Beispiel:

„Ich würde dieses Thema gerne mit Ihnen weiter diskutieren. Leider habe ich noch eine Verpflichtung heute Nachmittag, Sie werden sicherlich auch noch von jemandem erwartet. Lassen Sie uns doch dieses Gespräch einmal in Ruhe bei einem Bier fortsetzen und jetzt noch einmal zusammenfassen, was wir bisher vereinbart haben. Ich habe mir dazu ein paar Notizen gemacht und werde Ihnen die Ergebnisse auch noch einmal schriftlich zuschicken ..."

Der Abschluss kann aber auch ganz schnell gehen. Seien Sie auf alles gefasst. Auch darauf, dass der Kunde viel zu spät kommt, weil er sich woanders länger aufgehalten hat. Er ist unberechenbar und ihm kann immer was dazwischenkommen. Flexibilität ist eine Voraussetzung, wenn Sie mit ihm ein Geschäft machen wollen.

Seien Sie wachsam

Nehmen Sie die Begeisterung des Gelben nicht für bare Münze. Sie bewahren sich selbst vor Enttäuschungen, wenn Sie einem gelben Kunden immer mit einer Spur Skepsis begegnen. Das sollten Sie ihm nicht zeigen, es soll nur Sie selbst veranlassen, seine Begeisterung stets zu hinterfragen. Hinter seiner Begeisterung und verbalen Zustimmung können sich noch Zweifel verstecken. Fragen Sie nach, jäten Sie die Zweifel aus und graben Sie tief dabei!

Verkaufsabschluss

Wenn sich abzeichnet, wie die Lösung aussehen könnte, dann klopfen Sie beharrlich die Bedingungen fest. Sie werden vielleicht nicht beim ersten Mal einen Abschluss machen. Aber halten Sie fest, wie weit Sie bei diesem Gespräch gekommen sind. Machen Sie sich Notizen, formulieren Sie sie nach dem Gespräch zu Ergebnissen, die Sie dem gelben Kunden als Zwischenbericht schicken können. Auf jeden Fall sollten Sie das Papier beim nächsten Treffen dabeihaben und mit dem Gelben durchgehen, damit Sie nicht wieder ganz vorne anfangen müssen.

Aber ein Gelber ist nicht berechenbar, was den Zeitpunkt seiner Kaufentscheidung betrifft. Er trifft die Entscheidung ausschließlich aufgrund seiner Gefühle. Wenn Sie ihn begeistert haben, kauft er auch schon im ersten Gespräch. Sie können einen schnellen Verkaufsabschluss herbeiführen, wenn Sie Empfehlungen von Prominenten oder Bekannten des Kunden vorlegen. Zum Beispiel:

„Ich habe mich neulich mit Herbert Klein unterhalten. Er hat dieses System vor einem Jahr bei MICRA installiert und ist vollkommen zufrieden damit. Er war auch mit dem Preis zufrieden, der heute noch genauso günstig ist wie damals."

Davon lässt er sich stark beeinflussen. Auch besondere, zeitlich gebundene Vergünstigungen sind ein Anreiz für eine schnelle Kaufentscheidung. Bieten Sie ihm spezielle Rabatte für seine Bereitschaft, Risiken einzugehen. Klären Sie die Einzelheiten einer Vereinbarung immer schriftlich, damit sie allen klar und für alle verbindlich sind.

Ein ganz typisches Beispiel, wie man an gelbe Kunden erfolgreich verkauft, ist die Erfahrung mit dem „magic place":

In den USA hatte ein Autohaus einen enormen Absatz eines bestimmten Modells, das es in einem Schaufenster platziert hatte. Eigentlich wusste keiner so recht, woher die plötzliche Nachfrage nach dem Modell stammte. Schließlich fand man heraus: Das Auto war gegenüber von einem Spiegel platziert. Wenn der Kunde im Auto saß, konnte er sich selbst sehen! Für gelbe Kunden war das der ausschlaggebende Grund, es zu kaufen. Sie konnten sehen, dass ihnen das Auto „stand".

Deshalb: Lassen Sie Ihren gelben Kunden immer eine Probefahrt machen. Wenn er in der glänzenden Fassade eines Hochhauses sein Spiegelbild sieht, wird er das Auto kaufen. Ähnlich ist es mit anderen Produkten: Sehen Sie zu, dass Sie dem gelben Kunden einen Spiegel vorhalten, in dem er sieht, wie ihm das Produkt steht. Der Spiegel kann natürlich auch verbal „vorgehalten" werden.

Egal, ob es bereits zu einem Kauf gekommen ist oder nicht, lassen Sie das Gespräch auf jeden Fall mit persönlichem Smalltalk ausklingen.

Reichlich Follow-up

Ein treuer Kunde ist der Gelbe nicht – dafür ist er zu leicht verführbar. Begeistert ihn ein Konkurrent, wandert er ohne weiteres zu diesem ab. Deshalb ist es wichtig, dass Sie einen kontinuierlichen, guten Follow-up-Service bieten. Halten Sie den Kontakt, plaudern Sie mit ihm, fragen Sie immer wieder nach seiner Zufriedenheit und seinem Bedarf, dann bekommen Sie den Zeitpunkt mit, wann er wieder ein Produkt braucht, das Sie anbieten.

Checkliste:
Strategien für das Verkaufsgespräch mit dem gelben Kunden

Vertrauensaufbau:
- Seien Sie gesellig und unterhaltsam.
- Vermitteln Sie ihm Kontakte.
- Seien Sie flexibel.
- Akzeptieren Sie seine Sprunghaftigkeit.

Bedarfsanalyse:
- Lassen Sie ihn Ideen spinnen.
- Kommen Sie immer wieder auf die konkrete Situation zurück.

Information:
- Vermeiden Sie zu viele Details. Gehen Sie nur auf die herausragenden Punkte ein.
- Führen Sie neue Produkte vor.
- Betonen Sie Prestige und Referenzen.

Abschluss:
- Handeln Sie beharrlich die Bedingungen aus.
- Geben Sie ihm Anreize.
- Fassen Sie alles schriftlich ab.
- Bieten Sie reichlich Follow-up.

So funktioniert's nicht

Wenn Sie die Entscheidungen in den Wolken schweben lassen, dann kommt das Geschäft nie zustande. Warten Sie nicht darauf, dass der gelbe Kunde eine Entscheidung trifft, sondern übernehmen Sie die Initiative und werden Sie konkret.

Sie sollten seine Kreativität und Lebendigkeit nicht dämpfen und ihm keine Vorschriften machen. Regeln akzeptiert ein Gelber prinzipiell nicht, sondern sie reizen ihn nur, es gerade anders zu machen.

Wenn Sie nicht wollen, dass er sich einen freundlicheren Verkäufer sucht, dann seien Sie nicht schroff, abweisend, schweigsam oder arrogant. Auch muss Ihnen klar sein, dass Sie sich bei diesem Kunden nicht rein auf die Aufgabe konzentrieren können, sondern dass Sie den größten Teil Ihrer Aufmerksamkeit auf den Kunden und seine Person richten müssen. Seien Sie nicht zu sachlich, brechen Sie das Gespräch nach Verkaufsabschluss nicht sofort ab.

Ihr Kunde ist ein Motivator

Ihnen ist aufgefallen, dass Ihr Kunde zwar viel redet und etwas chaotisch von Punkt zu Punkt springt. Aber er weiß doch ziemlich genau, was er will, und unterbricht Sie immer mal wieder etwas dominant, um selbst zu reden. Anscheinend hat er auch eine gute Portion Rot-Anteil. Wie gehen Sie darauf ein?

Referenzen wichtiger Leute

Achten Sie darauf, dass Sie Referenzen von Leuten anführen, die in gleichwertigen oder höheren Positionen als Ihr Kunde sind. Messen Sie ihn stärker an seiner Konkurrenz und stellen Sie dar, wie Ihr Produkt ihn von seinen Konkurrenten abhebt.

Denken Sie an das Ergebnis

Kommen Sie schneller zum Ergebnis als mit einem rein gelben Kunden. Wahrscheinlich wird er selbst mehr auf die Zeit achten. Führen Sie das Gespräch nicht zu offensichtlich, möglicherweise lehnt er es ab, von Ihnen gelenkt zu werden. Fassen Sie die Ergebnisse immer wieder zusammen, um zu sehen, wie weit Ihr Kunde ist. Möglicherweise schließt er schon im ersten Gespräch ab, weil er ergebnisorientierter ist als ein rein gelber Kunde. Beim Motivator ist von Ihnen ein Höchstmaß an Flexibilität gefordert, da Sie erst nach einer Weile wissen, wie „rot“ er ist und ob er die Führung des Gesprächs übernehmen will oder es an Ihnen liegt, ihn zum Abschluss zu bringen.

Ihr Kunde ist ein Berater

Ihr Kunde ist zwar sehr kontaktstark, aber Sie spüren auch, dass er ein wirkliches persönliches Interesse an Ihnen hat. Möglicherweise hat er einen Grün-Anteil, auf den Sie in Ihrem Gespräch eingehen können.

Bringen Sie Persönliches ein

Erzählen Sie etwas Persönliches von sich oder von Ihrer Familie, sofern Sie das wollen. Fragen Sie auch Ihren Kunden nach Privatem. In Ihrer Präsentation können Sie immer wieder darauf eingehen, welche Vorteile Ihr Produkt für ihn selbst, für seine Familie oder für seine Kollegen hat. Das sind Werte, die für ihn wichtig sind.

Lassen Sie ihn auch deutlich spüren, dass Sie ihn wertschätzen und dass Ihnen an seinem Vertrauen liegt.

Betonen Sie Sicherheit und Zuverlässigkeit

Neben seiner Begeisterung für alles Neue und seinen vielen Ideen wird für den „grünen Gelben" auch immer eine Überlegung sein, ob ihm Ihr Produkt Sicherheit gewährt. Erwähnen Sie solche Aspekte und betonen Sie die Zuverlässigkeit Ihres Produkts und Ihres Unternehmens. Zeigen Sie ihm, dass Ihre Firma der kompetente und verlässliche Partner ist, mit dem er seine Ideen umsetzen kann. Zum Beispiel:

„Wir haben seit 50 Jahren Erfahrung mit dieser Art von Systemen und schon viele Produkte erfolgreich auf die Bedürfnisse unserer Kunden zugeschnitten. Ich bin sicher, dass unsere Techniker Ihre großartige Idee so umsetzen werden, dass Sie damit viele Jahre zuverlässig arbeiten können."

Seien Sie hartnäckig auf Entscheidungen bedacht

Einerseits sind Sie mit der Sprunghaftigkeit des Gelben konfrontiert und andererseits mit der schweren Entscheidungsfindung des Grünen. Das macht es noch schwieriger für Sie, zu konkreten Ergebnissen zu kommen und dem Kunden zu einer Entscheidung zu „verhelfen". Geben Sie ihm Anreize, die ihn zu einer Entscheidung veranlassen könnten, und fragen Sie immer wieder nach, was noch zu klären wäre, damit er sich für Ihr Produkt entscheiden kann. Werden Sie aber nicht ungeduldig, sonst wird er seine Einwände nicht vorbringen. Gehen Sie ausführlich auf die Einwände ein und lassen Sie keine Fragen unbeantwortet.

Wie verkaufen Sie an einen gelben Kunden, wenn Sie selbst ...

... ein gelber Verkäufer sind?

Sie werden keine größeren Schwierigkeiten haben. Nur: Vergessen Sie die Zeit nicht völlig und vergessen Sie auch nicht, schließlich um die Bestellung zu bitten.

... ein roter Verkäufer sind?

- Seien Sie ein bisschen freundlicher als sonst und nicht ganz so geschäftsmäßig.
- Seien Sie tolerant und seinen Vorschlägen gegenüber nicht so kritisch. Beziehen Sie diese ein und diktieren Sie ihm nicht die Lösung, die Sie sich vorgestellt haben.
- Fragen Sie ihn auch nach dem Abschluss noch mal nach seiner Meinung, um die Beziehung zu fördern.

... ein grüner Verkäufer sind?

- Überwinden Sie Ihr Misstrauen und Ihre innere Ablehnung in Bezug auf die überschwängliche Art des gelben Kunden, dann haben Sie mit ihm keine Probleme. Sie müssen nicht wirklich sein Freund werden.
- Erhöhen Sie Ihr Tempo etwas, aber lassen Sie sich nicht aus der Ruhe bringen. Auch nicht durch sein „Springen“ von Thema zu Thema. Kommen Sie beharrlich, aber freundlich immer wieder auf das Geschäft zurück.

... ein blauer Verkäufer sind (Gegentyp)?

- Muten Sie dem Gelben nicht alle Zahlen und Fakten zu. Konzentrieren Sie sich auf das Wichtigste, richten Sie den Fokus auf „Wer“ und „Was noch“, wenn Sie mit ihm den Bedarf analysieren.
- Zeigen Sie die Bereitschaft, mit ihm zu diskutieren, auch wenn Sie nicht absolut davon überzeugt sind, dass seine Ideen realisierbar sind.
- Seien Sie so freundlich wie möglich.
- Bieten Sie ihm Ihre innovativen Produkte an.
- Machen Sie ein enges Follow-up, um zu verhindern, dass der gelbe Kunde doch noch woanders kauft. Da er mit Ihrer zurückhaltenden Art am wenigsten klarkommt, ist bei Ihnen die Gefahr am größten, dass er wieder abwandert.

Sind Sie ein gelber Verkäufer?

Dann finden Sie hier eine Zusammenstellung wichtiger Strategien gegenüber den vier Kundentypen.

Farbe des Kunden	Rot	Gelb	Grün	Blau
Eröffnung	Nicht zu lässig, agieren Sie geschäftsmäßig.	Disziplinieren Sie sich, zur Tagesordnung zu kommen.	Tun Sie langsam, seien Sie nicht zu direkt, Empfehlungen sind das Beste!	Tun Sie langsam, seien Sie nicht zu direkt oder offen. Versuchen Sie, etwas formeller zu sein.
Fragen stellen	Arbeiten Sie in seinem Tempo. Achten Sie auf Ungeduld.	Machen Sie sich Notizen. Er wird es vergessen.	Vorsichtige, rücksichtsvolle Fragen. Personenbezogene Themen, auf die Antworten hören.	Machen Sie sich Notizen. Gehen Sie methodisch und strukturiert vor.
Präsentation	Schweifen Sie nicht ab.	Genießen Sie die Präsentation, tragen Sie unterhaltend und zügig vor.	Stützen Sie Ihre Aussagen mit Empfehlungen.	Stützen Sie Ihre Aussagen mit Beweisen. Zeigen Sie Ihre Produktkenntnis.

Bestätigung	Präsentieren Sie Optionen und überlassen Sie das Weitere ihm.	Teilen Sie seine Träume und drängen Sie ihn nicht zur Entscheidung.	Reduzieren Sie die Risiken, geben Sie persönliche Versicherungen.	Tragen Sie die logischen Alternativen vor.
Follow-up	Unterstützen Sie seine Ziele.	Fassen Sie Vereinbarungen schriftlich zusammen.	Zeigen Sie ihm die Stärkung seiner Position gegenüber anderen.	Vergessen Sie keine Details, Fakten, Zahlen oder Preise.
Allgemein	Seien Sie präzise, effizient, organisiert und nicht persönlich.	Seien Sie entspannt, aber sehen Sie zu, dass die Arbeit erledigt wird.	Zeigen Sie eine anteilnehmende Haltung.	Dies ist der schwierige Kunde, seien Sie vorbereitet.

Vertrauen gewinnen – Strategien für den Umgang mit grünen Kunden

Wenn Sie das Vertrauen des grünen Kunden gewonnen haben, dann haben Sie das Geschäft schon fast in der Tasche. Und einen loyalen Kunden, der Sie nicht so schnell verlässt. Für Berater und Koordinator (mit stärkeren Grün-Anteilen) gibt es ein paar Besonderheiten, die unten beschrieben werden.

Atmosphäre

Ihr grüner Kunde muss Vertrauen zu Ihnen gefasst haben, bevor er sich zum Kauf entschließt. Deshalb ist es bei ihm ganz besonders wichtig, in welcher Umgebung Sie das Gespräch führen und in welcher Atmosphäre Sie ihn empfangen. Er schätzt es mehr als die anderen drei Farbtypen, wenn Sie ihm freundlich entgegenkommen und er Ihr aufrichtiges Interesse spürt. Zum Beispiel:

„Mein Name ist Max Grün. Ich freue mich, dass Sie sich von mir beraten lassen wollen. Wie ich erfahren habe, suchen Sie eine langfristige und sichere Anlage. Vielleicht erzählen Sie mir erst einmal ganz genau, was Sie sich vorgestellt haben, dann finden wir sicher das Richtige für Sie. Wir können uns so viel Zeit nehmen, wie Sie wollen, dann lernen wir uns auch besser kennen und Sie fassen nach und nach Vertrauen. Die meisten meiner Kunden kommen seit vielen Jahren zu mir, wenn sie finanziellen Rat brauchen."

Die Phase des Vertrauensaufbaus dauert beim grünen Kunden länger als bei den anderen, Sie sollten genügend Zeit und Aufmerksamkeit dafür verwenden. Schaffen Sie eine entspannte Atmosphäre, wenn Sie ihn in Ihrem eigenen Büro empfangen. Sie können ihn für sich einnehmen, wenn Sie etwas Persönliches von sich offenbaren: Erzählen Sie ihm, wie Sie bei dieser Firma angefangen haben, zeigen Sie ihm ein Bild Ihrer Familie oder erklären Sie ihm, warum Sie gerade dieses spezielle Bild aufgehängt haben. Ihr grüner Kunde ist interessiert daran zu erfahren, was für ein Mensch Sie sind, und hört deshalb gerne etwas über Ihre Person.

Wahrscheinlicher ist aber, dass er Sie einlädt, in sein Büro oder zu ihm nach Hause zu kommen. Denn in seinen eigenen vier Wänden fühlt er sich am wohlsten und am sichersten.

Woran Sie vorher denken sollten

- Planen Sie genügend Zeit ein.
- Überlassen Sie ihm die Wahl des Ortes. Zeigen Sie Ihre Bereitschaft, zu ihm ins Büro oder nach Hause zu kommen.
- Erstellen Sie eine Liste Ihrer (grünen) Kunden, die mit dem Produkt bereits gute Erfahrungen gemacht haben. Fragen Sie diese im Voraus, ob der Kunde sich bei ihnen danach erkundigen kann.

Präsentation

Es erwartet Sie ein freundlicher, etwas zurückhaltender Kunde, der gerne Ihr Freund sein will. Seine Zurückhaltung ist kein Argwohn, sondern ein Abwarten. Er möchte erst einmal wissen, was für ein Mensch Sie sind.

Gewinnen Sie sein Vertrauen

Beginnen Sie das Gespräch mit persönlichen Bemerkungen. Wenn Sie den Kunden noch nicht kennen, erzählen Sie etwas von sich. Betonen Sie nicht so sehr Ihre Qualitäten als Experte, sondern als Mensch: Erzählen Sie, warum Sie Ihre Produkte gerne verkaufen oder warum Sie gerne als Verkäufer arbeiten. Wenn Ihnen das nicht liegt, dann überlegen Sie sich vorher, was Sie ihm über sich selbst erzählen wollen. Es ist wichtig, dass er Sie als Persönlichkeit kennen lernt und Sie bereit sind, etwas von sich preiszugeben. Und geben Sie ihm die gleiche Gelegenheit: Fragen Sie ihn nach seinen Interessen und seiner Person. Unterhalten sie sich über Familie und Hobbys. Suchen Sie nach Gemeinsamkeiten. Zum Beispiel:

„Für Sie und Ihre Familie ist dieser Kombi genau das richtige Modell. Sie haben Platz, selbst wenn Sie eine größere Reise machen und allerhand Gepäck haben. Ich habe Freunde, die auch drei Kinder haben und mit der ganzen Familie kürzlich nach Südfrankreich gefahren sind. Sie waren hochzufrieden mit dem Komfort und der Geräumigkeit dieses Wagens."

Zeigen Sie Anteilnahme und beweisen Sie ihm, dass Sie wirklich an ihm interessiert sind und dass Sie nicht nur aus Eigennutz gekommen sind.

Wenn Sie diese Fragen nur pro forma stellen und dann bei seinen Antworten gar nicht richtig zuhören, merkt er das. Dann haben Sie genau das Gegenteil erreicht und er denkt, dass Sie nur am Geschäft interessiert sind und nicht bereit sein werden, auf seine speziellen Bedürfnisse einzugehen. Der Grüne hat ein feines Gespür dafür, ob andere es ehrlich meinen oder nicht. Falsche Töne hört er sehr genau heraus. Selbst wenn Ihnen also die vertrauensvolle Beziehung zu Kunden nicht so wichtig erscheint und Sie sich normalerweise mehr am Sachlichen orientieren: Akzeptieren Sie, dass ein grüner Kunde das anders sieht. Die Phase des Vertrauensaufbaus hat bei diesem Kunden eine noch stärkere Gewichtung als die sonst üblichen 40 Prozent. Erarbeiten Sie sich also sein Vertrauen und seine Freundschaft.

Vertrauen können Sie auch dadurch aufbauen, indem Sie sich echte Empfehlungen von anderen geben lassen. Am besten von anderen grünen Kunden, die Ihr Kunde kennt. Es sollten Leute sein, denen der Kunde bereits vertraut, mit denen er etwa schon langjährige Kontakte pflegt oder häufig Geschäfte macht.

Wie motivieren Sie einen Grünen?

Wenn Ihr grüner Kunde spürt, dass er Ihnen persönlich wichtig ist, dann wird ihn das sehr motivieren, mit Ihnen Geschäfte zu machen. Gehen Sie also auf ihn persönlich ein und zeigen Sie, dass Sie behalten haben, was er Ihnen erzählt hat. Zum Beispiel:

„Sie haben sich zum Ziel gesetzt, mit 55 Jahren in den Ruhestand zu gehen, mit einem Einkommen, mit dem Sie Ihren gegenwärtigen Lebensstandard nahezu halten können. Sie wollen Ihren beiden Kindern ein Studium ermöglichen und jedes Jahr noch Geld für eine schöne Reise übrig haben. Für Ihr Hobby, die Segelfliegerei, brauchen Sie auch immer wieder eine Stange Geld. Darum haben Sie jetzt den richtigen Zeitpunkt gewählt, um Ihr Vermögen zu planen und über eine sichere Geldanlage nachzudenken."

Erzählen Sie auch etwas Privates von sich. Zeigen Sie, dass Sie an einer langfristigen Geschäftsbeziehung interessiert sind – aber wiederum nur, wenn Sie das auch wirklich wollen, denn sonst merkt er das.

Sie motivieren Ihren Kunden auch dadurch, indem Sie deutlich zum Ausdruck bringen, wenn Sie mit ihm in etwas übereinstimmen. Sie müssen ihm deswegen nicht in allem Recht geben, aber wenn es sich ergibt, dass Sie einer Meinung sind, dann sprechen Sie es aus.

Für einen grünen Kunden ist Ehrlichkeit ein hoher Wert: Wenn er also merkt, dass Sie ihm nichts verschweigen, ihn auch auf Nachteile aufmerksam machen und offen Ihre Meinung sagen, dann wird er Vertrauen zu Ihnen fassen und bei Ihnen kaufen wollen. Wichtig ist ihm auch, dass er von Ihnen akzeptiert wird, also sollten Sie ihn Ihrer Wertschätzung immer wieder versichern – auch wenn es für Sie ganz selbstverständlich ist, dass Sie ihn ernst nehmen.

Genaue Klärung des Bedarfs

Die Phase der Bedarfsklärung ist beim grünen Kunden fast ebenso wichtig wie die des Vertrauensaufbaus. Fragen Sie genau nach, was er will, hören Sie aufmerksam zu. Gehen Sie intensiv auf seine Situation ein, bis Sie sich genau vorstellen können, wie er Ihr Produkt einsetzen möchte und wo die Probleme dabei liegen. Stellen Sie bedeutungsvolle Fragen, die auf seine persönlichen Ansichten und beruflichen Ziele gerichtet sind. Fragen Sie so lange nach, bis Sie seine Ziele und Ideen kennen.

Hören Sie nicht auf, bis Sie ein wirklich detailliertes Bild der Situation haben. Sie mögen ziemlich schnell eine Idee davon haben, was der Kunde braucht. Aber verlassen Sie sich bei diesem Kunden nicht auf Ihr Gespür, sondern hinterfragen Sie Ihre eigene Annahme. Damit schlagen Sie zwei Fliegen mit einer Klappe: Ihr Kunde ist beeindruckt, wie sehr Sie sich mit ihm auseinander setzen, und Sie stärken Ihre vertrauensvolle Beziehung zu ihm. Zum anderen macht Ihnen Ihr genaues Nachfragen möglich, eine maßgeschneiderte Lösung für den Kunden zu finden. Beides wird bewirken, dass er sich viel leichter und mit gutem Gefühl zum Abschluss entscheidet, als das sonst seine Art ist.

Bieten Sie bewährte Produkte an

Der grüne Kunde hält sich an Bewährtes, an Produkte, mit denen er bereits gute Erfahrungen gemacht hat. Innovative Produkte wird er erst einsetzen, wenn andere sie hinreichend getestet haben – wenn sie also längst nicht mehr innovativ sind. Bieten Sie ihm deshalb Ihre traditionellen, gut funktionierenden Produkte und Lösungen an. Kennt er diese noch nicht, so liefern Sie ihm dazu reichlich Beweise und Statistiken. Ihr Material muss seinem Bedürfnis nach Sicherheit entsprechen und Faktoren betonen, die ihm zeigen, dass er mit diesem Produkt keine Risiken eingeht. Deshalb sind besonders Referenzen oder Berichte anderer glaubwürdiger Kunden ein gutes Mittel, um dem grünen Kunden Vertrauen in Ihr Produkt einzuflößen. Es sollten aber unbedingt Leute sein, deren Urteil er vertraut.

Image, Prestige und Äußerlichkeiten sind dem grünen Kunden nicht besonders wichtig. Er will, dass Ihr Produkt verlässlich ist, seine Erwartungen erfüllt und Qualität besitzt. Andere sollen nicht bewundern, dass er wieder mal der Erste ist, der ein neues Produkt ausprobiert oder dass er ein besonders witziges/schönes/originelles Produkt gekauft hat. Von seinen Kollegen wünscht er sich Anerkennung dafür, dass er eine vernünftige, nachvollziehbare Entscheidung für ein anerkanntermaßen gutes Produkt getroffen hat.

Schlüsselfaktoren: Sicherheit und Zeit

Sie werden es schon gemerkt haben: Für einen grünen Kunden brauchen Sie Zeit. Aber es lohnt sich, denn wenn Sie sein Vertrauen einmal gewonnen haben, wird er zu Ihren loyalsten Kunden gehören. Je öfter Sie Geschäfte mit ihm machen, desto schneller wird er Ihnen schon deshalb den Zuschlag geben, weil er mit Ihnen bereits so gute Erfahrungen gemacht hat.

Wenn Sie herausgefunden haben, was er braucht, und ihm Ihre Vorschläge präsentieren, dann gehen Sie weiterhin langsam und behutsam vor. Überrollen Sie ihn nicht mit Ihren Argumenten, sondern fragen Sie immer wieder nach, ob in Ihrer Präsentation alles soweit klar war oder er Fragen hat. Es liegt an Ihnen, die Initiative zu ergreifen und nachzufragen. Ein Grüner neigt dazu, Unklarheiten nicht offen anzusprechen, sondern erst einmal abzuwarten. Ermutigen Sie ihn also dazu, seine Fragen von sich aus zu stellen. Am Blickkontakt können Sie oftmals feststellen, ob Ihr grüner Kunde Ihnen noch folgt, oder ob er mit etwas Probleme hat. Schaut er Ihnen nicht mehr in die Augen, dann erkundigen Sie sich, ob es zu irgendeinem Punkt weiteren Klärungsbedarf gibt.

Blickkontakt zu halten und ihm direkt in die Augen zu schauen trägt auch zu Ihrer Überzeugungskraft bei. Schauen Sie Ihrem Kunden in die Augen und erklären Sie ihm, warum gerade Ihr Produkt die beste Lösung für sein Problem ist.

Da Sicherheit seine Priorität ist, betonen Sie alle Vorteile Ihres Produkts, die ein niedriges Risiko, Dauerhaftigkeit und Wertbeständigkeit garantieren. Stellen Sie diese ausführlich dar, dabei dürfen Sie sich ruhig wiederholen. Wenn die Familie des Grünen von Ihrem Produkt Vorteile hat, dann präsentieren Sie diese besonders anschaulich. Wenn es um seine Familie geht, trifft der Grüne durchaus auch sehr emotionale Entscheidungen.

Seien Sie auf jeden Fall geduldig und lassen Sie Ihrem Kunden Zeit. Wenn Sie zu schnell vorwärts drängen und Druck ausüben, verlieren Sie den Abschluss.

Einwände

Der grüne Kunde wird Ihnen mit Aufmerksamkeit zuhören und Ihre Präsentation, wenn er Sie mag, durch Nicken und Zustimmung unterstützen. Verwechseln Sie seine Bereitschaft, auf Sie einzugehen, aber nicht mit Zufriedenheit. Seine Freundlichkeit bedeutet nicht, dass er alles prima findet. Von sich aus fällt es dem Grünen schwer, Bedenken zu äußern. Er ist auf Harmonie bedacht und will Ihr gutes Verhältnis nicht beeinträchtigen, indem er Ihnen etwas Negatives über Ihr Produkt sagt. Seien Sie deshalb besonders wachsam, wenn es um Einwände geht. Der grüne Kunde braucht viel Ermunterung, seine Einwände hervorzubringen, und gleichzeitig die Bestätigung von Ihnen, dass Sie damit umgehen können und das nicht persönlich nehmen. Zum Beispiel:

„Ich habe das Gefühl, dass Sie Bedenken haben, was die Leistungsstärke dieser Anlage betrifft. Ich würde gerne genau wissen, welche Zweifel Sie haben. Die Kritik unserer Kunden hilft uns, unsere Produkte weiterzuentwickeln und auf dem höchsten technischen Standard zu halten. Sagen Sie also bitte frei heraus, welches Ihre Bedenken sind. Ich bin sehr daran interessiert."

Er selbst ist nämlich geneigt, Kritik an seiner Arbeit als persönliche Kritik aufzufassen.

Wenn es unterschiedliche Auffassungen zu einer Frage gibt, so sollten diese auf jeden Fall angesprochen und wenn möglich geklärt werden. Ihr Ziel sollte sein, in möglichst vielen Fragen Übereinstimmung zu erzielen, weil das Ihrem Kunden ein gutes Gefühl gibt. Er möchte, dass nicht nur er selbst von der Lösung überzeugt ist, sondern Sie ebenfalls. Wenn Sie allerdings „opportunistisch" zustimmen, verlieren Sie Ihre Glaubwürdigkeit. Haben Sie selbst Bedenken, sollten Sie diese ebenfalls äußern und nicht um der Harmonie willen zurückstellen.

Wichtig ist, dass keine verletzten Gefühle zurückbleiben. Übergehen Sie deshalb keine Einwände des Kunden und werten Sie sie nicht als unwichtig ab. Wenn er etwas als Problem empfindet, dann müssen Sie darauf eingehen.

Wenden Sie viel Zeit, Geduld und Sorgfalt für die Klärung der Probleme auf. Das wird den Prozess der Entscheidungsfindung am Ende verkürzen. Zusätzliche Besuche zur Bestätigung können notwendig sein, bevor es zum Abschluss kommt.

Fragen Sie nach, hören Sie zu, führen Sie unauffällig

Ihre Präsentationstechnik wird in weiten Teilen aus Fragen und Zuhören bestehen. Stellen Sie konkrete Fragen, seien Sie gelassen und informell. Wenn Sie etwas darstellen, dann legen Sie öfter mal eine Denkpause ein. Führen Sie keine Monologe, sondern beschränken Sie sich lieber auf kürzere Erklärungen und lassen Sie dem Kunden dann wieder Zeit, nachzufragen oder seine Meinung dazu zu äußern. Präsentieren Sie wohlbegründete Meinungen statt Optionen. Wenn Sie diesem Kunden Alternativen bieten, dann verwirren Sie ihn eher. Im Gegensatz zum roten Kunden trifft er ungern Entscheidungen, und wenn er sich zwischen zwei gut klingenden Möglichkeiten entscheiden muss, hat er Angst, dass er die falsche Entscheidung fällt. Sie können verhindern, dass er in diese Situation kommt, indem Sie nur eine einzige Lösung präsentieren, die Sie dann gemeinsam mit ihm immer besser ausfeilen.

Üben Sie auf keinen Fall Druck auf Ihren grünen Kunden aus. Treiben Sie ihn nicht mit abgeschlossenen Fragen voran. Unterstützen Sie seinen Kaufprozess behutsam, aber fest. Der Grüne übernimmt nicht die Führung, aber Sie dürfen ihn auch nicht zu offensichtlich führen oder drängeln.

Benutzen Sie beruhigende Ausdrücke wie „Denken Sie darüber nach“, „Das hilft Ihnen und mir weiter“, „Garantie“, „Vertrauen Sie mir“, „Schritt für Schritt“.

Aussagen, die einen Grünen motivieren

- „Ich habe den Eindruck, dass dieses Produkt das richtige für Sie ist, und kann es Ihnen wärmstens empfehlen.“
- „Es ist wichtig, auf dem gleichen Standard zu bleiben wie die anderen.“
- „Rufen Sie ruhig erst einmal ein paar Leute an, die vor einer gleichen Entscheidung standen. Ich habe hier eine Liste von Kunden, die Ihnen sicherlich gerne ihre Erfahrungen mitteilen werden.“
- „Sie wollen sicher keine Veränderungen nur um der Veränderungen willen. Aber dies wird Ihr ohnehin schon effektives System noch verbessern.“
- „Ich komme gerne vorbei und zeige Ihnen, wie ich selbst mit dem System arbeite. Dann können wir auch Ihre zusätzlichen Fragen noch klären.“

- „Bei diesem System geht es vor allem um Sicherheit. Sie können die Sicherheit für sich und Ihre Familie damit ungemein verbessern."
- „Etliche Firmen benutzen dieses Produkt bereits. Hier ist eine Liste, ich nenne Ihnen gerne ein paar Namen, bei denen Sie anrufen können."
- „Schauen Sie sich alles erst in Ruhe an, bis Sie sich entscheiden."

Verkaufsabschluss

Der grüne Kunde wird höchstwahrscheinlich nicht im ersten Gespräch kaufen, selbst wenn Sie ihn überzeugt haben. Er braucht Zeit, das Geschäft in Ruhe zu überdenken, wenn Sie gegangen sind und ihn nicht mehr beeinflussen können. Unter Umständen möchte er die Sache auch mit Kollegen besprechen, um die Verantwortung nicht ganz alleine tragen zu müssen.

Sie können seine Kaufentscheidung positiv beeinflussen, indem Sie ihm besondere Garantien für das Produkt einräumen. Zum Beispiel:

„Unsere Erfahrungen mit dieser Maschine sind so problemlos, dass wir eine Garantie von bis zu vier Jahren auf alle Teile geben können. Und wenn tatsächlich ein Problem auftauchen sollte, rufen Sie mich einfach an. Ich werde mich persönlich darum kümmern."

Das wird sein Vertrauen in die Qualität des Produkts erhöhen und er wird es Ihnen anrechnen, dass Sie sein Sicherheitsbedürfnis akzeptieren und darauf eingehen.

Um bei unserem Autoverkaufs-Beispiel zu bleiben: Autoverkäufer berichten, dass ein grüner Kunde am besten von dem Auto zu überzeugen ist, das er bereits vorher gefahren hat. Am liebsten ist es ihm, wenn keiner merkt, dass er ein neues Auto hat.

Am überzeugendsten wirken auf grüne Kunden die Argumente: „Es ist das bewährte Modell, das Sie bereits kennen: die gleiche Marke, fast die gleiche Ausstattung, die gleiche Fahrleistung. Es hat nur ein paar kosmetische Änderungen gegeben. Ich kann Ihnen gerne die gleiche Farbe bestellen, die Ihr altes Auto hatte. Dann merken Ihre Nachbarn nicht einmal, dass Sie in neues Auto haben."

Follow-up

Wenn Sie Ihrem grünen Kunden etwas versprochen haben, dann halten Sie das unbedingt ein. Sonst bezieht er Ihre Nachlässigkeit wahrscheinlich auf sich selbst und glaubt, dass er Ihnen doch nicht so wichtig ist.

Pflegen Sie den Kontakt zu Ihrem Kunden gut. Melden Sie sich, fragen Sie ihn, wie es ihm geht. Gestalten Sie Ihren Anruf nicht als Nachfrage nach eventuell neuem Bedarf, sondern beziehen Sie ihn auf die Person des Kunden: Sie wollten mal wieder was von ihm hören und deshalb rufen Sie an. Sie sollten ihm das Gefühl geben, dass nicht das Geschäftliche vorrangig ist, sondern Ihre Anteilnahme an seiner Person und seinem Wohlergehen. Dann können Sie auch die Frage einfließen lassen, wie sich das letzte Produkt, das Sie an ihn verkauft haben, bewährt hat und ob er etwas von Ihnen braucht. Sie kriegen auf diese Weise mit, wenn er unvorhergesehene Probleme mit dem Produkt hatte oder aus irgendeinem Grund damit unzufrieden ist. Es fällt ihm selbst nicht leicht, von sich aus zu reklamieren, und er wird froh sein, dass Sie anfragen.

Wenn Garantien und Zusicherungen nicht eingehalten werden können, wird das den Ärger des Grünen erregen. Er hat ein Elefantengedächnis und wird sich später daran erinnern. Mit Zögern, aber mit großer Beharrlichkeit wird er das einfordern, was ihm zusteht. Deshalb nehmen Sie auch hier das Heft in die Hand und kümmern Sie sich darum, wenn etwas schief gelaufen ist. Ihr grüner Kunde wird immer Verständnis für Ihre Situation haben, wenn Sie ihm die Gründe für Fehler oder Probleme erklären. Er will nur nicht übergangen oder nachlässig behandelt werden.

Checkliste:
Strategien für das Verkaufsgespräch mit dem grünen Kunden

Vertrauensaufbau:
- Erarbeiten Sie sich sein Vertrauen.
- Besuchen Sie ihn wiederholt.
- Erzählen Sie etwas Persönliches von sich.

Bedarfsanalyse:
- Gehen Sie langsam und behutsam vor.
- Fragen Sie oft nach, führen Sie eine Diskussion.

Information:
- Führen Sie Fakten und Zahlen an.
- Stellen Sie seine persönlichen Vorteile heraus.
- Betonen Sie besonders, wenn das Produkt Sicherheit und Wertbeständigkeit bietet.
- Achten Sie darauf, dass alle Fragen beantwortet werden.
- Geben Sie Referenzen von ihm bekannten Kunden an.

Abschluss:
- Lassen Sie ihm Zeit.
- Führen Sie ihn behutsam zum Abschluss, übernehmen Sie die Initiative.
- Reizen Sie ihn mit besonderen Garantievorteilen.

So funktioniert's nicht

Unehrlichkeit, Behauptungen, zu denen Sie nicht stehen können, die sich hinterher als Übertreibung oder unwahr herausstellen, bewirken, dass Sie das Vertrauen dieses Kunden verlieren. Ebenso wird er „zumachen", wenn Sie ihn drängeln oder unter Druck setzen. Erzwingen Sie keine schnellen Reaktionen, sonst fordern Sie ihn geradezu zu einem Nein heraus. Behandeln Sie ihn nicht von oben herab und werten Sie sein Sicherheitsbedürfnis nicht ab. Er ist eben so und Sie werden ihn nicht ändern. Sie werden ihn nur verlieren.

Anstoß wird Ihr grüner Kunde auch nehmen, wenn Sie ihn zu sachlich behandeln und sich nur auf das Geschäft beziehen. Das ist ihm dann zu unpersönlich. Er macht mit niemandem größere Geschäfte, den er nicht persönlich kennt.

Wenn er Ihnen seinen Bedarf schildert oder Ihnen seine Meinung zu Ihrem Vorschlag sagt, dann unterbrechen Sie ihn nicht, schon gar nicht voller Ungeduld. Er braucht möglicherweise länger als Sie, um seine Ansicht vorzutragen, und er erwartet, dass Sie ihm geduldig zuhören.

Machen Sie ihn auf keinen Fall lächerlich und lassen Sie ihm immer seine Selbstachtung. Der grüne Kunde ist sehr empfindlich, wenn er spürt, dass andere sich über ihn lustig machen oder ihn nicht für voll nehmen.

Ihr Kunde ist ein Berater

Ihr Kunde ist zwar ein „Grüner“, aber trotzdem sehr aufgeschlossen und bereit, das eine oder andere auszuprobieren. Holen Sie ihn deshalb an der gelben Ecke ab und fügen Sie entsprechende Bausteine in Ihre Strategie ein.

Gehen Sie auf seine Ideen ein

Ermutigen Sie ihn, seine Ideen zu äußern, und zeigen Sie ihm, dass Sie die Kompetenz haben, diese aufzugreifen und zu integrieren. Der Berater wird möglicherweise von sich aus nicht die Initiative ergreifen und Ihnen von seinen Ideen erzählen. Fragen Sie nach und gehen Sie darauf ein. Wenn Sie ihm tatsächlich zu einer ganz speziellen und persönlichen Lösung verhelfen, die auf seinen Ideen beruht, dann haben Sie ihn wahrscheinlich als lebenslangen Kunden gewonnen.

Gehen Sie schneller voran

Der grün-gelbe Berater braucht wahrscheinlich weniger Zeit als der rein grüne Kunde, um Ihrer Präsentation zu folgen und sich zu entscheiden. Sie dürfen ihn ruhig ein bisschen fordern, ohne ihn zu drängeln. Sie können versuchen, das Geschäft etwas zu beschleunigen.

Bieten Sie ihm Kontakte

Zwar ist der Berater nicht darauf aus, viele Kontakte zu machen, aber wenn er einen größeren Gelb-Anteil hat, dann ist er durchaus an geschäftlichen Bekanntschaften interessiert. Weisen Sie ihn also auf Referenzen hin, erzählen Sie ihm Neues aus der Branche oder suchen Sie nach gemeinsamen Bekannten. Es wird für Sie etwas leichter sein,

Referenzen für ihn zu finden, da Sie ihn auch an Gelb-Typen vermitteln können.

Ihr Kunde ist ein Koordinator

Fragt Ihr Kunde nach vielen Details und ist interessiert an schriftlichen Unterlagen? Trotzdem sind Sie sicher, dass er eigentlich ein grüner Kunde ist? Dann ist er ein Koordinator, dessen Grün-Anteile überwiegen. Aber Sie sprechen ihn noch besser an, wenn Sie auch seinen Blau-Anteil einbeziehen.

Beantworten Sie alle seine Fragen

Werden Sie nicht ungeduldig, wenn er Ihnen viele Fragen stellt, sondern beantworten Sie alle detailliert, bis er zufrieden ist. Hören Sie genau hin, denn er wird seine Einwände sehr diplomatisch verpacken. Gehen Sie darauf ein und fragen Sie nach, bis wirklich alle Zweifel ausgeräumt sind. Auch er wird Ihre Geduld und Bereitschaft, auf ihn einzugehen, mit Treue belohnen.

Halten Sie etwas mehr Abstand

Überlassen Sie es dem Koordinator, wie eng er den persönlichen Kontakt zu Ihnen gestalten will. Wenn Sie Grenzen spüren, dann akzeptieren Sie sie. Er ist reservierter und misstrauischer als ein rein grüner Kunde und Sie werden längere Zeit brauchen, um mit ihm warm zu werden.

Wie verkaufen Sie an einen grünen Kunden, wenn Sie selbst …

… ein grüner Verkäufer sind?

- Im Grunde haben Sie keine großen Probleme.
- Denken Sie aber daran, dass er, ebenso wie Sie, viel Sicherheit braucht, also bestärken Sie ihn darin. Zeigen Sie keine eigenen

Unsicherheiten, sondern geben Sie sich so zuversichtlich wie möglich.

... ein roter Verkäufer sind?

- Gehen Sie langsamer voran als üblich und widmen Sie sich ausführlich den Phasen des Vertrauensaufbaus und der Bedarfsanalyse.
- Werten Sie das Sicherheitsbedürfnis des Grünen nicht ab. Behandeln Sie ihn nicht von oben herab und drängen Sie ihm nicht etwas auf, nur weil Sie es für die beste Lösung halten. Ihr grüner Kunde muss selbst zu diesem Urteil kommen und Sie können ihn darin nur unterstützen.
- Gehen Sie langsamer vor als sonst, bieten Sie mehr Details.
- Seien Sie immer freundlich und zeigen Sie ihm Ihre persönliche Wertschätzung.
- Legen Sie nicht zu viel Nachdruck auf neue und innovative Produkte.

... ein gelber Verkäufer sind?

- Geben Sie sich nicht zu überschwänglich und herzlich, bevor deutlich wird, dass er Vertrauen zu Ihnen gefasst hat und Sie mag.
- Halten Sie sich an Fakten und Zahlen. Übertreiben Sie nicht.
- Ihr Kontaktvermögen wird den Vertrauensaufbau erleichtern. Aber darüber hinaus erwartet der grüne Kunde jede Menge Informationen über das Produkt, das Sie verkaufen.

... ein blauer Verkäufer sind?

- Lassen Sie ihm Zeit, alle Fakten zu verdauen.
- Unterhalten Sie sich über die Familien, teilen Sie etwas Persönliches von sich mit und seien Sie stets freundlich.

Sind Sie ein grüner Verkäufer?

Hier finden Sie wichtige Strategien gegenüber den vier Farbtypen.

Farbe des Kunden	Rot	Gelb	Grün	Blau
Eröffnung	Seien Sie direkt und sicher. Faseln und zaudern Sie nicht.	Seien Sie gesellig und freundlich.	Entwickeln Sie Vertrauen und Freundschaft.	Seien Sie formeller und weniger offen.
Fragen stellen	Achten Sie auf Ungeduld und folgen Sie seinem Tempo.	Machen Sie sich Notizen und gehen Sie in die Einzelheiten.	Lassen Sie reichlich Zeit, die Probleme zu durchdenken.	Stellen Sie detaillierte sachliche Fragen, seien Sie logisch.
Präsentation	Seien Sie gut organisiert und sachlich.	Tragen Sie unterhaltsam, begeistert und zügig vor.	Berufen Sie sich auf Kundenempfehlungen.	Stützen Sie Ihre Aussagen durch Beweise und zeigen Sie Produktkenntnis.
Bestätigung	Machen Sie die Alternativen deutlich.	Richten Sie das Augenmerk auf zukünftige Vorteile und Prestigezuwachs.	Geben Sie persönliche Versicherungen.	Nennen Sie die logischen Alternativen.

Follow-up	Zeigen Sie Optionen mit der Wahrscheinlichkeit des Erfolgs auf.	Zeigen Sie, wie Ideen und Träume zu verwirklichen sind.	Zeigen Sie auf, welche Vorteile für seine Beziehungen zu erwarten sind.	Seien Sie detailliert und sachlich.
Allgemein	Konzentrieren Sie sich auf Fakten, nicht auf Gefühle.	Seien Sie direkt.	Ein langsames, informelles Gespräch	Seien Sie gut vorbereitet.

Liebe zum Detail – Strategien für den Umgang mit blauen Kunden

Über drei Dinge müssen Sie reichlich verfügen, wenn Sie zu einem blauen Kunden gehen: Zeit, Geduld und detaillierte Unterlagen. Dann entsprechen Sie genau seinen Erwartungen und haben alle Chancen auf einen erfolgreichen Abschluss. Wie Sie Ihre Strategien modifizieren, wenn Sie auf einen Koordinator und einen Reformer (mit stärkerem Blau-Anteil) treffen, erfahren Sie abschließend ebenfalls.

Atmosphäre

Ein blauer Kunde wahrt am liebsten Abstand zu Ihnen: rein räumlich und auch beziehungsmäßig. Er hat kein Interesse daran, Ihnen etwas Persönliches von sich zu erzählen, und er will auch von Ihnen nichts Privates wissen. Wenn Sie das respektieren und ihm nicht zu nahe treten, wird er gerne mit Ihnen Geschäfte machen.

Wenn Sie zu ihm ins Büro kommen, empfängt Sie eine formelle, geschäftsmäßige Atmosphäre. Ihr blauer Kunde erwartet Sie mit höflichem, aber auch kühlem und distanziertem Ausdruck und kommt ohne Umschweife zur Sache. Versuchen Sie nicht, das vermeintliche Eis zu brechen, indem Sie ein lockeres Gespräch anfangen. Dadurch bringen Sie sein Eis nicht zum Schmelzen. Sie erwärmen ihn nur dann für sich, wenn Sie ebenso aufgabenorientiert an das Geschäft herangehen und Ihre Kompetenz für sich sprechen lassen.

Nehmen Sie deshalb die unpersönliche Atmosphäre nicht persönlich. Vor allem wenn Sie selbst ein grüner oder ein gelber Verkäufer sind, wird Ihnen das möglicherweise schwer fallen. Aber das Beste, was Sie tun können, ist, alles auf einer rein sachlichen Ebene zu betrachten und den Beziehungsaspekt völlig zu vernachlässigen. Erst wenn Sie etliche Male bei diesem Kunden waren, wird sich vielleicht so etwas wie ein persönlicher Draht bilden. Aber für den erfolgreichen Geschäftsabschluss ist das nicht von Belang und der ist Ihnen das Wichtigste – und Ihrem blauen Kunden auch.

In den ersten Minuten oder beim ersten Treffen mit einem blauen Kunden geht es um Ihre Kompetenz. Der Kunde will wissen: Lohnt es sich, mit diesem Verkäufer in eine langwierige Geschäftsverhandlung einzutreten, oder nicht? Deshalb konzentrieren Sie sich darauf, sich von Ihrer kompetentesten Seite zu präsentieren. Schicken Sie ihm schon vor Ihrem Besuch Material, in dem er Näheres über Ihre Firma und Sie erfährt. Zum Beispiel:

„Hermann Bläulich, mein Name. Ich bin Diplom-Betriebswirt und Steuerfachmann. Näheres zu meinem beruflichen Hintergrund haben Sie sicherlich bereits der Mappe entnommen, die ich Ihnen geschickt habe. Ich habe seit 14 Jahren Erfahrung im Finanzberatungsgeschäft und achte sorgfältig darauf, mein Wissen stets auf dem neuesten Stand zu halten. Dadurch kenne ich mich im Wirrwarr der sich ständig ändernden Gesetze zuverlässig aus und werde Ihnen mit meinem Wissen gerne zur Seite stehen."

Seien Sie aber aufrichtig und übertreiben Sie nicht. Im Zweifel macht sich der Kunde eine Notiz und kommt auf ein Detail zurück. Sie sollten hinter allem stehen, was Sie sagen.

Woran Sie vorher denken sollten

- Planen Sie genügend Zeit ein, legen Sie sich keine wichtigen Termine nach diesem Gespräch, so dass Sie nicht abbrechen müssen oder in Hektik geraten.
- Schicken Sie ihm im Voraus Unterlagen über sich, Ihre Firma und das Produkt.
- Machen Sie einen genauen Ablaufplan.
- Planen Sie zu jedem Punkt Ihrer Präsentation das entsprechende schriftliche Material ein und achten Sie darauf, dass es mit der Abfolge Ihres Vortrags übereinstimmt.
- Räumen Sie Ihre eigenen Schwachstellen aus: Lassen Sie sich von Experten Ihrer Firma gründlich über das Produkt informieren.

Präsentation

Ihr Gespräch wird wahrscheinlich immer wieder von Pausen unterbrochen werden, in denen der Kunde nachdenkt und in Schweigen versinkt. Lassen Sie sich nicht entmutigen von Schweigen, Misstrauen und kritischen Fragen. Da müssen Sie durch, wenn Sie ein gutes Geschäft machen wollen. Und je souveräner Sie das meistern, desto schneller geht es.

Hören Sie genau hin

Die Klärung des Bedarfs gibt Ihnen Gelegenheit, genau herauszufinden, woran ein Abschluss mit Ihrem Kunden scheitern könnte. Lassen Sie sich detailliert schildern, was er braucht und wie er Ihr Produkt anwenden will. Stellen Sie ihm genaue Fragen, um herauszufinden, auf welche Punkte es ihm besonders ankommt. Unter Umständen werden Sie sich in Ihrer Firma mit einem Experten hinsetzen und eine maßgeschneiderte Lösung ausarbeiten. Sie müssen diesem Fachmann dann genau schildern können, was Ihr Kunde will. Machen Sie sich also ausführliche Notizen – je komplexer die Lösung ist, die der Kunde will, desto umfassender. Ihr Kunde wird es schätzen, wenn er merkt, dass Sie versuchen, seine Situation zu verstehen. Erwarten Sie aber nicht, dass er seinen Gefühlen Ausdruck verleiht. Er wird bestenfalls Ihre Kompetenz oder Vorgehensweise loben.

Wenn Sie ein umfangreiches Geschäft mit ihm planen oder die Lösung sehr komplex ist, dann ist es besser, das Bedarfsgespräch von der Präsentation zu trennen. Das gibt Ihnen die Gelegenheit, sich optimal darauf vorzubereiten und passendes schriftliches Material mitzubringen. Zum Beispiel:

„Herr Müller, ich habe mir jetzt viele Notizen gemacht zu Ihrem Bedarf. Ich möchte Ihnen dafür gerne eine Lösung ausarbeiten, die genau Ihren Erfordernissen entspricht. Dafür brauche ich aber etwas Zeit und die Fachkompetenz unserer Experten. Die Lösung soll Ihren hohen Ansprüchen genügen. Deshalb schlage ich vor, dass wir nächste Woche einen Termin ausmachen, für den wir uns beide genügend Zeit einräumen und an dem ich dann ein ausgefeiltes, durchdachtes Angebot präsentieren kann."

Nur wenn Sie sicher sind, dass Sie ad hoc für eine Präsentation vorbereitet sind, sollten Sie sie gleich an die Bedarfsanalyse anschließen. Aber seien Sie dabei selbstkritisch und bewerten Sie Ihr Wissen mit seiner Messlatte: Können Sie wirklich Auskunft über Details geben? Wenn nicht, lassen Sie sich nicht auf halbe Sachen ein. Vereinbaren Sie einen neuen Termin, bereiten Sie sich gut vor und geben Sie dann eine eindrucksvolle, überlegene Präsentation.

Was Sie einplanen können

Ihre Präsentation sollte in erster Linie logisch und gut gegliedert sein. Sie müssen dem blauen Kunden unbedingt schriftliches Material mitbringen, das Ihre Präsentation unterstützt. Achten Sie darauf, dass es in der Reihenfolge mit Ihrem Vortrag übereinstimmt. Ein Blauer wird sich ärgern, wenn er hin- und herblättern muss, um die entsprechenden Unterlagen zu finden.

Schicken Sie ihm vorher auch schon ausführliche schriftliche Informationen, die ihn auf Ihren Vortrag vorbereiten.

Erstellen Sie eine Tagesordnung und halten Sie sich daran. Wenn Ihr Kunde auch eine gemacht hat, dann richten Sie sich nach seiner und bauen Sie Ihre Extrapunkte an entsprechender Stelle ein.

Denken Sie vorher an potenzielle Einwände und Nachfragen seinerseits, damit Sie auf möglichst alles vorbereitet sind. Wenn es um viel geht, dann sprechen Sie Ihr Konzept mit Kollegen durch, um noch mögliche Schwachstellen aufzudecken.

Überlegen Sie sich, ob Sie andere blaue Kunden kennen, die Ihnen schon vorher Empfehlungen geben können. Nur diese wird der blaue Kunde akzeptieren.

Wie motivieren Sie einen Blauen?

Die größte Motivation erfährt der blaue Kunde, wenn Sie ihm viel detailliertes Material dalassen, das er in Ruhe durchlesen kann. Drängen Sie ihn dabei nicht, vereinbaren Sie einen Zeitpunkt, an dem Sie wieder miteinander sprechen wollen, und lassen Sie ihm diese Bedenkzeit.

Haargenau und hundertprozentig

Bieten Sie Ihrem blauen Kunden nur bewährte Produkte und Lösungen an, von deren Qualität Sie selbst überzeugt sind. Ihre neuen, noch nicht bewährten Produkte können Sie in Ihrer Firma lassen, Ihr blauer Kunde wird sie nicht ausprobieren wollen.

Ihre Präsentation sollte sehr präzise und pragmatisch sein. Gehen Sie auf Einzelheiten ein, präsentieren Sie verschiedene Lösungsmöglichkeiten und deren Vor- und Nachteile. Zum Beispiel:

„Lassen Sie mich Schritt für Schritt demonstrieren, wie bei dieser speziellen Version die Sensoren ausgetauscht werden. Darf ich vorschlagen, dass Sie sich die einzelnen Schritte im Detail notieren, damit wir sichergehen, jede Eventualität abgedeckt zu haben?"

Halten Sie sich dabei strikt an Fakten und Beweise, Ihre Meinung interessiert Ihren Kunden nicht. Für seine Entscheidungsfindung braucht er jede Menge Hintergrundinformationen, nachweisbare Informationen und Erfahrungsberichte. Er möchte ganz sichergehen, dass er mit seiner Entscheidung keinen Fehler macht. Sie können ihn dabei unterstützen, indem Sie ihm logisch darlegen, warum die und die Lösung genau zu seinem Problem passt. Zeigen Sie Vor- und Nachteile, halten Sie keine Information zurück, sonst denkt er, Sie hätten sie ihm absichtlich verschwiegen, wenn er sie im Nachhinein erfährt.

Lassen Sie dem blauen Kunden Zeit, die Informationen aufzunehmen und die Fakten zu verdauen. Drängen Sie nicht auf schnelle Antworten. Lassen Sie ihm Zeit zum Nachdenken.

Seien Sie beharrlich und geben Sie nicht auf, wenn Sie auf Skepsis stoßen. Fragen Sie immer wieder nach, welches seine Bedenken sind, und erklären Sie geduldig und genau die Fakten.

An schriftlichem Material können Sie ihm Daten, Zitate, Gebrauchsanweisungen, Erklärungen zur Funktionsweise, Geschäftsberichte oder Ähnliches als Vorbereitung und Unterstützung der persönlichen Präsentation anbieten. Wieder das Beispiel Autokauf:

Ein blauer Autofahrer führt Fahrtenbuch, rechnet den Verbrauch aus und stellt eine Kosten-Investment-Rechnung auf, um herauszufinden, ob dieses Auto seinen Ansprüchen genügt. Autoverkäufer bestätigen, dass es sehr überzeugend auf blaue Kunden wirkt, wenn sie ihnen diese Daten bereits beim Kauf liefern. Je mehr Testergebnisse ein blauer Kunde vor sich liegen hat, desto leichter fällt ihm die Entscheidung.

Der Fokus Ihres Vortrags und des Materials sollte immer darauf liegen, wie das Produkt funktioniert. Blaue wollen in der Lage sein, selbst zu beurteilen, ob Sie und Ihr Produkt/Ihre Dienstleistung die ideale Lösung für ihre Bedürfnisse darstellen. Wenn es möglich ist, demonstrieren Sie die Anwendung. Zum Beispiel:

„Mir gefällt die gründliche Art, wie Sie sich auf die Suche nach einer neuen Waschmaschine machen, Frau Huber. Ich respektiere Ihre Sorge um die Umwelt. Dieses Modell ist das effizienteste auf dem Markt, in einer Reihe von Bereichen, die hier aufgelistet sind. Zugleich ist es eines unserer bewährtesten und bestverkauften Produkte dieser Art. Möchten Sie, dass ich Ihnen den Energiesparmodus der Maschine zeige?“

Oder organisieren Sie einen Besuch des Blauen bei einem Ihrer Kunden, der mit dem System schon arbeitet, wenn sich das machen lässt. Arbeiten Sie langsam und behutsam auf eine Problemlösung hin. Stellen Sie jede Frage von allen Seiten dar. Zeigen Sie, dass die Lösung kurz- wie langfristig die beste Entscheidung für ihn ist. So gewinnen Sie an Glaubwürdigkeit und langsam sein Vertrauen in Ihre Kompetenz.

Umgang mit der Zeit

Zeit ist ein kostbares Gut für den blauen Kunden. Er will, wie der rote Kunde, seine Zeit so effektiv wie möglich nutzen. Bei ihm heißt das aber nicht, dass alles schnell gehen muss. Für ihn bedeutet es, dass er seine Zeit auf das Sammeln von Informationen verwendet und nicht an Plaudereien verschwendet. Deshalb dauert der Kaufprozess mit dem blauen Kunden wahrscheinlich am längsten und ist wahrscheinlich auch für Sie am anstrengendsten, weil Sie von ihm stark gefordert werden.

Er erwartet von Ihnen absolute Pünktlichkeit und wird auch stets selbst pünktlich zu Ihren Gesprächen erscheinen. Das Gespräch selbst wird langsam und gleichmäßig voranschreiten und es ist gut, wenn Sie sich diesem Tempo anpassen. Ihr blauer Kunde braucht Zeit, um sich alle Details gründlich zu vergegenwärtigen. Hinter dem stillen Verhalten des Blauen bewegt sich ein intensiver Strom von Gedanken; auch wenn er äußerlich ungerührt erscheint, laufen hinter seiner Stirn viele Szenarios und Gedankenspiele ab.

Wortwahl

Um sich dem Tempo des blauen Kunden anzupassen, sollten Sie langsam und bedächtig reden. Drücken Sie sich genau und ohne Umschweife aus und wiederholen Sie nicht alles dreimal. Streuen Sie regelmäßig Fragen ein, um den Blauen aus der Reserve zu locken und mitzukriegen, was in ihm vorgeht. Ermutigen Sie ihn durch sachliche Fragen, Ihnen mitzuteilen, wo seine Zweifel liegen. Denken Sie aber daran, dass die Voraussetzung dafür ist, dass er Sie für kompetent hält. Stellen Sie deshalb nur relevante Fragen, die in den Gesamtzusammenhang passen.

Benutzen Sie Ausdrücke wie „bewährt“, „Fakten“, „Die Daten zeigen“, „Kein Risiko“, „Lassen Sie sich Zeit“, „Denken Sie darüber nach“, „Analysieren Sie“, „Unterstützende Informationen“.

Aussagen, die einen blauen Typ motivieren

- „Ein Programm wie dieses braucht Maßstäbe, die eine sorgfältige Qualitätssicherung ermöglichen. Es wird Ihren hohen Anforderungen genügen.“
- „Bei einer so wichtigen Entscheidung sollten wir mehrere Sitzungen ansetzen, um alle möglichen Alternativen auszuloten.“
- „Es würde mich nicht wundern, wenn dieses System auch noch laufen wird, wenn Sie längst im Ruhestand sind und angeln gehen – auch wenn das noch eine lange Zeit bis dahin ist.“
- „Andere wenden es an und haben sehr gute Erfahrungen damit gemacht. Sie werden vermutlich noch mehr herausholen als andere.“
- „Ich biete Ihnen die Gelegenheit, das System eine Weile zu testen, bevor Sie sich endgültig dafür entscheiden.“

- „An dieser Idee ist lange von den Fachleuten gefeilt worden, bis sie zu einem Qualitätsprogramm entwickelt worden ist."
- „Es wird Sie interessieren, wie viele umfangreiche Studien zu diesem Produkt gemacht wurden. Sie sind alle in diesem Material beschrieben, das ich Ihnen zum gründlichen Durcharbeiten dalasse."
- „Lesen Sie sich diese ganzen Informationen in aller Ruhe durch und ziehen Sie dann Ihre eigenen Schlüsse daraus."

Körpersprache

Wenn Sie zu lebhafter Gestik neigen, dann versuchen Sie, Ihre Körpersprache zu kontrollieren. Machen Sie langsame, bedächtige Gesten, die Seriosität und Nachdenklichkeit ausdrücken. Nehmen Sie Abstand und bewahren Sie eine formelle Haltung. Versuchen Sie auf keinen Fall, ihn zu berühren oder durch Blicke seine Zustimmung und Anerkennung zu gewinnen. Dann fühlt sich ein Blauer zu einer Nähe genötigt, die er gar nicht will. Blicken Sie ihm direkt in die Augen und drücken Sie dadurch aus, dass Sie zu dem stehen, was Sie sagen. Auch Ihr Tonfall sollte Ruhe, Beherrschung und Nachdenklichkeit ausstrahlen. Modulieren Sie wenig und sprechen Sie mit klarer, fester Stimme.

Verkaufsabschluss

Oft braucht es lange, bis sich der blaue Kunde zum Kauf durchringt. Er schiebt die Entscheidung hinaus, bis er alles gelesen, analysiert und recherchiert hat, um das Risiko eines Fehlers zu minimieren. Sie können ihm aber Anreize bieten, damit er leichter zu einer Entscheidung kommt. Zum Beispiel:

„Ich denke, das wären alle Einzelheiten, Herr Meier. Hinzufügen möchte ich noch, dass wir eine kostenlose Hotline und einen 24-Stunden-Reparaturservice für dieses außergewöhnliche Modell bieten."

Entwerfen Sie einen Aktionsplan mit festen Terminen und Meilensteinen. Geben Sie schriftlich ein vollständiges Angebot ab, dessen

Details Sie alle erläutert haben. Einigen Sie sich zuerst über nicht so wichtige Punkte, dann gehen Sie langsam zu den wichtigen über. Machen Sie konkrete Angaben und Angebote, an die Sie sich später unbedingt halten.

Bestätigen Sie alles schriftlich. Drängen Sie ihn beim ersten Mal nicht auf einen Abschluss. Er braucht Ruhe, um alles noch einmal zu durchdenken. Das sollten Sie respektieren. Betonen Sie aber Verluste oder sachliche und finanzielle Nachteile, die durch Verzögerungen entstehen könnten.

Follow-up

Ihr blauer Kunde ist an regelmäßigen Kontakten mit Ihnen nicht sonderlich interessiert. Was ihn aber durchaus interessiert, ist neues Wissen. Wenn es also neue Produkte, Lösungen oder Entwicklungen gibt, wenn Sie aufschlussreiche Informationen oder Untersuchungen zu einem Produkt bekommen, das Sie ihm verkauft haben, dann schicken Sie ihm diese zu. An einem fachlichen Austausch mit Ihnen ist der blaue Kunde durchaus interessiert.

Nach allem bisher Gesagten ist wohl selbstverständlich, dass Ihr Kunde größten Wert darauf legt, dass Sie alle Verabredungen und Abmachungen mit ihm peinlich genau einhalten. Genauso sachlich, genau, zielstrebig sollten Sie mit Reklamationen umgehen. Ihn ärgert es mehr als andere Kunden, wenn etwas nicht so läuft wie geplant, also nehmen Sie sich des Problems intensiv an. Bieten Sie ihm Anreize, die ihn wieder versöhnlicher stimmen.

Checkliste:
Strategien für das Verkaufsgespräch mit dem blauen Kunden

Vertrauensaufbau:
- Überzeugen Sie ihn durch Ihre Kompetenz und Zuverlässigkeit.
- Treten Sie ihm nicht zu nahe.
- Verschwenden Sie keine Zeit mit persönlichen Gesprächen und Smalltalk.

Bedarfsanalyse:
- Hetzen Sie ihn nicht.
- Finden Sie genau heraus, was er will.

Information:
- Bereiten Sie sich gut auf die Präsentation vor.
- Kommen Sie direkt zur Sache und bringen Sie reichlich Fakten und Zahlen an.
- Bieten Sie ihm viel schriftliche Unterlagen an.
- Achten Sie darauf, dass alle Fragen beantwortet werden.

Abschluss:
- Lassen Sie ihm Zeit.
- Stellen Sie Nachteile dar, die durch zu lange Verzögerungen entstehen können.
- Bieten Sie ihm Anreize für eine schnellere Entscheidung.

So funktioniert's nicht

Sie werden einen blauen Kunden schnell vergraulen, wenn Sie erstens zu viel über sich reden und zweitens Ihre Informationen unorganisiert vorbringen. Dann nimmt er Sie nicht mehr ernst.

Wenn Sie zu locker und informell auftreten, beeindrucken Sie ihn auch nicht. Ebenso wenig, wenn Sie nur vage Äußerungen machen, inhaltlich an der Oberfläche bleiben, seine Fragen nicht beantworten können, ihn unter Druck setzen, sich nicht an Abmachungen halten. Ihr Kunde ist inhaltlich und fachlich anspruchsvoll. Bringen Sie Referenzen, die unzuverlässig sind, oder zitieren Sie die „Meinung" einer anderen Person als „Beweis", werden Sie ihn ebenso wenig überzeugen.

Verärgern werden Sie ihn auch, wenn Sie ihm zu nahe treten: Sei es körperlich durch Berührungen, durch persönliche Äußerungen oder durch Kritik. Er wird es schrecklich finden, wenn Sie versuchen, ihn zu manipulieren, indem Sie ihn locken wollen oder ihm etwas vorjammern.

Ihr Kunde ist Koordinator

Ihr Kunde ist zwar eindeutig ein Blauer, aber dennoch scheint er auf Sie zuzugehen und lässt Sie seine persönliche Wertschätzung spüren. Wahrscheinlich ist er ein Koordinator. Im Gegensatz zu dem Koordinator im vergangenen Kapitel überwiegen allerdings seine Blau-Anteile gegenüber seinen grünen. Trotzdem können Sie ihn auf seine „grüne Komponente" gezielt ansprechen und werden merken, dass er positiv darauf reagiert.

Betonen Sie alle Aspekte, die Sicherheit bieten

Wenn Sie ihm detaillierte Informationen bieten, dann legen Sie einen besonderen Akzent auf alle Vorteile Ihres Produkts, die ihm, seinen Kollegen oder seinem Unternehmen Sicherheit bieten. Betonen Sie die lange Erfahrung, die Ihr Unternehmen in einem bestimmten Bereich hat, und möglicherweise Ihre eigene langjährige Erfahrung als Verkäufer. Stellen sie ihm besondere Garantien in Aussicht, wenn er sich für einen Kauf entscheidet.

Gehen Sie auf Persönliches ein

Fangen Sie seine vorsichtigen persönlichen Signale auf. Sei es, dass er Ihnen seine Wertschätzung – etwas verschlüsselt – ausdrückt oder Ihnen andeutet, dass er Befürchtungen hinsichtlich eines bestimmten Aspekts hat: Er äußert Emotionen, die ein rein Blauer nie zeigen würde. Nehmen Sie das ernst und gehen Sie darauf ein. Aber nicht, indem Sie ihn beruhigen wollen oder Ihrerseits von Ihren Ängsten und Freuden erzählen – das ginge zu weit –, sondern indem Sie ihm sachliche Informationen geben, die ihm seine Befürchtungen nehmen können. Zum Beispiel:

„Ich verstehe Ihre Sorge hinsichtlich der Haltbarkeit unserer Tiefkühlprodukte. Viele unserer Kunden äußern diese Befürchtung. Aber wir konnten bisher alle überzeugen, dass unser Frischhaltesystem die optimale Haltbarkeit garantiert. Alle Produkte, die vor der von uns garantierten Haltbarkeit schlecht werden, nehmen wir anstandslos zurück und ersetzen sie innerhalb von drei Tagen. Wenn es Ihnen eine Beruhigung ist, setze ich mich persönlich dafür ein, diese Frist in Ihrem Fall auf zwei Tage zu senken. Sie können sicher sein, dass wir dieses für uns riskante Angebot nicht machen würden, wenn wir nicht absolut von unserem Frischhaltesystem überzeugt wären."

Ihr Kunde ist Reformer

Verlangt Ihr Kunde nach detaillierten Informationen, hat aber eine genaue Vorstellung von dem, was er will, und lässt Sie das auch spüren? Dann ist er ein Reformer, dessen Blau-Anteile allerdings stark gegenüber seinen roten überwiegen. In diesem Fall können Sie in Ihre „Blau-Strategie" noch einige Elemente einfügen, die ihn auf seiner roten Seite ansprechen.

Zeigen Sie ihm, dass er wichtig ist

Als Blauer ist er daran interessiert, was für Erfahrungen andere Leute mit Ihrem Produkt gewonnen haben. Als „teilweise" Roter interessiert es ihn besonders, was Leute, die er achtet und die gehobenere Positionen haben, für Erfahrungen gemacht haben. Geben Sie ihm entsprechende Referenzen. Das wird ihm schmeicheln und ihn überzeugen. Es wird ihm zeigen, dass Sie ihn „richtig" einschätzen, und er wird es auch als angemessene Bekundung Ihres Respekts ihm gegenüber auffassen. Lassen Sie immer wieder durchblicken, wenn es angemessen ist, dass Sie seine Leistungen kennen und würdigen. Zum Beispiel:

„Herr Loth, Sie sind jetzt seit Jahren mit diesen Systemen befasst und kennen sich darin aus wie kein anderer. Deshalb sind Sie wohl derjenige unter meinen Kunden, der die Qualität unserer Bauteile am besten beurteilen kann. Ich bin sehr interessiert daran zu erfahren, was Sie darüber denken."

Setzen Sie auf höchste Qualität

Das Beispiel illustriert noch einen anderen Aspekt, der dem Reformer sehr wichtig ist. Ihm geht es nicht nur um Details und eine sichere, bewährte Lösung. Mehr als dem reinen Blau-Kunden geht es ihm um erstklassige Produkte. Bieten Sie ihm das Beste, was Sie haben, und präsentieren Sie es auch als das Beste. Beziehen Sie seine Ideen und Vorstellungen mit ein und versuchen Sie, gemeinsam mit ihm eine Lösung zu finden, die kreativ, pragmatisch und erstklassig ist. Betrachten Sie es als Herausforderung auch für sich selbst, denn vom Reformer können Sie höchstwahrscheinlich noch etwas über Ihr Produkt lernen. Der Reformer wird es schätzen, dass Sie sich engagiert und kompetent für seine Lösungen einsetzen.

Wie verkaufen Sie an einen Blau-Kunden, wenn Sie selbst ...

... ein blauer Verkäufer sind?

Sie werden keine Probleme haben, denn Sie sind genauso detailversessen wie Ihr Gegenüber. Sie sollten nur verhindern, dass Sie im Datenaustausch stecken bleiben und den Abschluss verpassen.

... ein roter Verkäufer sind?

- Präsentieren Sie reichlich Beweise und Fakten.
- Antworten Sie geduldig auf alle Fragen.
- Drängeln Sie ihn nicht.
- Zeigen Sie ihm Ihren Respekt.

... ein gelber Verkäufer sind?

- Erzählen Sie ihm keine Geschichten und nichts Persönliches.
- Bereiten Sie sich viel besser vor als bei anderen Kunden.
- Äußern Sie Ihre Gefühle nicht.

... ein grüner Verkäufer sind?

Lassen Sie sich durch die Nachfragen und die Skepsis nicht verunsichern.

Sind Sie ein blauer Verkäufer?

Hier finden Sie wichtige Strategien gegenüber den vier Farbtypen.

Farbe des Kunden	Rot	Gelb	Grün	Blau
Eröffnung	Kommen Sie direkt und zügig zur Sache.	Seien Sie gesellig, auch wenn es weh tut. Reden Sie über den Kunden.	Seien Sie direkt, offen und zeigen Sie persönliches Interesse an ihm.	Gleich zur Sache.
Fragen stellen	Konzentrieren Sie sich auf seine Ziele und wie sie zu erreichen sind.	Verzetteln Sie sich nicht in Einzelheiten.	Zeigen Sie Anteilnahme. Sprechen Sie über persönliche Meinungen.	Lassen Sie sich nicht durch irrelevante Details ablenken.
Präsentation	Richten Sie das Augenmerk auf die Vorteile für ihn und seine Ziele.	Stellen Sie zukünftige Vorteile heraus und deuten Sie Lösungen durch Geschichten an.	Beteiligen Sie ihn, zeigen Sie Ihre menschliche Seite.	Logisch und methodisch – natürlich.
Bestätigung	Zeigen Sie Optionen mit Erfolgswahrscheinlichkeiten.	Bieten Sie Anreize und besondere Angebote.	Geben Sie persönliche Versicherungen.	Drängen Sie nicht. Bieten Sie Dokumentation an.

Follow-up	Bestätigen Sie die Vorschläge und konzentrieren Sie sich auf das Endergebnis.	Seien Sie klar und direkt. Konzentrieren Sie sich auf die Zukunft.	Geben Sie Versicherungen und bleiben Sie in regelmäßigem Kontakt.	Dokumentieren Sie die Einzelheiten – das Wie und das Warum.
Allgemein	Bieten Sie Optionen an und gehen Sie in seinem Tempo vor.	Zeigen Sie Interesse an ihm.	Seien Sie unbedrohlich und aufrichtig.	Akzeptieren Sie Unvollkommenes.

Wenn Kunden unter Stress stehen: Wie Sie reagieren können

Sie sind nie vor Überraschungen sicher – selbst Ihr bester Kunde wird Sie mal unwirsch begrüßen und oder ärgerlich Ihr Preisangebot vom Tisch wischen. Im Zweifel steht er unter Stress und reagiert plötzlich mit einem Verhalten, das Sie sonst noch nie an ihm gesehen haben. Sicherlich haben Sie selbst etliche Situationen vor Augen, in denen Ihre Kunden in Stress gerieten und Sie nicht mehr wussten, wie Sie sie wieder beruhigen sollten.

Jeder der vier Farbtypen hat eine bestimmte Art, sich in Stresssituationen zu verhalten. Wie das aussieht, können Sie in den unten geschilderten Beispielen nachlesen. Sie verdeutlichen, welches die typischen Stressauslöser sind, an welchen Signalen Sie erkennen, dass Ihr Kunde unter Stress steht, und wie Sie intervenieren können.

Mit Stress ist hier nicht die Situation gemeint, in der einem Kaffee über die Hose spritzt und man sich darüber ärgert. Stress entsteht, wenn mehrere Dinge schief laufen und sich das Verhalten dadurch entscheidend verändert.

Der rote Kunde

Unwirsch begrüßt Sie Herr Domin an diesem Morgen. Sie kennen seine ruppige Art bereits aus früheren Gesprächen, aber heute ist er richtig unfreundlich. Er bellt in die Sprechanlage, dass sein Assistent jetzt gefälligst kommen möge. Als ihm seine Sekretärin antwortet, dass dieser noch nicht da sei und sich auch nicht gemeldet habe, gerät er völlig aus der Fassung. Mit rotem Gesicht und anklagender Miene (als seien Sie schuld daran) klärt er Sie kurz auf, dass sein Assistent das Gespräch vorbereitet habe. „Das hat man davon, wenn man nicht alles selber macht. Sie wollten ja unbedingt gleich am Morgen kommen. Ich führe Kaufgespräche sonst immer nur am Nachmittag. Man kann sich auf niemanden verlassen. Jetzt müssen wir hier herumsitzen und warten. Ich habe wirklich Besseres zu tun. Ich kann nicht den ganzen Tag warten." So schimpft er vor sich hin und Sie erfahren ganz nebenbei, dass er diesen Frühtermin Ihnen zuliebe, gegen seine sonstige Gewohnheit, eingeschoben hat. Die Minuten, bis der Assistent endlich auftaucht, ziehen sich endlos und quälend hin. Sie bedauern den armen Kerl, als er nach einer saftigen Abreibung und unter den wütenden Blicken seines Chefs anfangen muss, Sie über den Bedarf der Firma zu informieren. Sie zweifeln schon jetzt, ob bei der ganzen Sache etwas rauskommt, und würden das Gespräch am liebsten abbrechen.

Analyse

Was erzeugt den Stress? Herrn Domin entglitt die Kontrolle. Er hatte eine Konzession gemacht (Frühtermin) und prompt klappte es nicht. Er fühlt sich hilflos, weil er momentan an der Situation nichts ändern kann. Ihm fehlt eine klare Zielsetzung für das Gespräch und er ist abhängig von einem Mitarbeiter – ein katastrophales Gefühl für einen Roten. Er ist unentschlossen, was er tun soll; er ist scheinbar mit eigener Führungsschwäche konfrontiert, weil sich ein Mitarbeiter in Anwesenheit eines Fremden nicht an Abmachungen hält. Er fühlt sich dadurch als Chef nicht respektiert. Er muss warten – und das hasst er.

Welches sind die Stresssignale? Schon der Frühtermin geht Herrn Domin gegen den Strich, was sich in seiner noch unfreundlicheren Begrüßung zeigt. Er ist geladen und wartet nur auf ein Ventil. Sein Ärger ist dann nicht zu übersehen: Er wird aggressiv, redet mit lauter Stimme oder brüllt richtig. Er übertreibt maßlos. Er zeigt deutlich seine Ungeduld. Er ist nicht etwa besorgt um seinen Assistenten (er könnte ja auch einen Unfall haben), sondern hält die Verspätung sofort für Unvermögen. Statt nach einer Lösung zu suchen, hält er starr an seinem Ärger fest, auch wenn er spürt, dass dies jetzt nichts bringt. Er wird Ihnen gegenüber ungerecht, denn Sie können ja auch nichts dafür, dass er sich auf den Frühtermin eingelassen hat. Sie wussten nicht, dass ihm das ungelegen kommt.

Was können Sie tun? Lassen Sie sich auf keinen Fall einschüchtern. Und verteidigen Sie sich nicht. Ziehen Sie sich diesen Schuh auf keinen Fall an. Aber debattieren Sie auch nicht, wer daran schuld ist. Falls Ihnen die Schimpferei zu weit geht, stellen Sie ihm eine Frage, die ihn ablenkt: „Was schlagen Sie vor, Herr Domin, was könnten wir jetzt tun, um noch ein Ergebnis zu erreichen?“ Wichtig ist, ihn wieder in eine Situation zu bringen, in der er handeln und entscheiden kann, damit er sich nicht weiter in seinen Ärger hineinsteigert. Wenn es möglich ist, beginnen Sie ein Gespräch über irgendeinen Aspekt Ihrer Zusammenarbeit, über den Sie sich schon länger einmal mit ihm unterhalten wollten. Aber es muss etwas sein, das ihn wirklich anspricht. Oder bieten Sie ihm an, das Treffen zu verschieben. Merken Sie sich, dass Sie nie wieder einen Frühtermin mit ihm ausmachen.

Stresssituation – roter Kunde	
Stressauslöser	• Autorität wird beschnitten • Arbeiten, die er angeordnet hat, wurden ineffektiv ausgeführt • Leerlauf, Zeitverschwendung, Warten • Spürt seine Abhängigkeit von anderen • Fehlen einer klaren Zielsetzung • Unentschlossenheit bei sich und anderen
Stresssignale	• Brüllen, Strafpredigten • Übertriebene Darstellung der Situation und ihrer Folgen • Sucht Schuld bei anderen, wird ungerecht • Handelt unbeständig und abrupt
Intervention	• Neutrale Themen anschlagen, die im Zusammenhang mit der Arbeit stehen und die Zeit sinnvoll überbrücken • Ihn zum Handeln und Entscheiden bringen • Die Zeit gut nutzen • Vorteile, Gewinne, Nutzen aufzeigen • Schuldzuweisungen ignorieren oder freundlich zurückweisen; keine Verteidigung • Freundlich bleiben, keine Verantwortung übernehmen • Anbieten, das Treffen zu verschieben

Der gelbe Kunde

Sie haben ein Kundengespräch mit Herrn Flex. Bisher hatten Sie immer mit seinem Kollegen verhandelt, aber seit ein paar Wochen ist Herr Flex Ihr Ansprechpartner. Er ist sehr offen und umgänglich und Sie kommen gut miteinander aus. In diesem Gespräch beziehen Sie sich auf eine Absprache, die Sie noch mit seinem Kollegen getroffen haben. Herr Flex weiß davon nichts und ärgert sich sichtlich darüber. Er ruft bei diesem Kollegen an, aber nach kurzer Zeit legt er noch verärgerter wieder auf. Sie merken, wie Herr Flex immer mehr aus dem Konzept kommt: Er wird fahrig, wühlt in seinen Papierstapeln, weil er angeblich eine Notiz sucht, erzählt Ihnen völlig Nebensächliches, dass er mit dem Kollegen letzte Woche noch in der Kantine war, da hätte der ihn doch wirklich informieren können, und fängt dann an, Ihnen genauestens zu schildern, warum das Kantinenessen so schlecht ist. So nach und nach finden Sie heraus, dass Herr Flex eine ganz andere Idee zu diesem Vorgang hatte und ihm jetzt durch die Vereinbarung mit dem Kollegen die Hände gebunden sind: „Hier läuft wirklich alles nach Vorschrift. Die Politik der geschlossenen Türen herrscht in diesem Laden. Wieso trifft dieser Mensch Absprachen mit Ihnen, obwohl er doch weiß, dass er die Sache an mich abgeben wird?“ Das sind einige seiner Sätze, die seinen Ärger zeigen. Sie spüren deutlich auch die Missbilligung Ihnen gegenüber, da auch Sie damals schon wussten, dass Herr Flex Ihr Ansprechpartner sein wird. Dann setzt er Ihnen lang und breit auseinander, warum seine Idee viel besser ist, und lässt sich auf eine endlose Debatte mit Ihnen darüber ein, die Sie beide nur erschöpft und nervt, da die Sache ja längst beschlossen ist. Auf jeden Fall merken Sie schließlich, dass bei diesem Gespräch nichts herauskommen wird, denn Herr Flex ist nicht mehr in der Lage, sich eine neue Lösung einfallen zu lassen, sondern hadert nur noch mit seinem Kollegen und Ihnen im Besonderen und seinem Schicksal im Allgemeinen.

Analyse

Was erzeugt den Stress? Herr Flex muss feststellen, dass andere mehr wissen über etwas, das ihn betrifft. Das verträgt er überhaupt nicht.

Sein Kollege hat ihn nicht informiert und jetzt muss er sich von Ihnen erzählen lassen, was los ist. Er fühlt sich nicht einbezogen und offenbar ist das eine Erfahrung, die er mit diesem Kollegen und in diesem Betrieb schon öfter gemacht hat. Er fühlt sich in seiner Flexibilität eingeschränkt und kann seine Kreativität nicht ausspielen. Eigentlich hat er eine ganz andere Idee gehabt und jetzt muss er feststellen, dass die Sache schon längst beschlossen ist und sich niemand für seine Idee interessierte. Das kränkt ihn ungemein.

Welches sind die Stresssignale? Er redet nur noch, findet aber keine Lösung für das eigentliche Problem. Er verfällt genau in seine Gegenposition, das heißt, er wird völlig inflexibel und immer schusseliger. Er redet über völlig belanglose Dinge (Kantinenessen). Er lässt sich mit Ihnen auf eine lange, sinnlose Debatte ein, bei der er rechthaberisch und streitsüchtig auftritt. Er will gar nichts mehr gelten lassen von dem, was Sie sagen, obwohl seine Argumentation nicht logisch ist. Haben Sie ein Argument widerlegt, springt er einfach zum nächsten Punkt.

Was können Sie tun? Wenn Sie können, unterbrechen Sie das Gespräch höflich, plaudern Sie noch eine Weile über etwas Belangloses und vereinbaren Sie einen neuen Termin. Sorgen Sie auf jeden Fall für eine Unterbrechung, wenn sich die Situation festgefahren hat. Gehen Sie einen Kaffee trinken oder machen Sie eine Pause. Oder lassen Sie sich darauf ein, tatsächlich eine neue Vereinbarung auszuhandeln, bei der Sie einen Kompromiss finden. Aber es wird eine lange Diskussion werden.

Stresssituation – gelber Kunde	
Stressauslöser	• Wird nicht einbezogen • Etwas geschieht hinter seinem Rücken • Andere reden nicht offen mit ihm • Abwertung seiner Ideen • Beschränkung seiner Flexibilität • Kritik an seiner Sprunghaftigkeit

Stresssignale	• Wird streitsüchtig, rechthaberisch, überkritisch • Wird inflexibel, beharrt auf Nebensächlichkeiten • Redet pausenlos, springt von einer Sache zur nächsten
Intervention	• Für Unterbrechung sorgen • Seine Kreativität aktivieren • Anerkennung, persönliches Lob geben • Die Situation in ihrer Relation zum großen Ganzen darstellen • Immer wieder auf das eigentliche Thema zurückkommen, aber freundlich bleiben • Verständnis äußern

Der grüne Kunde

Sie haben ein Gespräch mit Ihrem Kunden, Herrn Becker, vereinbart. Stattdessen treffen Sie auf seine Kollegin, Frau Freund. Sie war zwar beim letzten Gespräch, das Sie mit Herrn Becker geführt haben, dabei, aber so zurückhaltend, dass Sie sie gar nicht so richtig wahrgenommen haben. Herr Becker sei krank, erklärt sie Ihnen, sie würde ihn vertreten. Das ist für Sie kein Problem, Sie wundern sich nur, warum Frau Freund so steif und reserviert ist. Vielleicht ist das ihre Art. Die Verhandlungen sind so weit gediehen, dass heute eigentlich ein paar wichtige Entscheidungen zu Umfang und Höhe des Auftrags anstünden. Da Sie Frau Freund ja schon kennen, kommen Sie ziemlich schnell zum Geschäftlichen, merken aber dann, wie bei Frau Freund die Klappe runtergeht. Sie müssen ihr außerdem erklären, dass sich leider bei den Lieferterminen etwas verändert hat: Sie können die Termine, die Sie das letzte Mal anvisiert haben, nicht einhalten. Frau Freund ist entsetzt. Dafür hat sie nicht das geringste Verständnis. Sie will nicht einsehen, warum das plötzlich nicht klappen sollte. Sie fragt hundertmal nach, ob es nicht irgendeinen Weg gebe, doch noch den vereinbarten Liefertermin zu halten. Sie scheint sogar das ganze Geschäft infrage zu stellen. Auf alle anderen Punkte und Entscheidungen geht sie gar nicht mehr ein. Auf jeden Fall muss sie sich erst mit Herrn Becker besprechen. Sie ärgern sich, den Besuch hätten Sie sich sparen können.

Analyse

Was erzeugt den Stress? Frau Freund fühlte sich im letzten Gespräch von Ihnen übergangen. Sie haben sie nicht einbezogen und nicht versucht, von sich aus auf sie zuzugehen. Sie erwartete das aber von Ihnen, schließlich ist sie auch Ihre Kundin. Ihr unpersönliches Verhalten hat sie persönlich gekränkt. Sie ist aber auch verunsichert, weil sie nicht weiß, warum Sie sie nicht „mögen". Dann wird sie auch noch mit plötzlichen Veränderungen konfrontiert und aus ihrer Sicherheit gerissen. Sie muss Entscheidungen treffen, mit denen sie nicht gerechnet hat, und das verunsichert sie noch mehr.

Welches sind die Stresssignale? Das erste Anzeichen für drohende Missstimmung war Frau Freunds Reserviertheit. Ihrem Bedürfnis nach vertrauensvoller Atmosphäre wurde nicht entsprochen und sie hat sich beleidigt zurückgezogen. Als sie dann auch noch mit der veränderten Situation der Liefertermine konfrontiert wird, versucht sie mit allen Mitteln, gegen eine Veränderung zu argumentieren. Sie verfällt in ihre Gegenposition: Sie kämpft wie eine Löwin und zeigt keine Spur mehr von Entgegenkommen. Sie kann nicht zugeben, dass jetzt Flexibilität gefragt wäre. Ihr ganzes Augenmerk liegt auf der Verfahrensweise und sie ist fixiert darauf, einen Weg zu finden, der das Unmögliche möglich macht.

Was können Sie tun? Sie können nachholen, was Sie beim letzten Treffen versäumt haben. Bringen Sie das Gespräch erst einmal auf eine persönliche Ebene und zeigen Sie ihr, dass Sie sie wertschätzen. Fragen Sie sie nach ihrer Arbeit und ihren Vorstellungen und beziehen Sie sie so ein. Kommen Sie erst auf das konkrete Projekt zu sprechen, wenn Sie merken, dass sie jetzt versöhnlich gestimmt ist und gerne mit Ihnen Geschäfte macht. Erklären Sie ihr ganz genau, warum es zu den anderen Lieferzeiten gekommen ist, und bemühen Sie sich um ihr Verständnis. Lassen Sie ihr genügend Zeit, um sich an die Veränderung zu gewöhnen.

Stresssituation – grüner Kunde	
Stressauslöser	• Unpersönliches Verhalten des Gesprächspartners • Keine vertrauensvolle Atmosphäre • Plötzliche Veränderungen • Schnelle Entscheidungen
Stresssignale	• Extreme Vorsicht und Zurückhaltung • Vermeidet es, ein Risiko einzugehen und Entscheidungen zu treffen • Versucht, die Entscheidung auf andere abzuwälzen • Schaltet auf stur • Versucht, am Status quo festzuhalten • Im Extremfall völliger Rückzug und Verweigerung der weiteren Teilnahme
Intervention	• Versichern Sie Ihre persönliche Wertschätzung • Bereinigen Sie die Beziehungsebene • Reduzieren Sie das Problem auf einen überschaubaren Rahmen • Gehen Sie auf alle Fragen ein • Nehmen Sie sich Zeit

Der blaue Kunde

Sie haben ein Gespräch mit zwei Kunden in einer Firma verabredet. Beim Eintreffen erfahren Sie, dass einer der beiden krank ist. Herr Klar wird das Gespräch alleine mit Ihnen führen. Sie merken, dass er nicht nur zurückhaltender als sonst ist, sondern richtig verkrampft wirkt. Er schaut Sie kaum an, sondern starrt nur auf seine Liste, auf der er sich die Punkte notiert hat, um die es heute gehen soll. Sie sind überrascht, denn bisher haben Sie ihn als stillen, aber kompetenten und souveränen Menschen erlebt. Kaum sitzen Sie, stellt er die erste Frage. Aber statt darauf zu antworten, haken Sie ein: „Herr Klar, ich muss es Ihnen gleich sagen. Die Installation der XY-Software wird sich leider um einen Monat verzögern. Tut mir furchtbar leid, aber unsere Techniker kriegen das nicht früher hin. Ich schlage Ihnen den Termin 15. Mai vor. Ich müsste aber am besten schon heute wissen, ob das bei Ihnen geht." Herr Klar erstarrt. Was bedeutet das? Mit diesem Programm hat sich eigentlich sein Kollege befasst. Er findet dazu nur drei Seiten an Unterlagen. Er fängt an, Sie auszufragen. Will alles haarklein wissen. Sie merken, wie Sie ungeduldig werden. Diese Details haben Sie doch schon längst durchgesprochen. Sie geben behutsam zu erkennen, dass Sie diese Diskussion für überflüssig halten. Herr Klar gibt nicht auf. Er fängt an, einen Ablaufplan zu zeichnen, der bestätigen soll, dass dieser Installationstermin für sein Unternehmen nicht machbar ist. Aber Ihnen leuchtet das nicht ein. Seine Probleme sind wirklich Peanuts gegen die Schwierigkeiten in Ihrem eigenen Betrieb. Herr Klar macht lange Pausen, starrt in die Luft und ist offensichtlich unfähig, einen klaren Gedanken zu fassen, geschweige denn eine Entscheidung zu fällen.

Analyse

Was erzeugt den Stress? Herr Klar fand sich in einer ungewohnten Situation und mit mehr Verantwortung ausgestattet, als er es gewohnt ist. Das hat ihn von vornherein verunsichert. Dann wird er auch noch mit einer veränderten Situation konfrontiert, die eine sofortige Entscheidung von ihm verlangt. Das ist etwas, womit er überhaupt nicht umgehen kann. In seinem Kopf malt er sich die wüstesten Szenarien aus und sieht sich schon arbeitslos, weil er etwas falsch entschieden hat. Deshalb braucht er Informationen. Je mehr er weiß, desto klarer wird ihm werden, was zu tun ist, denkt er. Aber er hat nie genügend Informationen. Immer fehlt ihm noch ein wichtiges Detail. Gleichzeitig ist es ihm überaus peinlich, dazusitzen wie ein Narr und nicht so souverän und kompetent seine Meinung zu äußern wie sonst. Er ist so mit sich selbst beschäftigt, dass er gar nicht auf die nahe liegende Lösung kommt, mal kurz bei seinem Kollegen anzurufen und sich dessen Meinung einzuholen.

Welches sind die Stresssignale? Rückzug und Verkrampfung sind Signale, die beim stillen Blauen oft übersehen werden. Auch fragt er immer gerne, weshalb seine vielen Fragen auch nur ein latentes

Stresssignal sind. Aber deutlich wird sein Stress, wenn Sie merken, dass er Ihre Antworten gar nicht mehr verarbeitet wie sonst. Wenn er in seine Gegenposition verfällt und fahrig und chaotisch in seinen Papieren herumwühlt und ohne Logik und Struktur Fragen über Fragen stellt. Er wird übergenau, wägt alles ab, sucht peinlich genau die Logik in allem, spielt in Gedanken ständig das Für und Wider durch. Er zieht sich zurück und bewirkt dadurch möglicherweise, dass seine Befürchtungen eintreten. Er wirkt dann unnahbar oder er wird ärgerlich.

Was können Sie tun? Zuallererst auf sein Bedürfnis nach Information eingehen und sie ihm zukommen lassen. Wenn Sie ungeduldig werden, dann geben Sie dem nicht nach. Ein Blauer unter Stress braucht in erster Linie Zeit. Geben Sie ihm außerdem möglichst viel Feedback und emotionalen Rückhalt: „Ich verstehe, dass Sie die Situation überfällt. Lassen Sie uns das in Ruhe durchgehen." „Ich bin sicher, dass Sie die richtige Entscheidung fällen werden, wenn wir uns in Ruhe über die Situation klar werden."

Stresssituation – blauer Kunde	
Stressauslöser	• Zu viel Verantwortung • Unerwartete Veränderung • Zeitlicher Druck • Schnelle Entscheidungen • Glaubt, nicht alle Informationen zu haben
Stresssignale	• Rückzug • Viele Fragen ohne Struktur • Fahrige Bewegungen, Nervosität • Ärger, Schuldzuweisungen • Versucht, Verantwortung abzuschieben
Intervention	• Zeit lassen • Fragen in Ruhe beantworten • In seiner Kompetenz bestärken • Tempo drosseln • Ihm Struktur geben • Detaillierte Informationen geben

Probieren Sie bei Ihren nächsten Gesprächen, in denen Ihr Kunde unter Stress gerät, aus, welche Interventionen wirksam sind. Aber erwarten Sie von sich nicht, dass Sie die Situation schon beim ersten Mal in den Griff kriegen. Denken Sie zuerst einmal an sich selbst. Wenn Sie sich vom Stress Ihres Kunden anstecken lassen, haben Sie verloren. Wenn Sie ruhig bleiben, beobachten, behutsam intervenieren, haben Sie gewonnen. Je öfter Sie solche Situationen souverän meistern, desto leichter wird es Ihnen fallen, mit Stresssituationen fertig zu werden. Ihre Kunden werden es schätzen, wenn Sie in Stresssituationen nicht selbst ungeduldig oder beleidigt werden, sondern einfühlsam agieren.

Typisches Abwehrverhalten und Gegenstrategien

Das Este, was der Kunde sagt, ist: „Ich kaufe nichts! Ich will mich bloß informieren! Ich brauche Sie gar nicht!“ Lassen Sie sich nicht abschrecken! Das wird Ihr bester Kunde! In Wirklichkeit ist das nur eine Drohgebärde: In Wirklichkeit kann dieser Kunde nämlich nicht Nein sagen.

Nicht jeder Kunde schlägt begeistert per Handschlag ein, sobald Sie Ihr Produkt präsentiert haben – leider! Bei manchen stoßen Sie schon von Anfang an auf Ablehnung, die Sie sich nicht erklären können. „Widerstand“ gehört zu Ihrem Alltag als Verkäufer. Ihr Kunde hat vielleicht Absatzprobleme. Oder er hat schlechte Erfahrungen mit Ihrem Vorgänger gemacht. Oder er will seinem Chef beweisen, dass er sich von Verkäufern nicht über den Tisch ziehen lässt. Vielleicht macht es ihm Spaß, seine „Macht“ als Käufer auszuspielen, und erhofft sich von solchen taktischen Manövern geschäftliche Vorteile.

Es gibt viele Gründe, warum Ihr Kunde sich abweisend Ihnen gegenüber verhält. Die allerwenigsten haben mit Ihnen persönlich zu tun. Der erste Schritt im souveränen Umgang mit einem „widerspenstigen“ Kunden besteht darin, dass Sie nichts auf der Beziehungsebene annehmen und auf Abwehr nicht mit Abwehr (oder Verteidigung) reagieren. Konzentrieren Sie sich darauf, die Signale zu erkennen und darauf entspannt zu reagieren. Sie können viele Situationen „retten“, indem Sie ganz einfach die Ruhe bewahren und mit kleinen Gesten intervenieren. Das wird Ihnen mit Sicherheit den Respekt des Kunden einbringen.

Übung: Wie sind Sie das letzte Mal „aufgelaufen“?

Denken Sie an das letzte Gespräch, in dem Sie das Gefühl hatten, Ihr Gesprächspartner blockiert völlig. Ständig lässt er Sie abblitzen und Sie kommen einfach nicht ran an ihn.

1. Was hat Ihr Kunde gesagt, um Sie abblitzen zu lassen?

   ....

   ....

2. Wie war seine Körperhaltung?

   ....

   ....

3. Welche Mimik hat er gezeigt?

   ....

   ....

4. Was für ein Gefühl hatten Sie dabei?

   ....

   ....

5. Konnten Sie verstehen, warum er sich so verhalten hat?

   ....

   ....

6. War irgendetwas in Ihrem Verhalten, das vielleicht der Grund für seine Abwehr war?

   ....

   ....

Seien Sie vorsichtig mit Selbstbezichtigungen. Wenn ein anderer schlechte Laune hat, sind in den seltensten Fällen Sie daran schuld. Aber stellen Sie sich die Frage dennoch und erwägen Sie, ob etwas daransein könnte. Sie wissen jetzt schon so viel über die Farbtypen, dass Sie diese Frage längst nicht mehr auf der persönlichen Ebene betrachten müssen. Möglicherweise ist Ihr Gegenüber ein roter Typ und Sie als Grüner „reizen“ ihn geradezu zu Sticheleien. Also können Sie vernünftig damit umgehen und Ihre Strategien anwenden.

Konfrontation und Schroffheit – rote Kunden zeigen ihre Ablehnung

Botschaft: „Ich werde Sie nicht zu mir durchdringen lassen.“

- *Er lockt Sie in eine Falle oder bringt Sie in Verlegenheit.*
  Der rote Kunde versucht, Sie aus der Fassung zu bringen, indem er ganz offen sagt: „Sie reden da unverständliches Zeug.“ Oder: „Sie erwarten doch nicht, dass ich Ihnen das glaube, oder?“
- *Er zeigt Ihnen deutlich seine Ablehnung.*
  Er streitet das, was Sie sagen, kategorisch ab: „Das ist doch lächerlich!“ „Erzählen Sie mir doch keinen Unsinn.“
- *Er stellt negative Behauptungen auf.*
  Er wirft ständig negative und abwertende Kommentare ein: „Das funktioniert doch niemals.“ „Das ist doch nicht logisch.“ „Das kann doch gar nicht sein.“
- *Er ist bewusst unhöflich.*
  Er gähnt unverhohlen oder zeigt deutlich seine Ungeduld.
- *Er unterbricht Sie immer wieder.*
  Bevor Sie Ihren Satz beendet haben, unterbricht der Kunde Sie schon. Er ist Ihnen immer ein Stückchen voraus und nimmt vorweg, was Sie gerade sagen wollten.
- *Er wird sarkastisch.*
  Er macht bissige oder höhnische Bemerkungen: „Sie halten sich für einen richtigen Experten, was?“ „Das haben Sie aber schön auswendig gelernt!“
- *Er wird streitlustig.*
  Er wird aggressiv und beleidigend.
- *Er wird verächtlich.*
  Er versucht, Sie herabzusetzen, indem er behauptet, mehr von der Sache zu verstehen.

Ihre Gegenstrategie

- Stellen Sie freundliche Gegenfragen: „Was verstehen Sie daran nicht?“ „Warum können Sie mir das nicht glauben?“
- Treten Sie selbstbewusst auf und lassen Sie sich nicht einschüchtern. So gewinnen Sie seinen Respekt.
- Bleiben Sie sachlich und ignorieren Sie seine Unhöflichkeiten.
- Fragen Sie ihn, wie er sich die Sache vorstellt. Bringen Sie ihn in die Aktivität und zum Geschäftlichen zurück. Lassen Sie ihn etwas entscheiden.
- Wenn er gar nicht aufhört: Fordern Sie ihn auf, sich auf das Geschäftliche zu konzentrieren: „Lassen Sie uns beim Geschäft bleiben.“
- Oder konfrontieren Sie ihn: „Erklären Sie mir doch bitte, was genau Sie jetzt stört. Dann können wir das ändern.“

Höfliches Ignorieren – gelbe Kunden lächeln und plaudern

Botschaft: „Ich will Ihr Produkt nicht, aber ich will auch keinen Streit.“

- *Er versteckt sich hinter der Maske des Höflichen.*
  Er hört scheinbar höflich und aufmerksam zu, aber in Gedanken ist er ganz woanders und nimmt innerlich nicht auf, was Sie sagen.
- *Er gibt Ihnen in allem Recht.*
  Er nickt, stimmt zu, ist begeistert, wirft ständig „großartig“, „prima“ ein. Aber er übertreibt, es passt nicht so recht zu dem, was Sie sagen, und Sie spüren, dass es nicht ernst gemeint ist.
- *Er schweift ab.*
  Er springt ziellos von einem Thema zum anderen und geht auf jedes nur oberflächlich ein.
- *Er stellt „leichte“ Fragen.*
  Er vermeidet Themen, die unangenehm oder kompliziert sind. Wenn etwas Heikles zur Sprache kommt, gibt er sich selbst die Schuld und entschuldigt sich, es zur Sprache gebracht zu haben. Wenn Sie sich auf einen Einwand, den Sie herausgehört haben,

einlassen, streitet er gleich heftig ab, dass er darin ein Problem sähe.

- *Er zeigt sich übermäßig gesellig.*
  Er sträubt sich, zum Geschäftlichen zu kommen, und betreibt nur harmlosen Smalltalk.

Ihre Gegenstrategie

- Bleiben Sie freundlich, aber kehren Sie beharrlich immer wieder zum Geschäftlichen zurück.
- Machen Sie ihm ein konkretes Angebot und setzen Sie ihm eine Frist, bis wann er sich entscheiden muss. Haken Sie dann immer wieder nach.
- Fragen Sie ihn offen, ob er Interesse hat oder nicht.
- Versuchen Sie, sein Interesse zu wecken, indem Sie ihm von anderen Kunden erzählen, die er vielleicht auch kennt.
- Regen Sie seine Kreativität an. Versuchen Sie, gemeinsam Ideen zu spinnen. Bringen Sie diese Ideen dann immer wieder mit der konkreten Situation in Verbindung.
- Lächeln Sie ihn freundlich an und fragen Sie ihn etwas ironisch: „Sie wollen nicht wirklich kaufen, stimmt's?" So viel entwaffnende Ehrlichkeit erzeugt oft eine ehrliche Antwort. Wenn er es Ihnen ebenfalls grinsend bestätigt, dann lassen Sie es gut sein. Damit haben Sie ihn als Kunden für ein anderes Projekt gewonnen.

Zurückhaltung und Unruhe – grüne Kunden werden nervös

Botschaft: „Treten Sie mir bloß nicht zu nahe!"

- *Er schweigt.*
  Er reagiert nicht, seine Miene ist ausdruckslos, Sie finden kein Zeichen dafür, dass Ihre Botschaft ankommt.
- *Er wird rastlos und unruhig.*
  Er rutscht auf seinem Sitz herum, tritt von einem Bein auf das andere, trommelt mit den Fingern auf die Tischplatte, schaut sich im Raum um.

- *Er gibt automatisierte Antworten.*
  Er antwortet knapp und unverbindlich: „Ich weiß nicht genau." „Schwer zu sagen."
- *Er zeigt Anzeichen von Apathie.*
  Er wirkt gelangweilt, gleichgültig, desinteressiert und begierig, die Präsentation hinter sich zu bringen.

Ihre Gegenstrategie

- Gehen Sie zurück in die Phase der Vertrauensbildung. Vielleicht sind Sie zu schnell vorangegangen.
- Stellen Sie ihm konkrete Fragen, so dass er aus seiner Passivität herauskommt.
- Fragen Sie ihn, welche Informationen ihm noch fehlen. Zeigen Sie, dass Sie Zeit haben, offene Fragen zu klären.
- Fragen Sie ihn, ob er einfach nur Bedenkzeit braucht. Aber machen Sie einen Termin aus, bis wann er es sich überlegt. Haken Sie nach.
- Stellen Sie dar, welche Vorteile Ihr Angebot für ihn persönlich oder für seine Familie hat, falls das möglich ist.

Starre Maske und Widerstand – blaue Kunden fragen, bis Sie freiwillig gehen

Botschaft: „Schwatzen Sie mir bloß keine halben Sachen auf."

- *Er ist „unbewegt".*
  Er bemüht sich, körperliche Reaktionen nicht zu zeigen. Weder sein Blick noch seine Mimik lassen Schlüsse auf seine Gedanken oder Gefühle zu. Wenn er sich bewegt, dann nur rückwärts: Er neigt sich mit seinem Oberkörper nach hinten oder tritt einen Schritt zurück, um mehr Distanz zwischen sich und den Verkäufer zu bringen.
- *Er gibt monotone Antworten.*
  Er fragt nicht mehr nach, gibt knappe Antworten. Er blickt auf die Uhr und äußert, dass er keine Zeit mehr habe. Er ist nicht mehr

bereit, die Zeit aufzuwenden, die er sonst in die Informationssuche steckt, wenn er wirklich interessiert ist.

- *Er bemüht sich um alternative Angebote.*
  Er legt sich nicht fest, ist pingelig, vergleicht offen mit anderen Angeboten. Er zeigt Ihnen deutlich, dass er sich bei der Konkurrenz bereits umgesehen hat beziehungsweise es noch tun wird und dass er dort auf bessere Angebote hofft.
- *Er fordert immer und immer mehr Informationen von Ihnen.*
  Er sträubt sich gegen jeden Punkt, den Sie präsentieren. Oft dient das aber auch dazu, noch mehr Informationen aus Ihnen herauszulocken oder Sie auf die Probe zu stellen, ob Sie auch tatsächlich kompetent sind. Es kann auch ein Vorwand sein, um sich um eine Entscheidung zu drücken.

Ihre Gegenstrategie

- Nehmen Sie sich Zeit, geben Sie ihm die Informationen, die er braucht.
- Brechen Sie das Gespräch ab. Schicken Sie ihm viel schriftliches Material und machen Sie einen neuen Termin aus.
- Zeigen Sie, dass Sie Experte sind. Treten Sie selbstbewusst auf, aber setzen Sie ihn auf keinen Fall unter Druck.
- Fragen Sie ihn, was er bei Ihrem Angebot vermisst. Zeigen Sie, dass Sie Interesse haben, auf seine Bedürfnisse einzugehen.
- Bleiben Sie unbedingt beim Geschäft und versuchen Sie nicht, ihn durch ein paar persönliche Geschichten abzulenken oder „aufzulockern". Das zieht bei ihm nicht.

Das Wichtigste in unangenehmen Situationen ist, ruhig und souverän zu reagieren: weder überheblich noch arrogant und auch nicht zu aufdringlich verständnisvoll. Das wird Ihren Kunden am meisten überzeugen.

Verkaufsgespräche am Telefon

Wie oft greifen Sie zum Telefon, um einen neuen Kunden zu akquirieren? Gehört das zu Ihren täglichen Herausforderungen oder vermeiden Sie die Akquise am Telefon, wenn es irgend geht? Mit den hier vorgeschlagenen Strategien wird es Ihnen künftig (noch) leichter fallen, neue Kunden am Telefon zu werben oder Ihre „alten" Kunden telefonisch zu pflegen.

Voraussetzungen für erfolgreiche Telefonakquise

Rufen Sie einfach bei dem (potenziellen) Kunden an oder bereiten Sie sich detailliert vor? Je genauer Sie sich Ihre Vorgehensweise überlegen und je lockerer Sie das Gespräch dann führen, desto überzeugender werden Sie wirken!

Warum rufen Sie einen (potenziellen) Kunden an?

Wenn Sie nicht gerade ein Detail einer bereits laufenden Verkaufsverhandlung klären wollen, dann haben Sie drei Gründe, um einen (potenziellen) Kunden anzurufen:

- *Kaltakquise:* Sie wollen einen neuen Kunden gewinnen und einen Gesprächstermin mit ihm ausmachen.
- *Bedarfsnachfrage:* Sie rufen einen Ihrer Kunden an und wollen herausfinden, ob er neuen Bedarf hat.
- *Kundenpflege:* Sie rufen einen Ihrer Kunden an, um den Kontakt und die Beziehung zu pflegen.

Kaltakquise ist vor allem für jüngere Verkäufer mit wenig Erfahrung eine große Herausforderung. Die Angst vor Ablehnung und Misserfolg lässt viele davor zurückschrecken, bei einem Fremden anzurufen, der wahrscheinlich keinen aktuellen Bedarf nach ihrem Produkt hat.

Je mehr Erfahrung Sie haben, desto weniger Kaltakquise müssen Sie betreiben, da Sie über viele Kontakte verfügen. Gerade zu Beginn Ihrer Karriere müssen Sie sich deshalb einer schwierigen Aufgabe stellen, zu der Ihnen im Zweifel noch das Rüstzeug, die Sicherheit und das Selbstvertrauen fehlen. Umso größer werden aber Ihr Prestige und Erfolg, wenn Sie als Newcomer durch Kaltakquise neue Kunden gewinnen!

- Informieren Sie sich vor dem Telefonat über den Gesprächspartner. Ziehen Sie möglichst viele Erkundigungen über seine Position und seine Aufgaben ein. Dann haben Sie schon eine gewisse Vorstellung davon, was für ein Farbtyp Sie erwartet. Natürlich müssen Sie flexibel sein und dürfen sich nicht zu früh festlegen, ob er ein Grüner oder Blauer ist.
- Erzielen Sie eine positive Wirkung auf ihn. Am Telefon gilt: 85 Prozent der Wirkung kommt vom Tonfall, 15 Prozent von den Worten. Am überzeugendsten wirken Sie mit Ihrem natürlichen, lockeren, ganz eigenen Stil. Versuchen Sie, vertrauenswürdig, freundlich und professionell zu klingen und nicht nervös, überfreundlich, übertrieben oder an Ihre schriftliche Vorlage gebunden. Üben Sie das. Lesen Sie Texte laut vor und beobachten Sie, wie Ihre Stimme klingt, wenn Sie locker und entspannt sind. Versuchen Sie, in Verkaufssituationen diesen Tonfall zu treffen, ohne dass es gekünstelt klingt.
- Reden Sie zusammenhängend und flüssig. Hacken Sie Ihre Sätze nicht ab, sondern reden Sie langsam, aber in einem Fluss. Sprechen Sie klar, deutlich und laut. Wenn Sie nuscheln, zu leise reden, Satzenden verschlucken oder haufenweise „Ähs“ einflechten, wird es Ihrem Gesprächspartner schnell langweilig oder zu mühsam, Ihnen zuzuhören. Lächeln Sie, wenn Sie etwas Angenehmes sagen. Ein Lächeln ist auch am Telefon „hörbar“.
- Sind Sie stolz auf Ihr Produkt? Sind Sie davon überzeugt? Dann transportieren Sie diese Begeisterung in Ihrer Stimme. Übertreiben Sie das aber nicht, besonders wenn Sie mit blauen und roten Kunden sprechen.

- Denken Sie an etwas Schönes, bevor Sie telefonieren. Denken Sie an ein Erfolgserlebnis, an Ihr letztes Telefonat, in dem Sie einen Kunden überzeugt haben. Stellen Sie sich Ihren Kunden als angenehmen Privatmann vor, der mit seiner Familie zu einem Wochenendausflug startet. Stellen Sie sich vor, dass Ihr Kunde genau auf Ihr Produkt gewartet hat und heilfroh ist, dass Sie anrufen ...
- Der Aufmerksamkeitspegel Ihres Gesprächspartners steigt, wenn er Sie schätzt und respektiert. Er steigt auch, wenn Sie lebendig und überzeugend sprechen. Und er steigt natürlich, wenn ihn das Gesagte persönlich betrifft und sich nicht im Allgemeinen bewegt. Ihr Kunde muss einen positiven Eindruck von Ihnen gewinnen und darauf vertrauen können, dass das vereinbarte Gespräch für ihn von Nutzen sein wird: Er muss Ihrer Professionalität, Ihrer Kompetenz, Ihrem Ruf in der Branche und Ihrer Erfahrung Vertrauen schenken.
- Werden Sie selbst ein aufmerksamer Zuhörer! Nur so können Sie herausfinden, ob Ihre Botschaft auch angekommen ist, und auf Einwände eingehen. Hören Sie nicht nur auf die Worte, sondern auch auf den Tonfall des Kunden. Wenn die Worte und der Tonfall nicht übereinstimmen, dann gehen Sie auf den Tonfall ein und fragen Sie nach.

Echte und falsche Einwände

Die erste Reaktion eines Kunden am Telefon ist oft negativ und abwehrend. Selbst wenn er Ihrem Produkt prinzipiell aufgeschlossen gegenübersteht, wird er am Telefon erst einmal Nein sagen. Das Beste, was Sie machen können: Ignorieren Sie seine Ablehnung. Lassen Sie sich davon nicht entmutigen. Fragen Sie nach den Gründen.

Sie können zwischen „echten" Einwänden und „falschen" Einwänden unterscheiden. Die falschen können Sie ignorieren. Sie sind reines Abwehrverhalten, beruhen auf Gefühlen und Schutzmechanismen, und wenn Sie anfangen, mit Ihrem Kunden darüber zu debattieren, landen Sie in einer Sackgasse. Falsche Einwände sind allgemeine Ausflüchte, die entweder offensichtlich oder bei Nachfrage nicht nachvollziehbar begründet werden können. Meistens kommen Ausreden wie „Keine Zeit“, „Kein Interesse“, „Haben wir schon“.

Echte Einwände dagegen haben einen konkreten Hintergrund. Wenn der Kunde tatsächlich schon ein solches Produkt hat, dann kann er es Ihnen beschreiben. Dann stellt sich vielleicht heraus, dass Sie ihm doch etwas anderes oder etwas Besseres anbieten wollen, und er gewinnt Interesse, beim nächsten Mal bei Ihnen zu kaufen. Wenn Sie den Kunden treffen wollen, müssen Sie diese echten Einwände widerlegt haben. Deshalb konzentrieren Sie sich im Gespräch darauf. Hier wird Ihnen Ihr Wissen über die vier Farbtypen weiterhelfen, mit der richtigen Art auf den Kunden einzugehen.

Stellen Sie sich eine Kartei zusammen, wie Sie auf Einwände eingehen wollen beziehungsweise wie Sie falsche Einwände überspielen können. Dann können Sie schnell und schlagfertig reagieren, wenn ein typischer Einwand kommt. Formulieren Sie aber immer frei, damit es nicht abgelesen klingt. Zum Beispiel:

- *Kein Interesse* – „Ich verstehe, dass Sie kein Interesse an etwas haben, das Sie gar nicht kennen. Aber beurteilen Sie doch die Vorteile des Produkts aus eigener Anschauung. Es kostet Sie nur eine Viertelstunde.“
- *Kein Bedarf* – „Ich garantieren Ihnen zwei Dinge. Erstens: Ich werde bei unserem Gespräch nicht versuchen, Ihnen etwas zu verkaufen, sondern Sie schlichtweg informieren. Zweitens: Sie sind danach weit besser informiert als Ihre Konkurrenten.“
- *Keine Zeit* – „Ich weiß, Sie sind ein viel beschäftigter Mann. Deshalb wissen Sie auch Produkte zu schätzen, die Ihnen Zeit sparen. Genau das kann mein Produkt. Am schnellsten können Sie das beurteilen, wenn Sie es vor sich sehen. Ich komme gerne auf einen Sprung bei Ihnen vorbei und führe es Ihnen vor.“

Die vier Farbtypen am Telefon

Wie sprechen Sie einen roten Kunden am Telefon an? Wie gehen Sie mit einem Grünen um? Hier finden Sie Tipps und Hinweise für jeden der vier Farbtypen.

Der rote Kunde am Telefon

Ihre Stimme sollte Selbstbewusstsein und Sachlichkeit ausstrahlen. Zeigen Sie auf keinen Fall in Ihrem Tonfall Irritation über Widerstand oder provokative Äußerungen des Kunden.

Wie eröffnen Sie das Gespräch?

Begrüßen Sie ihn in freundlichem, entgegenkommendem, aber geschäftsmäßigem Tonfall. Stellen Sie sich selbstbewusst vor, nennen Sie Ihren Titel und qualifizieren Sie kurz Ihre Firma. Die Vorteile Ihres Produkts präsentieren Sie am besten so, dass Sie seine Selbstachtung stärken und seine Unabhängigkeit betonen. Kommen Sie dann schnell zur Frage, ob er ein Gespräch mit Ihnen führen möchte.

Mit welcher Reaktion müssen Sie rechnen?

Mit offenem Widerstand müssen Sie rechnen. Wahrscheinlich macht er negative, kurze, abwehrende Bemerkungen, sobald Sie enden. Es kann auch einfach ein knappes Ja oder ein offensives Nein folgen. Vielleicht hat er Ihnen auch gar nicht genau zugehört, weil er schon eine bestimmte vorgefasste Meinung von Ihrem Produkt hat.

Wie reagieren Sie auf „falsche" Einwände?

Lassen Sie ihn seine negativen Gefühle ausdrücken und gehen Sie nicht weiter darauf ein. Hören Sie ihm genau zu: Vielleicht kriegen Sie mit, wo der echte Widerstand liegt, und können darauf eingehen. Stellen Sie ihm auch offene Fragen, um das herauszufinden.

Wie begegnen Sie „echtem" Widerstand?

Bis Sie konkret wissen, was ihn stört oder abhält, sollten Sie genau nachfragen. Begegnen Sie seinen Einwänden mit nachdenklichen Kommentaren. Gehen Sie auf seine Bedürfnisse nach wenig Zeitverschwendung und schnellen Ergebnissen ein. Versprechen Sie ihm eine effiziente und kompetente Präsentation. Aber Sie sollten keine eindeutige offene Zustimmung erwarten, selbst wenn er Ihnen einen Termin gibt.

Beispiel:

Sie haben Erkundigungen eingezogen über den Chef eines mittelständischen Unternehmens und nehmen an, dass es sich bei ihm um einen roten Kunden handelt.

Verkäufer: „Guten Tag Herr Dr. Heinen, mein Name ist Margot Müller. Ich bin Verkaufsmanagerin bei der Firma Allfinanz. Wir sind ein Unternehmen, das exklusive Privatkunden über ihre Geldanlagen berät. Wir bieten derzeit einem kleinen Kreis von Neukunden spezielle Fonds an, die Sie zu diesen erstklassigen Bedingungen nirgendwo sonst bekommen. Es erwartet Sie dabei eine hohe Rendite bei einem kalkulierbaren Risiko. Ich möchte Ihnen diese Anlage gerne persönlich vorstellen. Können wir einen Termin für ein Gespräch vereinbaren?"

Kunde: „Ich habe mein Geld gut angelegt, Ihr Angebot interessiert mich nicht."

Verkäufer: „Als Chef eines mittelständischen Unternehmens können Sie beurteilen, wann eine Anlage wirklich lohnenswert ist. Unsere Rendite bewegt sich bei 5 Prozent. Haben Sie Anlagen, die mehr Rendite einbringen?"

Kunde: „Schicken Sie mir mal die Unterlagen zu. Ich schaue mir das dann an."

Verkäufer: „Da wir dieses Angebot nur einem exklusiven Kreis von Neukunden machen, möchte ich die Gelegenheit wahr-

	nehmen, Sie persönlich zu informieren. Lassen Sie mich in wenigen Minuten Ihre Vorteile schildern. Sie nutzen Ihre Zeit effektiv und haben die Aussicht auf einen hohen Gewinn.“
Kunde:	„Na gut, schießen Sie los.“

Sie erinnern sich: Der rote Kunde kauft unter Umständen sofort! Er muss Sie dazu nicht persönlich gesehen haben.

Der gelbe Kunde am Telefon

Wie eröffnen Sie das Gespräch?

Sprechen Sie in freundlichem Tonfall, aber nicht übertrieben. Stellen Sie Ihr Produkt so dar, dass der Nutzen für andere deutlich wird. Wenn möglich, benutzen Sie eine Empfehlung eines gemeinsamen Bekannten. Nennen Sie ihn öfter beim Namen, es wird ihm positiv auffallen, dass Sie ihn kennen. Aber übertreiben Sie es nicht.

Mit welcher Reaktion müssen Sie rechnen?

Wahrscheinlich wird der Gelbe Ihnen unverbindlich zustimmen, ohne groß nachzufragen. Oder er zeigt große Begeisterung, kann sich aber leider aus „Zeitgründen“ oder wegen „momentaner Überlastung“ nicht mit Ihnen zu einem Gespräch treffen. Rechnen Sie damit, dass er kein konkretes geschäftsmäßiges Interesse zeigt.

Bei ihm ist alles möglich: Vielleicht ist er wirklich begeistert und vereinbart mit Ihnen spontan und konkret einen Termin. Möglicherweise hat er aber nicht genau hingehört und weiß bei Ihrem Besuch dann gar nicht mehr, was ihn an Ihrem Produkt so begeistert hat.

Wie reagieren Sie auf „falsche“ Einwände?

Ein Gelber, der sich unter Druck gesetzt fühlt, wird möglicherweise anfangen, seinen Status quo zu verteidigen. Geben Sie ihm Sicherheit. Stellen Sie ihm geschlossene Fragen, die er nur mit Ja oder Nein beantworten kann.

Wie begegnen Sie „echtem“ Widerstand?

Fragen Sie nach, bis Sie ganz konkret wissen, wogegen er Bedenken hat. Rechnen Sie damit, dass er das Problem etwas übertrieben darstellt. Führen Sie das Gespräch. Lassen Sie ihn nicht zu lange reden: Unterbrechen Sie ihn und bestimmen Sie das Thema. Bis er Ihnen nicht einen genauen Termin zugesagt hat, sollten Sie sich nicht zufrieden geben.

Der grüne Kunde am Telefon

Wie eröffnen Sie das Gespräch?

Sprechen Sie in warmem, entspanntem Tonfall. Aber wirken Sie nicht zu gefällig oder „süßlich“. Stellen Sie die Vorzüge Ihres Produkts dar, die Sicherheit für ihn, seine Familie oder sein Unternehmen versprechen.

Mit welcher Reaktion müssen Sie rechnen?

Möglicherweise schweigt der grüne Gesprächspartner einfach und zeigt Gleichgültigkeit und Desinteresse. Wenn ihn Ihr Produkt interessiert, fragt er vorsichtig nach, vermeidet aber auf jeden Fall verbindliche Zusagen.

Wie reagieren Sie auf „falsche“ Einwände?

Bringt er Ausflüchte oder schweigt, dann lassen Sie ihm mehr Zeit, drängen Sie ihn nicht. Fragen Sie nach, bis Sie herausfinden, woran er wirklich Zweifel hat. Auf knappe oder negative Antworten brauchen Sie nicht sofort einzugehen. Möglicherweise spiegeln sie nur sein Zögern wider und sind keine echten Einwände. Beim Grünen ist es am schwierigsten herauszuhören, welches echte und welches falsche Einwände sind, da er generell sehr zögerlich Bedenken äußert. Sie können sich helfen, indem Sie immer wieder nach den Gründen für die Bedenken forschen und alle falschen nach und nach beiseite lassen.

Wie begegnen Sie „echtem" Widerstand?

Hat er echte Gründe für seine Ablehnung, dann gehen Sie intensiv darauf ein. Zeigen Sie ihm, dass Sie seine Bedenken ernst nehmen und dass Ihnen persönlich daran liegt, mit ihm ins Gespräch zu kommen.

Stellen Sie offene Fragen und diskutieren Sie mit ihm. Achten Sie darauf, dass er immer wieder zu Wort kommt und nicht Sie es sind, der die meiste Zeit redet. Sein Schweigen sollten Sie nie für Zustimmung nehmen, sondern ihn dazu bringen, seine Zustimmung oder Ablehnung offen auszusprechen. Ermutigen Sie ihn, Bedenken zu äußern, indem Sie ihm zeigen, dass Sie nichts persönlich nehmen und mit seinen Bedenken umgehen können. Erwarten Sie von ihm aber auch keine Begeisterung. Drängen Sie ihn nicht dazu, eine schnelle Entscheidung zu fällen. Möglicherweise möchte er auch schriftliches Material von Ihnen. Aber achten Sie darauf, dass dies nicht zu einem falschen Einwand wird. Einen Grünen können Sie unter Umständen zu einem Termin bewegen, indem Sie ihm die Vorzüge eines vertrauensvollen persönlichen Gesprächs mit viel Zeit vor Augen führen.

Der blaue Kunde am Telefon

Wie eröffnen Sie das Gespräch?

Einem blauen Kunden schicken Sie am besten vorab schriftliche Unterlagen, auf die Sie sich am Telefon beziehen können. Schlagen Sie einen geschäftsmäßigen Tonfall an und sprechen Sie langsam, in kurzen Sätzen. Überflüssige Floskeln lassen Sie möglichst weg. Versuchen Sie, Ihren Vortrag logisch zu strukturieren. In Ihrer Darstellung des Produkts sollten Sie alle Vorteile für sein Unternehmen betonen. Ein blauer Kunde mag es nicht gerne, wenn Sie ihn öfter beim Namen nennen, denn das empfindet er als unangemessene Vertraulichkeit.

Mit welcher Reaktion müssen Sie rechnen?

Wenn ihn die Unterlagen interessieren, wird er wahrscheinlich sogleich konkret und detailliert nach Ihrem Hintergrund, dem Ihrer Firma und nach Ihrem Produkt fragen. Wenn er nicht interessiert ist, konfrontiert er Sie möglicherweise mit einem krassen Nein. Rechnen müssen Sie auch mit langen Denkpausen während des Telefonats. Sie bedeuten aber prinzipiell keine Ablehnung. Er denkt einfach über die nächsten Schritte nach.

Wie reagieren Sie auf „falsche" Einwände?

Falsche Einwände sind seine Hinhaltetaktik. Während er Sie sich damit „vom Leibe hält", denkt er nach, ob er nicht doch mit Ihnen ein Gespräch führen soll. Also geben Sie ihm die Zeit nachzudenken. Lassen Sie Pausen zu, ohne nervös zu werden oder ihn zu drängen. Sie können fragen, warum er nichts sagt: „Denken Sie gerade noch? Worüber denn?"

Wie begegnen Sie „echtem" Widerstand?

Stellen Sie ihm offene Fragen, um mehr über ihn herauszufinden: Fragen Sie nach dem Was, Wie und Warum. Versuchen Sie so genau herauszufinden, wo sein Bedarf liegt. Auf seine Bedenken und Fragen sollten Sie detailliert eingehen. Lassen Sie sich auf eine echte Pro-und-Kontra-Diskussion ein. Aber erwarten Sie nicht sofortige Zustimmung, wenn Sie meinen, jetzt müssten Sie ihn eigentlich überzeugt haben. Bieten Sie ihm unter Umständen an, ihm noch mehr Material zuzuschicken. Aber lassen Sie sich nicht damit abspeisen, ihm diese zu schicken, ohne einen Termin für ein Gespräch ausgemacht zu haben. Lassen Sie ihm Zeit und seien Sie hartnäckig. Von einem Blauen können Sie eine klare Terminvereinbarung oder ein begründetes Nein erwarten.

Wenn Sie den Kunden überzeugt haben

- Fixieren Sie einen genauen Termin mit Datum, Zeit und Ort.
- Zeigen Sie Ihre Flexibilität, indem Sie ihm anbieten: „Passt Ihnen der 15. oder ist Ihnen der 16. lieber?" Ihren bevorzugten Termin nennen Sie dabei als zweiten. Besonders Kunden mit starkem Rot-Anteil haben gerne die Wahl.
- Vereinbaren Sie eine „ungerade" Uhrzeit, etwa 15:30 Uhr. Sie wirken kompetent und gut organisiert. Grünen und blauen Kunden können Sie in Aussicht stellen, dass Sie danach unbegrenzt Zeit haben: „Nach 17:30 Uhr habe ich für Sie Zeit, bis wir alle Fragen geklärt haben."
- Bestätigen Sie ihm den Termin schriftlich.
- Legen Sie den Hörer nicht unmittelbar nach der Verabschiedung auf. Warten Sie, bis Ihr Gesprächspartner aufgelegt hat. Es wirkt ziemlich abwertend, wenn er mithört, wie Sie den Hörer auf die Gabel knallen, nach dem Motto: „Endlich ist das Gespräch vorbei."

Wenn Sie den Kunden nicht überzeugt haben

Wenn alles nichts gefruchtet hat und der Kunde im Moment wirklich kein Gespräch mit Ihnen will, dann versuchen Sie, sich die Tür für das nächste Mal offen zu halten:

- Vereinbaren Sie mit ihm, dass Sie zu einem späteren Zeitpunkt wieder anrufen: „Ich sehe, dass Sie momentan keinen Bedarf haben. Aber ich würde mich gerne in einem halben Jahr wieder mit Ihnen in Verbindung setzen. Vielleicht hat sich Ihre Nachfrage bis dahin geändert." „Nach allem, was Sie mir gesagt haben, klingt es so, als hätten wir die richtigen Produkte für Sie. Ich sehe aber ein, dass Sie im Moment keinen Auftrag geben können. Wann kann ich Sie wieder anrufen, um einen besseren Zeitpunkt zu erwischen?"

- Sprechen Sie die Gefühle des Kunden an, ohne dass er sich zu etwas verpflichtet fühlt: „Angenommen, Sie hätten Bedarf, was für einen Service würden Sie von uns erwarten?“ „Ich würde gerne sehen, ob Sie mit unserem Service prinzipiell einverstanden sind. Was erwarten Sie von einem Lieferanten, dem Sie einen Auftrag geben?“
- Geben Sie nie auf und haken Sie tatsächlich nach. Ihre Beharrlichkeit wird die meisten Ihrer potenziellen Kunden beeindrucken.

Verkaufsgespräche auf Messen

Die richtige Einstellung

Gewinnen Sie die richtige Einstellung: Es wird stressig, es wird anstrengend, aber es wird sich lohnen. Wenn Sie verdrossen dastehen, werden Sie niemanden überzeugen.

Messen sind auch eine Chance, Ihre Kreativität spielen zu lassen. Sie haben zahllose Gelegenheiten, einen Besucher zu begrüßen. Versuchen Sie doch einmal, so schnell wie möglich zu beurteilen, was für ein Farbtyp Ihr Besucher ist.

Setzen Sie sich konkrete Ziele, die Sie erreichen wollen: x Besucher ansprechen, y Gespräche vereinbaren. Ziele spornen Ihren Ehrgeiz an. Wenn Sie knapp darunter liegen, liegen Sie immer noch weit über Ihrem Ergebnis, das Sie ohne Zielsetzung erreicht hätten!

Zeigen Sie deutlich Ihre Bereitschaft zu beraten

Wenn Sie dann am Messestand stehen, denken Sie an das, was wir über Ihre Wirkung festgestellt haben: Am meisten kommunizieren Sie über Ihre Körpersprache. Sie können Ihre Worte noch so passend wählen – wenn Ihre Körperhaltung und Gestik das Gegenteil ausdrücken, dann bleibt dieser Eindruck in Erinnerung.

- Stellen Sie sich dahin, wo Sie gesehen werden. Nicht in eine Ecke oder an den Rand. Nur zum Ausruhen sollten Sie sich hinsetzen. Im Gespräch sollten Sie mit Ihrem Besucher auf jeden Fall „auf gleicher Höhe“ sein. Stehen Sie auf, wenn Sie jemand anspricht.
- Zeigen Sie durch Ihre Körperhaltung und Ihren Gesichtsausdruck, dass die Besucher sich Ihnen nähern dürfen und Sie auf sie eingehen werden: Lächeln Sie freundlich und interessiert, nehmen Sie Blickkontakt auf, wenden Sie sich mit Ihrem Körper zu jemandem, der Sie ansprechen will. Aber übertreiben Sie es nicht.

Zu viel Herzlichkeit würde rote oder blaue Besucher abschrecken. Geben Sie sich ein entgegenkommendes, aber auch professionelles, geschäftsmäßiges Image.

- Tragen Sie ein Namensschild. Teilen Sie mit, wer Sie sind.
- Unterhalten Sie sich nicht mit Ihren Kollegen, wenn (zum Beispiel grüne) Besucher in der Nähe sind, die möglicherweise etwas von Ihnen wollen, sich aber nicht trauen, Ihr Gespräch zu unterbrechen.

Die Gesprächsdauer

Auf Messen sind die Gespräche viel kürzer, das Umfeld ist viel hektischer und es sind viel mehr Leute da, die mit Ihnen oder mit denen Sie sprechen wollen. Deshalb ist es besonders schwierig, Vertrauen aufzubauen. Wenn Sie in einem Zehn-Minuten-Gespräch Vertrauen erzeugen wollen, müssen Sie sich wirklich ins Zeug legen. Sie müssen dem Besucher in kürzester Zeit vermitteln, warum es von Vorteil für ihn ist, mit Ihnen ins Geschäft zu kommen. Umso wichtiger ist es, den Stil und die Sprache des Kunden zu treffen.
Die Grundregel Nummer eins ist: Fassen Sie sich kurz. Stellen Sie Ihre wichtigsten Punkte in freundlichem und entspanntem Tonfall dar, aber lassen Sie alles weg, was nicht unbedingt wichtig ist, und heben Sie es sich für ein Vier-Augen-Gespräch auf. Sie sollten in der Lage sein, in 30 Sekunden Ihre Firma vorzustellen. Wie Sie das tun, welche Punkte Sie erwähnen wollen, können Sie vorbereiten. Fragen Sie Ihren Kunden, warum er hier ist und welchen Nutzen Ihr Unternehmen für ihn haben könnte. Sie dürfen dabei ruhig etwas geradliniger sein als im normalen Kundengespräch. Ihr Kunde will ja im Zweifel auch noch ein paar andere Stände besuchen. Wenn Sie an seiner Reaktion merken, dass ihm Ihr Tempo zu schnell ist, dann schalten Sie eine Gangart niedriger.

Ihre Präsentation auf Messen

Auf Messen ist es oft schwer, sich zu konzentrieren, weil vieles um einen herum ablenkt: Kunden warten auf ein Gespräch, ein Stammkunde kommt heran und möchte besonders betreut werden, über den Hallenlautsprecher wird auf eine Veranstaltung hingewiesen und in einer Viertelstunde haben Sie eine wichtige Verabredung. Trotzdem erwartet Ihr Besucher, dass Sie auf ihn eingehen und ihm zuhören.

Nach der Auflockerung und Kontaktaufnahme gehen Sie zur Bedarfsanalyse über. Stellen Sie Ihrem Besucher gezielte Fragen nach Unternehmen und Produkten. Hören Sie genau hin, was er sagt, und beobachten Sie an ihm Tonfall, Gestik und Mimik, um möglichst schnell Hinweise zu bekommen, was für ein Farbtyp er ist. So können Sie sich in der Präsentation auf ihn einstellen. Fassen Sie zusammen, was er gesagt hat, und fragen Sie nach, ob Sie ihn richtig verstanden haben. Dann präsentieren Sie knapp und kompetent Ihr Produkt und stellen dar, welchen Nutzen es Ihrem Besucher bringen könnte. Je nach seinem Farbtyp gehen Sie mehr auf den ökonomischen, sozialen oder qualitativen Nutzen ein. Sie enden, indem Sie vorschlagen, einen Termin zu vereinbaren, bei dem Sie ihm mit mehr Zeit ausführlichere Informationen bieten können. Zum Beispiel:

„Ich bereite einige Optionen für Sie vor und Sie können dann entscheiden.“ „Lassen Sie uns einen Termin für ein Gespräch vereinbaren. Dann können wir im Detail auf alle Fragen eingehen. Würde Ihnen nächste Woche passen?“

Unterscheiden Sie, ob das Messegespräch ein echtes Verkaufsgespräch ist, bei dem schon ein Abschluss herbeigeführt wird, oder ob es ein Akquisegespräch ist mit dem Ziel, einen Gesprächstermin zu vereinbaren.

Die vier Farbtypen im Messegespräch

Der rote Besucher einer Messe

Er will kompetent und sachlich informiert werden. Er will seine Zeit nicht mit Messegeplänkel verlieren, sondern möglichst viele Informationen mit nach Hause nehmen. Er weiß genau, was er will, und wird Sie gleich mit konkreten Fragen überfallen. Beantworten Sie ihm diese Fragen ebenso konkret und erzählen Sie ihm nicht die ganze Geschichte. Sie können ihm Anreize und Hinweise geben – wenn es ihn interessiert, wird er nachfragen. Er wird Sie unterbrechen und Ihnen vielleicht erzählen, was an Ihrem Produkt nicht so gut ist. Ignorieren Sie Provokationen. Ist es ein begründeter Einwand, dann widerlegen Sie ihn, aber lassen Sie sich nicht auf eine Diskussion ein.

Stellen Sie alle Vorteile Ihres Produkts dar, mit denen der Kunde Zeit spart, seine Produktivität verbessert, seine Organisation strafft, seinen Konkurrenten voraus ist. Betonen Sie die Ergebnisse und nicht die Funktionsweise des Produkts. Rechnen Sie damit, dass Ihr Kunde hier am Stand ein Geschäft mit Ihnen abschließt.

Der gelbe Besucher einer Messe

Auf einer Messe ist der Gelbe in seinem Element: Messen sind Kontaktbörsen und der Gelbe will möglichst viele neue Leute kennen lernen. Er will „Gesichter" und Visitenkarten sammeln. Außerdem will er Spaß haben an diesem Tag. Deshalb wird er sich auch nicht lange bei Ihnen am Stand aufhalten.

Ihm geht es im ersten Gespräch weniger um das Produkt als um Sie. Erzählen Sie ihm deshalb etwas von sich. Wenn Sie ein paar Witze oder Pointen einbauen, wird er Sie in Erinnerung behalten und Sie können sich auf Ihr Gespräch beziehen, wenn Sie sich nach der Messe bei ihm melden. Versuchen Sie nicht, auf der Messe mit einem Gelben Geschäfte zu machen oder Geschäftliches zu besprechen, außer er will es selbst unbedingt. Wahrscheinlich käme nicht viel dabei heraus oder er würde sich nach der Messe nicht mehr daran erinnern. Wenn er Sie nach dem Produkt fragt, erzählen Sie ihm keine Einzelheiten. Malen Sie ihm aus, was für ein Gefühl er haben wird, wenn er Ihr Produkt benutzt, wie es sein Leben schöner, leichter, interessanter oder abwechslungsreicher machen wird.

„Ich wollte nur mal eben guten Tag sagen" ist das Motto Ihres gelben Stammkunden, der auf der Messe kurz bei Ihnen vorbeischaut. Er braucht von Ihnen nicht mehr als die Bestätigung eines guten Kontakts durch ein Lächeln, ein kurzes Bonmot beziehungsweise eine Verabredung für den Abend.

Der grüne Besucher einer Messe

Er wird möglicherweise nur zögerlich auf Sie zukommen, weil er befürchtet, Sie zu stören, oder damit rechnet, dass Sie keine Zeit für ihn haben. Ihm ist der Messetrubel wahrscheinlich zu viel und er braucht von Ihnen viel Entgegenkommen und geduldiges auf ihn Eingehen. Nehmen Sie sich genügend Zeit, dann wird ihm das sehr angenehm in Erinnerung bleiben. Er möchte lieber unter vier Augen mit Ihnen reden. Bieten Sie ihm eine entspannte Atmosphäre in einem ruhigen Eck und befragen Sie ihn intensiv, wenn es ein lohnender Kunde zu werden verspricht. Er möchte, dass Sie ihm ehrlich und geduldig Ihre Produkte erklären.

Er spricht zuerst über sich oder fragt Sie etwas zu Ihrer Person, bevor er etwas über das Produkt wissen will. Stellen Sie ihm Ihr Unternehmen als vertrauenswürdig und mit langjähriger Erfahrung dar. Betonen Sie die Zuverlässigkeit, den Service und die Garantiezeiten. Und vereinbaren Sie unbedingt ein Anschlussgespräch mit ihm. Im Messegespräch mit einem grünen Besucher geht es vor allem um den Vertrauensaufbau. Die geschäftlichen Details klären Sie dann im darauf folgenden Gespräch.

Der blaue Besucher einer Messe

Er will nur Informationen, um das Persönliche geht es ihm nicht. Messen sind für ihn interessant, weil er die Produkte unmittelbar vergleichen kann. Deshalb will er Details wissen, dann schaut er beim Konkurrenzprodukt nach, ob es dieses Detail auch hat – vice versa. Nehmen Sie sich Zeit, ihn gründlich zu informieren, wenn es ein lohnender Kunde zu werden scheint. Präsentieren Sie sich als Experte, so dass er Sie auch als künftigen Gesprächspartner akzeptiert. Vielleicht hat er eine Liste mit Fragen dabei, die er durchgehen will. Versorgen Sie ihn auf jeden Fall mit viel Material, so dass er zu Hause was zu lesen hat. Bestehen Sie darauf, dass er Ihnen seine Visitenkarte gibt, die er wahrscheinlich nur ungern rausrückt. Dann können Sie ihn nach der Messe anrufen und sich auf das Material beziehen.

Ihren blauen Stammkunden werden Sie auf der Messe nicht viel sehen – vielleicht kommt er vorbei, um Ihnen zu erzählen, dass das Konkurrenzprodukt jetzt das und das zusätzliche Detail bietet. Von ihm können Sie viele Neuigkeiten über Produkte erfahren.

Stellen Sie das ideale Verkaufsteam zusammen!

Wollen Sie ein optimales Verkaufsteam? Dann suchen Sie nicht nur nach lauter Inspiratoren, Motivatoren oder Beratern. Das effizienteste Team ist das, in dem sich verschiedene Typen ergänzen und ihre unterschiedlichen Fähigkeiten am besten einbringen können.

Ein gutes Verkaufsteam zeichnet sich dadurch aus, dass die Zusammenarbeit effektiv verläuft, dass Probleme gelöst und Entscheidungen getroffen werden, dass die Kunden optimal und mit allen Kräften betreut werden und dass die Akquisition von neuen Kunden von allen betrieben oder unterstützt wird. Die Beziehungen innerhalb der Gruppe sollen dabei harmonisch verlaufen. Jedes Teammitglied trägt klare Verantwortung und setzt sich für die gemeinsamen Ziele ein. Und: Jeder sitzt an dem Platz, der zu seinen Fähigkeiten passt.

Jeder der acht Haupttypen hat bestimmte Fähigkeiten, die er in einem Team einbringen kann. Dazu kommt hier noch eine neunte Funktion: die des „Moderators". Seine Aufgabe ist, die Verbindungen innerhalb des Teams aufrechtzuerhalten und das Team zusammenzuhalten, besonders wenn Mitglieder an gegenüberliegenden Punkten des Rades stehen. Diese Funktion wird oft von internen oder externen Verkaufstrainern übernommen.

Warum brauchen Sie ein gutes Verkaufsteam?

Wenn Sie effektiv verkaufen wollen, brauchen Sie die Aufteilung in einen Innen- und einen Außendienst. Jeder ist auf den anderen angewiesen, um seine eigenen Aufgaben effektiv erfüllen zu können: Der Außendienst hält den Kontakt zu den Kunden, führt die Verkaufsgespräche und hat den direkten Kontakt zum Markt; der Innendienst sorgt für die reibungslose Abwicklung, für die Kundenpflege, Reklamationen usw. Dazu sind verschiedene Fähigkeiten und Kenntnisse notwendig, die einer alleine kaum erwerben oder effektiv einsetzen kann.

Ein funktionierendes Team hat über die gute Abwicklung des eigentlichen Geschäfts hinaus den Vorteil, dass verschiedene Perspektiven in die Arbeit einfließen und Verbesserungen bewirken. Funktioniert die Kommunikation und finden die einzelnen Meinungen Gehör, dann gewinnen die Entscheidungen deutlich an Qualität. Das Risiko, Fehler zu machen, wird minimiert. Die Verantwortung wird geteilt und jeder kann sie für den Bereich übernehmen, in dem er am besten qualifiziert ist.

Für das einzelne Teammitglied bedeutet das Plus an Verantwortung mehr Respekt und Wertschätzung von den anderen. Der Verkäufer fühlt sich in einem Team mit dem Innendienst und es „kämpft“ nicht die eine Mannschaft gegen die andere. Der Gewinn liegt auf der Hand: Wachstum und Entwicklung des Einzelnen und des ganzen Unternehmens.

Hinderungsgründe für effektive Teamarbeit sind oft die ungeeignete Auswahl der Teammitglieder. Soll ein Inspirator akkurate Auftragsabwicklung leisten, wird er nach einer Weile frustriert sein, weil er sich zu viel um technische Details und zu wenig um Kontakte kümmert. Hinderlich für ein Team sind natürlich auch persönliche Abneigungen, die oft eine Folge dessen sind, dass man nur die Schwächen des anderen wahrnimmt und nicht dessen Stärken und Fähigkeiten. Schlechte Kommunikation und das Fehlen von klaren, zeitlich gebundenen Zielen tragen zur Ineffizienz eines Teams bei.

Wie bilden Sie ein gutes Verkaufsteam?

Der Aufbau eines Verkaufsteams ist ein „Empowerment-Prozess“: Die einzelnen Mitglieder, Verkäufer oder Innendienstmitarbeiter, erhalten mehr Befugnisse und Verantwortung für eigene Entscheidungen. Dadurch werden sie motiviert, sich für die Ziele des gesamten Teams einzusetzen. Als Verkaufsleiter müssen Sie dafür offen sein, Teammitglieder an der Leitung zu beteiligen, so dass sie ihre eigenen, einzigartigen Beiträge zum Team leisten können.

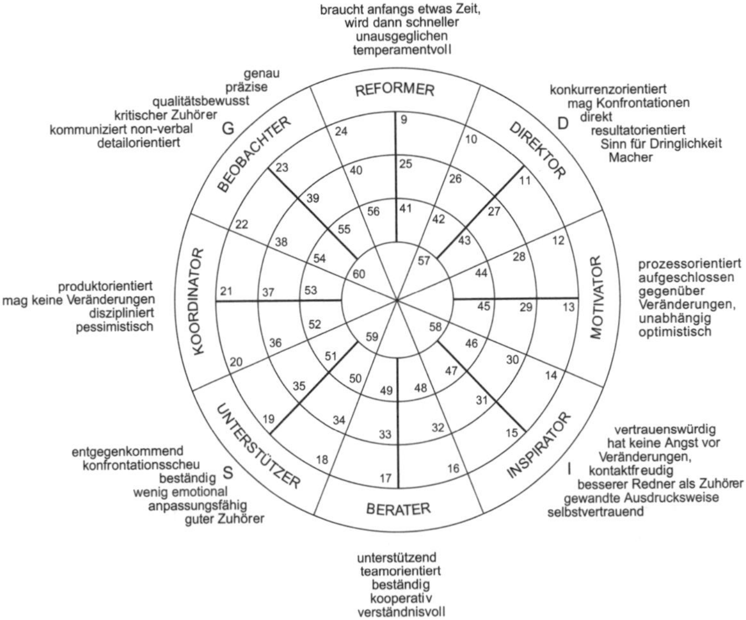

Das neue Success-INSIGHTS®-Rad mit vier Flexibilitätsebenen und bis zu 60 Positionen für eine punktgenaue Analyse der Ausprägung einer Person

Ausgewogene Teams

Sicherlich haben Teams, die aus lauter ähnlichen Typen bestehen, den Vorteil, dass die Mitglieder sich leichter kennen lernen, sich besser verstehen und anstehende Projekte schneller bewältigen. Sie kommen möglicherweise leichter zu Entscheidungen. Allerdings unterlaufen ihnen auch leichter Irrtümer, weil nur eine begrenzte Bandbreite an Sichtweisen zur Verfügung steht und die Entscheidungen vielleicht einseitig sind.

Teams mit unterschiedlichen Mitgliedern dagegen kommen unter Umständen langsamer zu Entscheidungen, sind aber ausgewogener, weil unterschiedliche Sichtweisen einfließen. Sie können langfristige Entscheidungen sicherer und besser treffen.

Selbst wenn ein Team vor einer Aufgabe steht, die eine ähnliche Zusammensetzung der Mitglieder erfordert, ist es sinnvoll, einen „anderen“ mit hineinzunehmen. Haben Sie zum Beispiel ein Team von vier Verkäufern, die zusammen ein bestimmtes Gebiet bearbeiten, dann mag es sinnvoll sein, dass die Mehrheit aus Typen mit gelben und grünen Anteilen besteht. Aber wenn in dem Team einer dabei ist, der überwiegend rot und blau ist, dann besteht nicht die Gefahr, dass dieses Team in der Akquise hängen bleibt. Es wird die Ergebnisse nicht aus den Augen verlieren und tatsächlich Aufträge abschließen, vorausgesetzt, die drei Gelb-Grünen sehen diesen Rot-Blauen als positiv und schätzen seine Abschlussstärke, Genauigkeit und Ergebnisorientierung.

In einem solchen Team haben die einzelnen Teammitglieder die Chance, ihre persönliche Entwicklung entscheidend voranzubringen, indem sie von den Stärken der anderen Typen lernen. Auf dem Farbrad betrachtet, bewegen sie sich zur Mitte hin: Sie werden flexibler und integrieren die Stärken/Fähigkeiten des entgegengesetzten Typs in ihr eigenes Verhalten.

Das Hauptproblem ist sicherlich, echtes Verständnis füreinander zu entwickeln und nicht den oder die Vertreter des gegenüberliegenden Typs abzuwerten.

Was tragen die acht Haupttypen zum Team bei?

Die besten Entscheidungen in einem Team werden dann getroffen, wenn alle vier Präferenzstile voll am Entscheidungsprozess beteiligt sind.

Direktor

Beitrag: Sein Beitrag liegt in der Ergebnisorientierung. Er kann dafür sorgen, dass Aufgaben schnell erledigt werden, entweder indem er es selbst tut oder indem er sinnvoll delegiert. Seine Fähigkeit ist, andere zur Arbeit anzutreiben und zu Ergebnissen zu führen. Er arbeitet mit Systemen, mit denen Arbeit effizient erledigt werden kann. Er trifft

Entscheidungen und übernimmt die Kontrolle über die Ergebnisse. Er ist anspruchsvoll, ordentlich, energisch, wortgewandt, durchsetzungsfähig und wettbewerbsorientiert. Er ist der ideale Verkaufsleiter.

Risiko: Eventuell macht er zu viel Druck und stößt dann auf Widerstand. Er diskutiert nicht gerne über seine Methoden, und wenn, dann beherrscht er die Diskussion und will sich durchsetzen. Er wird schnell ungeduldig, rechthaberisch und kontrollierend. Wenn er sich etwas in den Kopf gesetzt hat, kann er penetrant, autoritär und rücksichtslos vorgehen.

Motivator

Beitrag: Er wirkt im Bereich der Motivation. Das befähigt ihn, innovative Ideen einzubringen und neue Strategien zu ersinnen, wie und wo noch neue Aufträge oder Kunden akquiriert werden können. Er macht sich ein Bild von der Zukunft und überlegt, wie er sich und sein Team jetzt schon darauf vorbereiten kann. Er sieht das große Bild, dringt in neue Bereiche vor und entwickelt neue Möglichkeiten. Deshalb ist er der ideale Stratege in einem Verkaufsteam. Wegen seiner Durchsetzungsfähigkeit und seines Geschicks, gut und diplomatisch zu verhandeln, ist er auch ein idealer Verkäufer für schwierige Kunden.

Risiko: Möglicherweise überschwemmt er das Team mit ständig neuen Ideen. Er bringt kein Konzept zu Ende und durchdenkt es nicht bis ins Detail. In der Diskussion unterbricht er andere, wenn ihm etwas Neues einfällt und er keine Lust hat, sich gründlich und eingehend mit einer Sache zu befassen. An schwierigen Kunden verliert er vielleicht nach einer Zeit das Interesse und ist nicht hartnäckig genug.

Inspirator

Beitrag: Er ist in der Interaktion und Begeisterung zu Hause und kann Ideen entwickeln und sich für Ideen anderer begeistern. Er schafft es, das Team auf ein bestimmtes Ziel einzuschwören, er reißt die anderen mit. Seine zweite große Stärke ist seine Netzwerkkompetenz.

Er kennt jede Menge Leute, auf die auch sein Team zurückgreifen kann. Außerdem bringt er viel Spaß und Unterhaltung ins Team, ergreift die Initiative zu gemeinsamen Aktivitäten und zeigt seine Unterstützung offen. Er unterhält das Verbindungsnetz der einzelnen Mitglieder untereinander und kann bewirken, dass Leute in Kontakt miteinander kommen, die unter anderen Umständen nicht so gut miteinander können. Er spendet Lob und Anerkennung und motiviert die anderen dadurch.

Risiko: Er verliert die Ergebnisse aus den Augen, redet und tut nichts. Seine ganze Energie fließt in die Unterhaltung des Teams und darüber vergisst er seine eigentliche Arbeit.

Berater

Beitrag: Seine Stärke ist der Umgang mit Menschen. Ihm fällt auf, wenn einzelne Mitglieder unzufrieden sind, und er achtet auf die Bedürfnisse der Einzelnen. Er trägt zur Harmonie des Teams bei, schaut, dass jeder zu Wort kommt und keiner übergangen wird. Er ermutigt andere, sich frei auszudrücken, und fragt sie ausdrücklich um ihre Meinung. Er behält das menschliche Element im Auge und hilft anderen. Es fällt ihm nicht schwer, Entscheidungen zu akzeptieren und umzusetzen.

Risiko: Vor lauter Sorge um den Einzelnen vergisst er die Aufgaben. Er übernimmt so viel Verantwortung für andere, dass er anfängt, deren Sätze für sie zu beenden, und ihnen mit seiner Überfürsorglichkeit auf die Nerven geht.

Unterstützer

Beitrag: Sein Gebiet sind Einfühlungsvermögen und Sensibilität und dazu gehört, dass er sich um die Einzelnen sorgt und viel zur Harmonie des Teams beiträgt. Er macht sich tief schürfende Gedanken darüber, was das Team zusammenhält, welche Werte es vertritt und aufgrund welcher Überzeugungen es arbeiten sollte. Neue Ideen kann er ohne weiteres akzeptieren und denkt darüber nach, wie sie umzusetzen sind. Meist hat er sich mit dem Bereich, in dem er arbeitet, intensiv auseinander gesetzt und kennt seinen Markt und seine Kunden sehr genau. Er ist ideal geeignet für die Kundenpflege.

Risiko: Er versteift sich zu sehr auf seine Überzeugungen und kann keine Produkte oder Ideen vertreten, die diesen Werten zuwiderlaufen. Er schafft es, das ganze Team in eine endlose Diskussion über ethische Fragen zu verwickeln, bis alle zermürbt sind. Wenn man ihn deswegen kritisiert, ist er beleidigt

Koordinator

Beitrag: Er ist präzise und genau und trägt dadurch zur Qualität der Arbeit bei. Am besten ist er im Innendienst mit der Koordination der Aufträge betraut. Sein Organisationstalent und sein Überblick über das Ganze befähigen ihn dazu. Er kümmert sich aber auch gerne um Einzelheiten, versteht den gesamten Prozess und weiß jederzeit, wann welches Produkt in welchem Stadium ist. Er kann den anderen zuhören und auf sie eingehen.

Risiko: Wenn etwas aus dem Ruder läuft und die Organisation nicht klappt, kann er sehr kleinlich sein. Dann hält er sich bei der Schuldfrage auf, anstatt eine Lösung zu suchen. Er verheddert sich in Kleinigkeiten und verliert den Überblick.

Beobachter

Beitrag: Er ist präzise und detailorientiert. Er analysiert die Konzepte anderer sorgfältig, achtet auf die Details von Vereinbarungen und Angeboten. Er behält die Infrastruktur im Blick, analysiert Probleme und dringt tief in die Fragen ein.

Risiko: Sein Problem ist, dass er leicht zu theoretisch wird und unzufrieden, wenn er seine hohen Ansprüche nicht mit der Realität vereinbaren kann. Er reagiert dann ineffektiv, bleibt im Detail hängen und zögert zu lange, um seine Meinung zu bilden und zu sagen.

Reformer

Beitrag: Seine Fähigkeit ist, dem Team manchmal den entscheidenden Tritt zu geben, damit es nicht in Harmonie versinkt, sondern auf die Ergebnisse schaut. Er erörtert Probleme auf logische Weise, bedenkt Pro und Kontra, entdeckt Unstimmigkeiten, überlegt und reagiert.

Risiko: Manchmal ist er zu grob und zeigt seine Ablehnung zu offen. Das stößt im Team nicht gerade auf Verständnis.

Selbsttest: Verhaltens-Farbanalyse

Anleitung: Der Einschätzbogen enthält zwölf Bereiche, in denen jeweils vier Begriffe zu beachten sind, die Ihre Persönlichkeit beschreiben. Es gibt keine zeitliche Limitierung beim Ausfüllen, dennoch sollten Sie einen sinnvollen Zeitrahmen einhalten. Setzen Sie innerhalb der vier zusammengehörigen Begriffe Prioritäten:

1 für die Aussage, die Sie am besten beschreibt;
2 für die zweitbeste Beschreibung; usw.

	3			charmant
		1		hilfreich
			4	reserviert
2				wettbewerbsfreudig

Diese Prioritätensetzung von eins bis vier soll in jedem der zwölf Bereiche durchgeführt werden. Jeder Wert darf nur einmal benutzt werden.

charmant
hilfreich
reserviert
wettbewerbsfreudig

emotionslos
unschlagbar
kooperativ
lebhaft

rücksichtsvoll
spielerisch
genau
selbstständig

geduldig
gesellig
vorsichtig
abenteuerlustig

maßvoll
entschlossen
übereinstimmend
gesprächig

konfrontierend
tatsachenorientiert
glaubhaft
zufrieden

1. Zwischensumme pro Spalten

diskutierend
überzeugend
gelassen
ordentlich

optimistisch
unterstützend
energisch
organisiert

logisch
unverblümt
anpassungsfähig
beeinflussend

bescheiden
perfektionistisch
willensstark
kontaktfreudig

großzügig
kühn
gutmütig
strukturiert

genügsam
analytisch
populär
wagemutig

2. Zwischensumme pro Spalten

Gesamtsummen

INSIGHTS-Verhaltens-Farbanalyse

Übertragen Sie die Zahlen der Gesamtsummen in das Gesamtsummenfeld (unten). Kreuzen Sie nun den Wert von 12 bis 48 für jede Farbe in den Spalten der Farbgrafik an und ordnen Sie die Werte der Verhaltensdimensionstabelle zu. Farbbalkenwerte ab 50 % aufwärts zeigen Ihre aktive Farbpräferenz.

	Rot	**Gelb**	**Grün**	**Blau**
	Umgang mit Problemen und Herausforderungen	**Kontakte zu anderen und Einflussnahme**	**Arbeitsweise und Beständigkeit**	**Umgang mit Strukturen und Regeln**
100 %	uneingeschänkte Autorität fordernde Haftung straffe Führung Initiieren von Veränderungen	Arbeit mit Menschen hohe Vertrauensebene optimistische Einstellung überzeugende Kommunikation	begrenzte Aktivität Geduld und Beharrlichkeit aufgabenorientierte Konzentration Einfügen in ein System	präzise Regeln und Verfahrensvorgaben sehr hohe Qualitätsmaßstäbe Genauigkeit übersichtlicher Arbeitsplatz
75 %	Flexibilität Verantwortung mit Autorität Austesten neuer Ideen keine Routine-/Detailarbeit	Offenheit für neue Ideen angenehmes Arbeitsumfeld Arbeit mit Menschen Betreuung und Beratung	angenehmes Arbeitsumfeld Teamarbeit beständiges Tempo Akzeptanz vorgegebener Verfahrensweisen	Kalkulation von Risiken Qualität vor Quantität gut organisierter Arbeitsplatz ausgewogene Urteile
50 %	Einhalten von Regeln Orientierung an Fakten und Daten Führen durch eigenes Beispiel Beispielen anderer folgen	Detailarbeit Arbeit im Team Erfahrung als Vertrauensgrundlage logische Vorgehensweisen	abwechslungsreiche Arbeitsumgebung schnelles Handeln viel Kontakt mit anderen Personen schnelle Reaktion auf Probleme	Infragestellung festgelegter Verfahren nur wenige Regelungen Gelegenheit zum Testen neuer Ideen Risikobereitschaft
25 %	Voraussehbares Umfeld traditionelle Verfahrensweisen Präzision und Genauigkeit geringe Autorität	erbrachte Leistung als Vertrauensgrundlage Analyse von Fakten und Daten Einzelkämpfer-Haltung wenig Vertrauen in andere	diverse Arbeitsaktivitäten unterschiedliche Arbeitsplätze Dringlichkeit viele Aktivitäten	originelles Denken Macht und Entscheidungsbefugnisse Orientierung am Ergebnis Entscheidungsfreiheit
0 %				

Farbgrafik

	Rot	Gelb	Grün	Blau
12				
21				
30				
39				
48				
Gesamtsummen				

Danksagung

Bei folgenden Menschen möchte ich mich persönlich bedanken, denn ohne sie wäre dieses Buch nie entstanden.

Bill Bonnstetter und seinem Sohn Dave Bonnstetter mit seinem Team, USA, der seine 30-jährige Erfahrung mit computerisierten Persönlichkeitsanalysen einbrachte und somit die Positionierung auf dem INSIGHTS Rad erst mit wissenschaftlichen Prozessen ermöglichte.

Brian Tracy, USA, der mich ermutigte, meine Erfahrungen in diesem Buch zusammenzufassen.

Claudia Scheelen, meine Frau und Geschäftspartnerin, die mich jederzeit hundertprozentig unterstützt und die selbst die beste „Beziehungsmanagerin" ist.

John Butler, der seine Erfahrungen im Bereich Teambildung und Leadership-Kompetenz einbrachte.

SCHEELEN® AG – Institut für Managementberatung und Bildungsmarketing

Wer auch in Zukunft Erfolg haben will, muss heute seine Stärken mobilisieren. Und das sind die Mitarbeiter! Interne Potenziale schnell und systematisch zu erkennen und mit wirkungsvollen Methoden zu aktivieren erweist sich in Zeiten wachsender Kunden- und Qualitätsansprüche als klarer Wettbewerbsvorteil.

Frank M. Scheelen
Vorstandsvorsitzender der SCHEELEN® AG

Die SCHEELEN® AG versteht sich als personalorientierte Unternehmensberatung. Die Entwicklung und Förderung von Menschen und Unternehmen stehen dabei an oberster Stelle. Das Selbstverständnis der Leistungen ist geprägt durch Qualität, Kompetenz und Verantwortung. Gemeinsam mit den Kunden werden Veränderungsprozesse initiiert und bis zur erfolgreichen Verankerung im Unternehmen begleitet.

Zur Erschließung der Management- und Mitarbeiterpotenziale und zum Erkennen von Kompetenzen setzt die SCHEELEN® AG auf die Instrumente INSIGHTS MDI® – exklusiv vertrieben in der Tochtergesellschaft INSIGHTS International® Deutschland GmbH – sowie auf die ASSESS Performance-Analyse®. Gleichzeitig greift das Unternehmen auch auf das Know-how von Brian Tracy für Management und Vertrieb zurück. Ziel ist immer, Potenziale zu entfalten und so die Performance des Einzelnen und des gesamten Unternehmens zu optimieren.

Die SCHEELEN® AG

- berät Menschen in Unternehmen und Organisationen
- trainiert in Seminaren, Workshops und anderen Veranstaltungen
- coacht Mitarbeiter und Führungskräfte

Partner für persönliche und unternehmerische Kompetenz

Führendes Know-how in Beratung, Personalentwicklung und Training vereint die SCHEELEN® AG zu einem erfolgreichen Gesamtsystem mit den vier Schwerpunkten:

- Management Development Consulting
- Management Development Training
- Management Development Impulse
- Management Development Publishing

Als Herausgeber der deutschsprachigen Ausgabe von „Executive Excellence" vertreibt das Unternehmen einen der weltweit renommiertesten Business-Newsletter.

In öffentlichen, Inhouse- und firmeninternen Seminaren vermittelt die SCHEELEN® AG fundiertes Know-how zu den Themen Persönlichkeit, Management und Verkauf.

Seminare/Selbststudium-Audiohandbücher auf einen Blick:

- Leadership-Ausbildung
- INSIGHTS MDI® Akkreditierung – Der Weg zum INSIGHTS-Berater
- Rekrutierung von Gewinnertypen
- Überzeugen Sie mit Ihrem Auftritt
- Personal Leadership
- Verkaufs-Psychologie
- Superior Sales Management
- High Performance Leadership
- Brian Tracy live (1 – 2 x jährlich auf Europa-Tournee)
- So gewinnen Sie jeden Kunden
- Management-Ausbildung – Strategien und Leadership-Kompetenzen für erfolgreiches Management
- Neu: Beziehungs-Intelligenz – In 7 Schritten zur überlegenen Verkaufskompetenz

Seminarbeschreibung „Beziehungs-Intelligenz“:

Das Verkaufen hat sich geändert. Unsere Kunden sind informierter, anspruchsvoller und reagieren auf alte „Verkäufer-Tricks“ allergisch. Die Beziehung zum Kunden wird zum Schlüssel für Erfolg oder Misserfolg. Ebenso entscheidend ist eine auf die verschiedenen Bedürfnisse und Persönlichkeitstypen abgestimmte individuelle Ansprache. Um diesen neuen Bedingungen gerecht zu werden, müssen Verkäufer ihre Persönlichkeit und ihr Verkaufsverhalten verstehen. Nur so können sie ihre Kunden sofort richtig einschätzen und Verkaufsprozesse individuell auf den Kunden abstimmen.

Dieses Seminar bietet die Möglichkeit, „überlegene Verkaufskompetenz“ zu erreichen und sich als Top-Verkäufer mit Wettbewerbsvorsprung zu positionieren! In einer einzigartigen Kombination werden die wichtigen Faktoren Verkäuferpersönlichkeit und individuelle Kundenansprache miteinander verbunden. Sieben Erfolgsschritte führen durch einen Verkaufsprozess, der den Weg bis zur langfristigen Kundenbindung aufzeigt.

Feedback: „... sehr motivierend, einzigartige Kombination zwischen einprägenden und praxisnahen Beispielen und Einsichten in Bezug auf Persönlichkeit, Kundenverhalten und Verkaufstechniken. ... konkrete Strategie zur Kundengewinnung und Begeisterung. Sehr empfehlenswert!“

Seminarbeschreibung: „So gewinnen Sie jeden Kunden“ (Das Seminar zum Buch)

Sehen – erkennen – gewinnen

„Kunde feuerrot, Verkäufer sonnengelb“ – was das bedeutet, erfahren Sie jetzt, denn so gewinnen Sie jeden Kunden!

Verkaufen ist nicht gleich Verkaufen. Denn Verkaufen wird von vier Faktoren bestimmt: von der Persönlichkeit des Kunden, der Persönlichkeit des Verkäufers, der Beziehung Käufer – Verkäufer und vom Produkt. Über das Produkt wissen Sie alles. Kennen Sie sich und Ihren Kunden ebenso gut? Wie kommen Sie bei Ihren Kunden an? Wie reagieren Sie auf Ihre Kunden? Wenn Sie Ihre Persönlichkeitsstruktur und Ihr Verkaufsverhalten erkennen und verstehen, werden Sie Ihre Stärken optimal einsetzen und Ihre Schwachstellen akzeptieren. Selbstkenntnis ist der Weg zum Erfolg. In diesem Seminar lernen Sie sich kennen und Ihr Verhalten einschätzen: So erreichen Sie überlegene Verkaufskompetenz, weil Sie eine Beziehung aufbauen können, die anderen verborgen bleibt. Inkl. persönlicher INSIGHTS-Analyse.

Buchtipps:

Christiani, Alexander/Scheelen, Frank M.: Stärken stärken. Redline Wirtschaft 2002

Detroy, Erich-Norbert/Scheelen, Frank M.: Jeder Kunde hat seinen Preis. Metropolitan 2005

Scheelen, Frank M.: Menschenkenntnis auf einen Blick. mvgVerlag 2002

Seiwert, Lothar J./Tracy, Brian: Lifetime-Management. Gabal 2002

Simon, Walter/ Scheelen, Frank M.: Bewerberauswahl leicht gemacht. Redline Wirtschaft 2003

Tracy, Brian: Das Maximum-Prinzip. Campus 2003

Tracy, Brian: Die ewigen Gesetze des Erfolgs. verlag moderne industrie 2000

Tracy, Brian: Eat that frog. Gabal 2002

Tracy, Brian: Erfolg ist eine Reise. Gabler 2000

Tracy, Brian: Luckfactor. Gabal 2000

Tracy, Brian: Thinking Big. Gabal 1998

Tracy, Brian: Ziele. Campus 2004

Tracy, Brian/Scheelen, Frank M.: Der neue Verkaufsmanager. mvg-Verlag 2001

Tracy, Brian/Scheelen, Frank M.: Personal Leadership. Redline Wirtschaft 2005

Weitere Informationen erhalten Sie unter:
SCHEELEN® AG
Institut für Managementberatung und Bildungsmarketing
Klettgaustraße 21
D-79761 Waldshut-Tiengen
Tel. +49 (0)7741/9694-0
Tel. +49 (0)7741/969420
www.scheelen-institut.de
E-Mail: info@scheelen-institut.de

Literaturverzeichnis

Altmann, Hans Christian: *Kunden kaufen nur von Siegern.* Redline Wirtschaft 2004

Bents, Richard/Blank, Reiner: *Der M.B.T.I. (Myers-Briggs-Typen-Indikator).* Claudius 1992

Bents, Richard/Blank, Reiner: *Typisch Mensch.* Hogrefe-Verlag 2004

Christiani, Alexander/Scheelen, Frank M.: *Stärken stärken.* Redline Wirtschaft 2002

Detroy, Erich-Norbert/Scheelen, Frank M.: *Jeder Kunde hat seinen Preis.* Metropolitan 2005

Hilb, Martin: *Integriertes Personal-Management.* Luchterhand 2005

Jacobi, Jolande: *Die Psychologie von C. G. Jung.* Fischer 1977

Scheelen, Frank M.: *Menschenkenntnis auf einen Blick.* mvgVerlag 2002

Staehle, Wolfgang H./Conrad, Peter/Sydow, Jörg: *Management. Eine verhaltenswissenschaftliche Perspektive.* Vahlen 1995

Tracy, Brian/Scheelen, Frank M.: *Der neue Verkaufsmanager.* mvg-Verlag 2001

Stichwortverzeichnis

V

W

Z